吴宗国
阎守诚 著

盛唐之子

山西出版传媒集团
山西人民出版社

图书在版编目（CIP）数据

盛唐之子:唐玄宗的成败 / 阎守诚,吴宗国著. —
太原:山西人民出版社,2022.8
ISBN 978-7-203-12255-5

Ⅰ. ①盛… Ⅱ. ①阎… ②吴… Ⅲ. ①唐玄宗(685-
762)—传记 Ⅳ. ①K827=423

中国版本图书馆CIP数据核字(2022)第066417号

盛唐之子：唐玄宗的成败

著　　者：阎守诚　吴宗国
责任编辑：崔人杰
复　　审：李　鑫
终　　审：梁晋华
装帧设计：陈　婷

出 版 者：山西出版传媒集团·山西人民出版社
地　　址：太原市建设南路21号
邮　　编：030012
发行营销：0351-4922220　4955996　4956039　4922127（传真）
天猫官网：https://sxrmcbs.tmall.com　电话：0351-4922159
E-mail ：sxskcb@163.com　发行部
　　　　　 sxskcb@126.com　总编室
网　　址：www.sxskcb.com

经 销 者：山西出版传媒集团·山西人民出版社
承 印 厂：山西出版传媒集团·山西人民印刷有限责任公司

开　　本：890mm×1240mm　1/32
印　　张：10.5
字　　数：220千字
版　　次：2022年8月　第1版
印　　次：2022年8月　第1次印刷
书　　号：ISBN 978-7-203-12255-5
定　　价：69.00元

如有印装质量问题请与本社联系调换

卷首语

开元天宝时期历来被称为中国古代的黄金盛世，而安史之乱又赋予它一个非同寻常的结尾，成为唐代由盛转衰的拐点。对于始终处于这个时代风口浪尖上弄潮的唐玄宗李隆基，历来虽然褒贬不一，但对他在造成安史之乱上所负的历史责任史家却没有多大分歧。《旧唐书·玄宗纪》"史臣曰"归之于"用人之失"，范祖禹在《唐鉴》中则归之于"置相非其人"。而欧阳修在《新唐书·玄宗纪》赞中则认定是"败以女子"，似乎是重谈了"女祸"的老调。看其下文：

> 方其励精政事，开元之际，几致太平，何其盛也！及侈心一动，穷天下之欲不足为其乐，而溺其所甚爱，忘其所可戒，至于窜身失国而不悔。考其始终之异，其性习之相远也至于如此。可不慎哉！可不慎哉！

欧阳修并没有把责任完全推到杨玉环身上，而是归之于皇帝的"侈心"，实际上是企图从皇帝本人身上探寻一代盛衰治乱的终极原因，得出必要的历史教训，以贻示后人，其用心亦可谓良苦。

唐玄宗多姿多彩、起伏跌宕的一生，不仅是历代史家思考的问题，也是当时公众议论的热点。唐人元稹在《行宫》一诗中写道："寥落古行宫，宫花寂寞红。白头宫女在，闲坐说玄宗。"由于唐代文化开放，环境宽松，诚如宋人洪迈在《容斋随笔》续笔卷二中所说："唐人歌诗，其于先世及当时事直辞咏寄，略无避隐，至宫禁壁昵，非外间所应知者，皆反复极言，而上之人亦不以为罪。"这就使诗人文士写玄宗的野史传说、趣闻逸事几成风气。在众多的相关作品中，最为著名的当数白居易的《长恨歌》。《长恨歌》开篇"汉皇重色思倾国"就点出了谴责的主题，但在客观上，诗人把唐玄宗与杨玉环的爱情写得缠绵悱恻，感人至深，从而使唐玄宗在人们心目中成为对爱情忠贞不渝的象征，淡化了对他的谴责。唐玄宗杰出的艺术才能和对发展唐代乐舞的巨大贡献，使戏曲艺人把他推为梨园祖师，不仅给他戴上了艺术家的桂冠，而且尊奉他为戏曲艺术之神，加以顶礼膜拜。从这些情况看，在民间，对唐玄宗更多的是宽容，他的形象更多的是一位风流皇帝，而不是一个圣明或昏聩的皇帝。

然而，唐玄宗毕竟是一位影响中国历史发展长达半个世纪的皇帝。尽管这半个世纪是以战乱的噪声戛然而止的，但它的旋律是生动欢乐、富丽辉煌的，是一段充满魅力的华彩乐章，给人们留下了深刻的印象。因此，唐玄宗的功罪是非到底应该怎样评说,他的一生行事又给我们一些什么样的启示,与他相关的许多历史人物应该怎样评价,人们已经不能满足于历代史家的评说、文士的咏寄和民间的传说,需要做出新的探索。我们这本小书,就是诸多探索中的一种。

这本小书成稿于三十年前。当时,我们都对唐玄宗及其时代感兴趣,常在一起"闲坐说玄宗"。后来,在《隋唐历史文化丛书》主编张玉良、胡戟二位先生的鼓励和督促下写成此书,并于1989年由三秦出版社出版。书中1—13、15、17诸节由阎守诚执笔,14、16、18—24诸节由吴宗国执笔,阎守诚对全书进行了加工整理。

使我们感到欣慰的是,三十年来,读者没有忘记我们的这本小书,韩国的学者还把它译成韩文,作为学生的辅助教材。2009年北京大学出版社和台湾联经出版社先后再版这本书。现在山西人民出版社又给了这本书再版的机会,在此,我们深表谢忱。

虽然这些年来,关于唐玄宗及其时代的研究有了不少的进展,但我们在这本小书中所持有的对相关人物和事件的基本看法,并没有变化,因此,我们没有进行大的改动,只在个别地方做了一些文字上的修改。回忆我们写作的初衷,是想在《隋唐历史文化丛书》要求的有限篇幅(一般15万字,最长不超过20万字)内,勾勒唐玄宗一生的大致轮廓,并陈述我们对一些相关问题的看法,应该说,没有涉及的问题还不少。我们所写内容力求做到务实求真、深入浅出,既有学术性，也有可读性；既能面对专家学者，也能面对一般史学爱好者。本书是否有悖我们的初衷，欢迎大家提出宝贵的意见，但也希望对它不要求全责备。

目录

第一章 / 厄运中的王子

垂拱元年秋八月初五（685年9月8日），大唐新皇帝睿宗的德妃窦氏在东都洛阳生了个男孩子，取名隆基。这是睿宗的第三个儿子，也就是以后在历史上享有盛名的唐玄宗（唐明皇）。

当隆基降临人世时，唐王朝正处于蒸蒸日上的时代，国势强盛，经济发展，社会安定，一片升平景象。但最高统治集团内部却并不稳定，不时发生的政治事件酝酿着巨变，颇有山雨欲来风满楼之势。

隆基诞生前两年，弘道元年（683）十二月，他的祖父高宗皇帝李治病逝。长期以来，高宗身体状况欠佳，从显庆五年（660）开始，风眩头重，目不能视，隆基的祖母，高宗皇后武则天开始协助处理一些政务。武则天"性明敏，涉猎文史，处事皆称旨"①，深得高宗信任。在高宗晚年，武

①《资治通鉴》卷二〇〇高宗显庆五年。以下凡未注明出处的引文，皆出自《资治通鉴》，不再一一注出。

唐玄宗

则天逐渐掌握了唐廷实权，"威势与帝无异，当时称为'二圣'"①。高宗去世之后，皇太子李哲继位，是为中宗。中宗尊奉武则天为皇太后，"政事咸取决焉"。

但是，中宗即位不到两个月，就被武则天废为庐陵王，赶下了皇位。武则天把皇冠授给了小儿子、李哲的弟弟睿宗李旦。

中宗被废，是因为他刚刚登上皇位，就急于树立自己的私党，想任命岳父韦玄贞为侍中，授乳母之子为五品官。不

————————————

① 《旧唐书》卷六《则天皇后》。

久前，韦玄贞由于女儿成为皇后而由普州参军晋升为豫州刺史，很快地再升为侍中显然不合适。这个提议受到当朝宰相裴炎的坚决反对。年轻的皇帝大为恼火，悻悻地说道："我以天下与韦玄贞何不可，而惜侍中邪？"裴炎把这件事报告武则天，经过一番密谋，光宅元年（684）二月初六，武则天在乾元殿召集百官，裴炎和中书侍郎刘祎之、羽林将军程务挺、张虔勖率兵入宫，宣布太后命令，废中宗为庐陵王。当李哲被人从皇帝宝座上"扶"下来时，还问道："我何罪？"武则天说："汝欲以天下与韦玄贞，何得无罪？"这样回答，既冠冕堂皇，也有些强词夺理。武则天抓住年轻皇帝在气愤时讲的一句过头话大做文章，其实是因为自从高宗死后，她已经大权在握，正积极而有步骤地把女皇梦变成现实，任何阻挠她达到目的的势力都会被毫不留情地摧毁，即使是温情脉脉的母子之情，也不例外。武则天的个性是坚毅严酷的，她对政敌的打击绝不心慈手软，惟其如此，她才能在你死我活的权力斗争中，存在、发展并取得胜利。她把儿子放在皇位上，只是因为自己登上皇位的时机还没有成熟。她并不希望儿子真正行使皇帝的权力，更不允许他滥用权力。中宗对当时的政治形势，对自己的处境和地位，对母亲的个性和思想，都缺乏正确的了解。他以为自己是皇帝，就有绝对的权力，可以为所欲为。他自以为是的行为恰好触犯了严厉的母亲，刚刚戴上的皇冠很快就被摘下来了。

转瞬之间的皇位嬗递，使隆基得以诞生在大富大贵的皇帝之家。变幻莫测的政治风云，随之也就笼罩在幼小的隆基头顶，预示着他前程坎坷，厄运重重。

武则天轻而易举地废掉中宗，扶立睿宗，显示了极大的权威，标志着她圣衷独断的时代开始了，"自是太后常御紫宸殿，施惨紫帐以视朝"。武则天临朝称制后，加快了称帝步伐。她改东都为神都，改易旗帜、服饰的颜色，改易政府各部门的名称和官名，任用侄儿武承嗣为宰相，追封武氏五代祖为王。这些咄咄逼人的措施，变更着唐廷的祖宗成法，造成一种强大的政治压力，使"唐宗室人人自危，众心愤惋"。中宗被废后数月，发生了以英国公徐敬业为首的扬州武装叛乱。这次叛乱虽然很快被平定，但它使武则天感到宫廷内外反对派的潜在势力依然强大。于是，她大开告密之门，重用酷吏，采取高压手段，打击反对派势力，屠杀持反对意见的官员。李唐宗室是反武势力的中坚，也是武则天称帝的主要障碍，武则天对李唐宗室的打击尤其沉重。诛杀李唐宗室的事件迭起，至武则天称帝之前，唐高祖、太宗、高宗三代皇帝的皇子，除武则天自己生的李哲（中宗，又名显）和李旦（睿宗）以外，其余在世的全部被杀。"唐之宗室于是殆尽矣"。

载初元年（690）九月九日，武则天革唐命，改国号为周，改元天授。她自称"圣神皇帝"，降睿宗为皇嗣，赐姓武。这一年，隆基五岁。三岁时，他曾受封为楚王。隆基的童年时代，是在李唐宗室惨遭屠戮的恐怖气氛中度过的。幸运的是，由于父亲睿宗的聪明睿智，不仅使睿宗自己在险恶的环境中得以平安无恙，也使隆基兄弟姐妹处于较为安全的地位，可以享受一点童年的欢乐。睿宗受过良好的文化教育，为人"谦恭孝友，好学，工草隶，尤爱文字训诂之书"[①]。和哥哥们相比，睿宗对母后武则天有更为深刻的了解，对宫廷斗争的形势和力量的对比也都有明确的认识。他即位后，垂拱二年（686）正月，"太后下诏复政于皇帝。睿宗知太后非诚心，奉表固让，太后复临朝称制"。睿宗不像哥哥中宗那样，以为当了皇帝就可以为所欲为，而是在太后临朝称制的情况下，甘心做一名无所作为的皇帝，不去干扰武则天的所作所为。所以，"自则天初临朝及革命之际，王室屡有变故，帝每恭俭退让，竟免于祸"[②]。睿宗贵为皇帝，也仅仅是能免祸自保，"睿宗诸子皆幽闭宫中，不出门庭者十余年"。可见隆基兄弟从小就过着幽禁宫中的生活，他们童年时代的欢乐是极其有限的。

历史上把改唐为周的事件称为"革命"。围绕着这场革命，大唐的政治生活中掀起了一次又一次轩然大波，使这段历史显得格外惊心动魄，丰富多彩。一切事件的中心是武则天，她的光辉普照着这个时代。隆基正是在他雄才大略的祖母统治下，步入了青少年时期，开始了不平凡的经历。

在武周时期，隆基的父亲皇嗣李旦的处境一直是很窘迫的。武则天称帝那年，已经67岁了。她经过漫长而艰苦的斗争，才成为大周的圣神皇帝，中国历史上空前绝后的女皇。

---

① 《旧唐书》卷七《睿宗纪》。

② 同上。

虽然她掌握着唐王朝的最高权力，宫廷斗争并没有因此而止息，只是斗争的焦点由称帝和反称帝转换为皇位由李氏、还是由武氏来继承。争夺皇位继承权的双方，一方是以武承嗣、武三思为核心的武氏集团，另一方是忠于李唐王室的朝廷重臣，他们认为应由李氏继承皇位。武则天的态度并不明朗，犹豫于双方之间。作为皇嗣的李旦地位不很稳固。皇嗣是一个含义微妙的名称。它可以解释为皇位的继承人，可是又比"太子"这样的皇位继承人的传统名分和地位降了一格。武则天给李旦以"皇嗣"名位，表明她还没有下决心把他当成真正的皇位继承人。而且，在相当长一段时间内，武则天是重武轻李的，也许她更多地倾向于在武氏子弟中选择皇位继承人，因此，武承嗣、武三思等人都在为谋求成为"太子"而大肆活动，他们当然把攻击的矛头指向皇嗣，欲取而代之。李旦既得不到武则天的充分信任和支持，只能处于被动挨整的地位。

如意元年（692）九月，武则天因齿落更生，宣布改元长寿。十月，睿宗诸子出阁，隆基兄弟可以开府置官属。这位严厉的祖母由于自己的健康长寿，心情愉快，放松了对子孙们的控制，让他们有一些独立活动的余地。隆基这时"年始七岁"，却做出了一件震动宫廷的事情：

朔望，车骑至朝堂，金吾将军武懿宗忌上严整，诃排仪仗，因欲折之。上叱之曰："吾家朝堂，干汝何事？

敢迫吾骑从！"则天闻而特加宠异之。①

　　这是武则天称帝后，李、武两姓间第一次正面冲突。武懿宗是武则天伯父士逸的孙子，被封为河内郡王。这个武周新贵正在春风得意、趾高气扬的时候，看到隆基的车骑仪仗威严而整齐，心中老大的不快，便用金吾将军纠察风纪的权力横加阻挠，企图挫折隆基。然而隆基毫不畏惧，理直气壮地责问："吾家朝堂，干汝何事？敢迫吾骑从！"这针锋相对的回击，表明幼小的隆基个性倔强，已经有了权力斗争的意识。隆基政治上的早熟是和家庭教育、环境影响分不开的。他从小生活在宫廷斗争的旋涡之中，以李、武两姓的矛盾为焦点的权力之争，在耳濡目染间熏陶着他，使他很早就懂得了自己的地位和使命，激发了他为维护"吾家朝堂"而奋斗的精神，这也是他日后从事政治斗争的巨大动力。

　　隆基的勇敢倔强，"则天闻而特加宠异之"。也许是年迈的祖母在7岁的孙子身上看到了自己年青时敢作敢为性格的遗传，她喜欢隆基表现出的气质。唐人郑处诲记述了另一件事：

　　　唐天后尝召诸皇孙坐于殿上，观其嬉戏，取竺西国所贡玉环钏杯盘列于前后，纵令争取，以观其志。莫不奔竞，厚有所获，独玄宗端坐，略不为动。后大奇之，

_____

　　① 《旧唐书》卷八《玄宗上》。

抚其背曰："此儿当为太平天子。"遂命取玉龙子以赐。①

在众多的皇孙中，武则天最为看重隆基。以女皇知人之明，她对隆基的看中决非出自偶然。历史将证实，隆基没有辜负女皇的厚望。

尽管受到祖母的宠爱，厄运依然降临在隆基身上。在他出阁后不到一个月，生母窦氏就死于非命了。

长寿二年正月初二②，皇嗣妃刘氏和德妃窦氏在嘉豫殿朝拜武则天以后，同时被杀，连尸骨埋于何处，都无人知晓。刘氏是李旦的元配夫人，出身于名门。祖父刘德威是唐朝开国功臣，贞观时官至刑部尚书。父延景，陕州刺史。光宅元年二月，李旦被立为帝，刘氏为皇后。睿宗降为皇嗣，刘氏为皇嗣妃。德妃窦氏是高祖李渊的皇后窦氏从兄窦抗的曾孙女，其父窦孝谌为润州刺史。窦氏为著名士族，德妃血统高贵，"姿容婉顺，动循礼则"③，是隆基的生母。

刘氏和窦氏被杀的原因，据《新唐书》说是刘后"为户婢诬与窦德妃挟蛊道祝诅武后"④。这件事刘子玄《太上皇实录》有较为详尽的记载："韦团儿诡佞多端，天后尤所信任。欲私于上而拒焉，怨望，遂作桐人潜埋于二妃院内，潜

---

① 《明皇杂录》卷上。

② 武周时历法用周正，即以十一月为岁首，正月。十二为腊月。其时，仍为692年。

③ 《旧唐书》卷五一《昭成皇后窦氏传》。

④ 《新唐书》卷七六《肃明顺圣皇后刘氏传》。

杀之。"①按唐律，造畜蛊毒祝诅属于十恶不赦之罪，要处以极刑。德妃窦氏被杀后，其母庞氏也被家奴诬告与德妃同祝诅，几乎被处死。多亏侍御史徐有功挺身相救，据理力争，庞氏才得减死，与其三子皆流岭外。团儿并不因此罢休，"复欲害皇嗣，有言其情于太后者，太后乃杀团儿"。

事件的起因似乎是由于韦团儿对皇嗣的私情没有得到满足。其实问题并不如此简单。一个地位低贱的户婢不仅陷害了皇嗣妃和德妃，而且敢于进而陷害皇嗣，其能量和胆量都不是她个人能具备的，必然有复杂的背景。当时，武则天即帝位不久，酷吏政治仍在盛行，"告密者皆诱人奴婢告其主，以求功赏"，成为一种社会风气。能够策动韦团儿诬陷皇嗣的势力，在宫中只能来自武氏集团。刘氏、窦氏被杀的前一天，正月初一，武则天在祭祀万象神宫时，以魏王承嗣为亚献，梁王三思为终献。在武则天称帝前一年，即永昌元年（689）享万象神宫时，是以"皇帝为亚献、太子为终献"的。对比在重要大典上人物角色的变动，可以知道武氏集团势力显著上升，他们正在积极活动，要求废掉皇嗣，立武承嗣为太子。所以，韦团儿出面诬告，应是由武氏集团势力支持的。

武则天为什么听信韦团儿的诬告，杀掉刘氏和窦氏呢？看来和她们都出身于名门望族有关。武则天原本就不希望皇嗣有家族势力强大的后妃，那样会妨碍她对皇嗣的控制。因

① 转引自《资治通鉴》卷二〇五长寿二年正月条。

此，只要传闻他们稍有不轨，便不问真假，加以翦除。武则天对皇嗣显然存有戒心，但她对皇位继承问题还在观察、思考之中，还没有下决心废掉皇嗣。当团儿欲加害皇嗣时，她便毫不留情地杀掉团儿。

刘氏、窦氏突然被杀，李旦内心充满悲痛，又不敢有所表示，"皇嗣畏忤旨，不敢言，居太后前，容止自如"，这个在夹缝中生活的皇嗣有苦难言，他肩负的沉重压力是可想而知的。李旦的儿子们也因此受到株连，再次入阁，软禁宫中，并且都被降爵为郡王，隆基的大哥皇孙成器前已由皇太子降为皇孙，现更降为寿春郡王，二哥恒王成义为衡阳郡王，隆基则由楚王降为临淄王，四弟卫王隆范为巴陵郡王，五弟赵王隆业为彭城郡王。

这样一来，隆基不仅失去了自由，而且失去了母亲。幼小的隆基为"窦姨鞠养"①。窦姨是德妃窦氏的妹妹，后来是肃宗张皇后的祖母。骤然降落的灾难和失去母亲的痛苦都在隆基的心灵中留下深深创伤。窦姨由于曾经抚养过隆基，"景云中，封邓国夫人，恩渥甚隆"②。

厄运并没有结束，隆基很快就陷入更大的危险之中。

隆基兄弟被降爵后不久，有人上告前尚方监裴匪躬、内常侍范云仙私下谒见皇嗣，一月二十四日，裴、范二人被腰斩于市。从此，皇嗣与外朝公卿的联系完全断绝，形同囚

---

① 《旧唐书》卷五一《肃宗张皇后传》。

② 同上。

犯。紧接着，又有人告皇嗣有异谋，武则天命酷吏来俊臣审理此案。在来俊臣的严刑逼供之下，皇嗣身边亲随都纷纷承认谋反，只有太常工人安金藏坚决不承认，他对来俊臣说："公既不信金藏之言，请剖心以明皇嗣不反。"言毕，用佩刀自剖腹部，五脏皆出，血流遍地。太常工人以音乐为业，在唐代属于贱民，他们"得于州县附贯，依旧太常上下，别名太常音声人"①，是贱民阶层中最上的一个等级。武则天以政治家的敏锐，从安金藏的态度中，觉察到所谓皇嗣谋反不实和社会下层人民对李唐王室的支持，下令停止审讯并令宫中御医为安金藏疗伤，"太后亲临视之，叹曰：'吾有子不能自明，使汝至此'"。李旦才得以幸免于难。这次事件，是李旦政治生涯中最险恶的一次，如果没有安金藏的拼死反抗，谋反的罪名眼看就要成立，李旦及其子女都会被处以极刑。隆基当时年龄尚小，不会完全理解这次触犯死亡线的巨大危险。他成年之后，对此是有深刻认识的。安金藏的勇敢牺牲精神，理所当然地受到李旦、隆基父子的一再表彰和嘉奖。开元二十年（732），事情过去了近四十年，玄宗隆基还特封安金藏为代国公，于东西岳立碑，以铭其功；安金藏卒后，追赠其为兵部尚书。

隆基的厄运是受父亲李旦的株连所致。李旦受到的一连串打击，则是武氏集团营求继承皇位活动的一部分。武承嗣、武三思都想当太子，他们一再对武则天说："自古天子

---

① 《唐律疏议》卷三。

玄宗调马图

未有以异姓为嗣者。"以狄仁杰为首的朝臣们则再三劝武则
天放弃以武氏代李氏的想法，他们的理由，集中到一点，就
是"未闻侄为天子而祔姑庙者也"。狄仁杰等人还建议复立
庐陵王，由吉顼通过武则天的内宠张易之、张昌宗劝说武则
天迎还庐陵王。在立侄还是立子之间，武则天面临着重要的
抉择，经过长期的犹豫和思考，她从宫廷内外的实际情况和
自己的切身利益出发，最终下决心将来传位给儿子，但不传
给皇嗣李旦，而是准备复立庐陵王。

　　复立庐陵王的原因，一是按照皇位承继的顺序，庐陵王
年长当立。废掉中宗的事件是不得人心的。后来徐敬业扬州
起兵、琅琊王李冲、越王李贞起兵都以"匡复庐陵王""迎
还中宗"为政治口号，甚至契丹孙万荣在圣历元年（698）

二月进围幽州（治今北京城西南）时，还移檄朝廷，责问
"何不归我庐陵王？"二是从李、武两姓的关系考虑，立庐陵
王较妥当。李旦作为皇嗣，受到武氏集团的不断攻击，双方
积怨颇深。中宗被贬，远在房州（治今湖北房县），在李、
武两姓的斗争中较为超脱。武则天虽然确定传子，她并不想
因此伤害武氏的既得利益，立庐陵王为太子，对武氏的威胁
小些。即使如此，她还担心身后太子与诸武不相容，故"命
太子、相王、太平公主与武攸暨等为誓文，告天地于明堂，
铭之铁券，藏于史馆"。可见其调和李、武两姓的矛盾，用

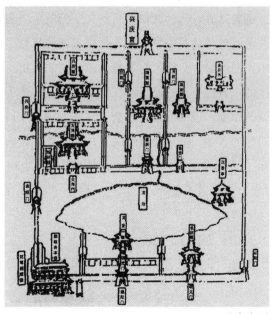

兴庆宫图

心良苦。事实上，中宗即位后，和武氏集团的关系融洽，武则天的愿望大体实现了。

武则天关于太子问题的决定，暂时把隆基从厄运下解脱出来了。圣历元年三月初九，庐陵王回到洛阳，武承嗣看到继承皇位已无希望，心情郁闷，病死于八月。皇嗣李旦一再请求让位于庐陵王。九月，武则天复立庐陵王李哲为皇太子，复名显。皇嗣李旦被封为相王。相王诸子再次被放出阁，"列第于东都积善坊，五人分院同居，号'五王宅'"①。这年，隆基14岁了，经过六年的幽禁生活，又重新获得自由。

大足元年（701）十月，17岁的隆基随祖母武则天从洛阳回到西京长安。武则天把这年改元为长安，既有纪念回长安之意，也表达着自己的政权已长治久安的信念。隆基第一次来到古老而繁华的长安城。长安是唐王朝的都城，它铭刻着隆基祖先们的光辉业绩，有着悠久而灿烂的历史。这座宏伟、庄严的古城，一定在经历了长期厄运的年轻王子心中留下了深刻的印象。也许他还会想到，这座古城在今后的岁月里，将同他的事业、命运息息相关，休戚与共。武则天赐给隆基兄弟五人的住宅在长安城东北的兴庆坊，也叫"五王宅"。后来，隆基做了皇帝，这所宅院因是"龙潜旧邸"，被扩建为兴庆宫。

武则天在长安住了两年，长安三年（703）又回到神都洛阳。次年冬，武则天病了，只有宠臣张易之、张昌宗在身

---

① 《旧唐书》卷九五《让皇帝传》。

边伺候，宰相反而常常见不到她。武则天"政事多委张易之兄弟"①，使二张得以弄权专政，横行朝野，气焰嚣张。随着武则天健康状况的恶化，二张和以张柬之为首的朝臣之间矛盾空前激化，终于导致张柬之、桓彦范、崔玄暐、敬晖、袁恕己等人于神龙元年（705）正月二十二日发动军事政变，诛杀二张及其党羽，武则天被迫退位，中宗复辟。政变后不到一年，武则天病逝于洛阳上阳宫的仙居殿。这位主宰大唐王朝命运达半个世纪之久的女政治家，悄然离开了人间。

在武则天复立庐陵王后的七八年间，除了武则天病危时，宫廷中情势一直比较平稳，虽然斗争错综复杂。李旦辞去了皇嗣的地位，离矛盾的中心稍微远了一点，使隆基兄弟能够生活得较为安定。在隆基的青少年时代，这是难得的一段平静的日子。然而，好景不长，中宗即位后，厄运重新降临在隆基的头上。

---

① 《旧唐书》卷七八《张行成附张易之传》。

第二章 / 潞州别驾

中宗即位时，隆基21岁，封临淄王，任卫尉少卿（从四品上）。这位年青的王子，秉性豪放爽朗，"仪范伟丽，有非常之表"①。他出身高贵，体魄健美，多才多艺。喜爱音乐，王府内有鼓乐两部。他善于骑射，技艺超群，尤其爱好打马球。有一次，吐蕃球队与宫廷球队比赛，吐蕃场场获胜，中宗让隆基与嗣虢王邕、驸马杨慎交、武延秀等四人上场敌吐蕃十人，"玄宗东西驱突，风回电激，所向无前，吐蕃功不获施"②。隆基终其一生，本可以驰骋球场，纵情玩乐，在长安过豪华而欢快的贵族生活，然而宫廷斗争的风浪却把他送上了另外一条荆棘丛生的道路。

景龙二年（708）四月，隆基离开长安，出任潞州（治今山西长治）别驾，三弟隆范为陇州（治今陕西陇县东南）别驾，四弟隆业为陈州（治今河南淮阳）别驾。隆基兄弟三

---

① 《旧唐书》卷八《玄宗上》。

② 《封氏闻见记》卷六《打毬》。

人同时离京外任是事出有因的。

中宗是个昏庸而无能的皇帝。他度过了漫长的贬逐幽禁生活，并没有从坎坷的经历中吸取教训。即位之后，马上追赠韦后父亲韦玄贞为上洛王，母亲崔氏为妃。放纵妻子韦后、爱女安乐公主干预朝政。韦后是个政治狂人，她想效法婆婆武则天，梦想有一天也能登上女皇的宝座。为此，她竭力培植私人势力，重用自己的亲属，很快形成了一个韦氏集团。她又和武三思勾结，使武三思得以身居相位，掌握朝政大权。在韦后支持下，武氏集团的势力没有因为武则天的退位而减弱。在韦后和武三思的联合倾轧下，发动政变的张柬之等五人，先是被封为王，明升暗降，削去实权，接着被贬出京师。至神龙二年（706）七月，"五王"陆续在贬逐中死去或被诛杀。

韦后与武三思的专权弄政，胡作非为，导致统治集团内部矛盾激化。景龙元年（707）发生了太子重俊起兵事件。重俊不是韦后所生，为韦后嫌恶。武三思尤其对太子心怀畏忌。安乐公主则想取太子而代之，自己当皇太女，将来好接班当女皇帝。她和驸马武崇训（武三思之子）常常凌侮太子，呼之为奴。重俊在韦、武两个集团的压迫下，感到前途危险，忍无可忍，于七月初六，率左羽林大将军李多祚、将军李思冲、李承况、独孤袆、沙咤忠义等，矫制发羽林千骑兵三百余人，突入武家宅邸，杀武三思、武崇训及亲党十余人。在向宫中进兵时，被宿卫禁军击败，重俊被杀，参与起兵的成王千里、天水王禧等也都被杀。重俊起兵事件后，韦后和安乐公主不仅不反躬自问，稍加收敛，反而想利用这一事件，把打击的矛头指向相王和太平公主，因为他们"预诛张易之谋有功"①，分别进号镇国太平公主和安国相王，是李唐王室中最具有影响和实力的人物，也是韦后实现称帝野心的主要障碍。在韦氏集团的密谋策划下，侍御史冉祖雍奏相王及太平公主"与重俊通谋，请收付制狱"。中宗命吏部侍郎兼御史中丞萧至忠查办此案。萧至忠向中宗痛切陈词：

> 陛下富有四海，不能容一弟一妹，而使人罗织害之乎！相王昔为皇嗣，固请于则天，以天下让陛下，累日不食，此海内所知。奈何以祖雍一言而疑之！

在萧至忠、吴兢等大臣的竭力劝阻和反对下，中宗只好不再追究此事。

相王和太平公主虽然暂时无恙，隆基兄弟却都在重俊事件之后不久被赶出长安，显然是出自韦后削弱相王势力的意图。

隆基就职的潞州，唐时辖有上党、长子、屯留、潞城、壶关、黎城、铜鞮、襄垣、涉县等九个县，开元时有64276户，133个乡②。潞州地区古称上党，属太行山区。这里地势高峻，层峦叠嶂，人烟稀少，为古来兵家必争之地，战略地

---

① 《旧唐书》卷一八三《太平公主传》。
② 《元和郡县志》卷一五《河东道四》。

位十分重要。别驾（五品）职位仅次于刺史，名义上可以掌贰州事，"纪纲众务，通判列曹，岁终则更入奏计"①。实际上，别驾没有具体事任，基本上是优游禄位的闲职，往往用以安置贬退大臣和宗室、武将。隆基由从四品上的卫尉少卿去兼任五品的远州别驾，明显是遭到排斥。

隆基来到潞州时心情是抑郁的。他虽然年纪轻轻，已经经历了许多风险和挫折，在逆境和厄运的磨炼中变得更加成熟，不仅勇敢倔强，而且稳健深沉。他把自己的命运和大唐王朝的命运联系在一起，就不会气馁和消沉，他在耐心地等待时机到来，奋起一搏。

隆基在潞州任职期间，经常带领僚属，巡视各地，体察民情，有机会接触基层社会，积累从政的经验，对他日后治理大唐王朝是十分有益的。隆基还注意结交地方豪杰，网罗人才。铜鞮令张暐"家本豪富，好宾客，以弋猎自娱。会临淄王为潞州别驾，暐潜识英姿，倾身事之，日奉游处"②。隆基"又见李宜德矫捷善骑射，为人苍头，以钱五万买之"③。张暐、李宜德等人日后都成为隆基进行政治斗争的得力助手。

隆基在从政之余，恣情于山水之间，骑马围猎，饮酒赋诗，偶尔也有艳遇。山东来的乐人赵元礼有个女儿，姿容美

---

① 《唐六典》卷三〇《州县官》。

② 《旧唐书》郑一〇六《张暐伶》。

③ 《旧唐书》卷一〇六《王毛仲传》。

丽，善于歌舞，通过张晤介绍，隆基纳其为妃，即赵丽妃，在潞州生有一子，就是后来废掉的太子瑛。

在潞州的这段生活，给隆基留下了极其深刻的印象。开元年间，他曾于开元十一年（723）、十二年（724）、二十年（732）三次重返潞州。每次回到潞州，总要大张宴席，宴请父老乡亲，免除潞州百姓租税，赦免"大辟"以下罪犯，表现了他对潞州的深情厚谊。

隆基在重返潞州时曾写有《巡省途次上党旧宫赋》，小序中说："朕昔在初九，佐贰此州。……爰因巡省，途次旧居。山川宛然，人事无间，忽其鼎革，周游馆宇，触目依然。虽迹异汉皇，而地如丰邑。击筑慷慨，酌桂留连。空想大风，题兹短什。"诗中写道：

> 长怀问鼎气，夙负拔山雄。
>
> 不学刘琨舞，先歌汉祖风。
>
> 英髦既包括，豪杰自牢笼。
>
> 人事一朝异，讴歌四海同。

隆基把自己和潞州的关系比作汉高祖刘邦之于家乡沛邑。从序和诗中不难看出，当时他身在潞州，心向长安，时刻关心着宫廷中的斗争，满怀为李唐王朝建功立业的雄心壮志。

景龙三年（709）冬，隆基借口参加中宗祭祀南郊的大典，准备返回长安。据说隆基在潞州期间，曾有黄龙升天、紫云出现等19件符瑞之事。开元十三年（725），潞州献《瑞应图》，隆基对宰臣说：

> 朕往在潞州，但靖恭所职，不记此事。今既固请编录，卿唤取藩邸旧僚，问其实事，然后修图。①

这段不置可否的话，其实是默认。所谓"符瑞"，大多是一些特殊的自然现象，好事者加以附会衍义而成，不可遽信。但这些"符瑞"在当时的出现和流传，则是隆基在政治上将有所作为的曲折反映。隆基在离开潞州之前，命术士韩礼用蓍草占卜此行吉凶。"蓍一茎孑然独立，礼惊曰：'蓍立，奇瑞非常也，不可言。'"②于是，他满怀信心地奔赴长安，以一展胸中的抱负。

---

① 《册府元龟》卷四八《帝王部·谦德》。
② 《旧唐书》卷八《玄宗上》。

第三章 / 诛灭韦党

当隆基回到长安时，长安依然是那样雄伟、庄严。长安的宫廷却正风起云涌，浪涛滚滚，很不平静。

中宗当政已经五年了，朝政毫无起色，反而越来越糟。南郊祭祀天地的大典正在紧张地筹备。关于祭祀的礼仪，发生了激烈的争执。国子祭酒祝钦明、国子司业郭山恽建议以韦后为亚献助祭，安乐公主担任终献的角色，遭到唐绍、蒋钦绪、褚无量等大臣的坚决反对。宰相韦巨源支持祝钦明的建议，中宗同意由韦后亚献，改终献由韦巨源担任。在祭祀天地的庄严大典中，韦后作为亚献，标志着她的政治地位已经非常突出，不由使人想起高宗祀泰山时，武则天担任亚献的情景，李唐社稷似乎又一次面临外姓女皇君临的危险。

隆基对此不会无动于衷。他从潞州回到长安，就是有所为而来的。他敏锐地觉察到唐廷迟早会发生事变，积极投入了维护李唐王室的斗争。

隆基已经积累了丰富的宫廷斗争经验。当张柬之等人发动政变时，他二十多岁了，正是血气方刚的年龄。他是否参加了这次复兴李唐的政变，史无所载。"五王"之一的袁恕己，是相王府司马，负责统率王府兵事。政变之前，从灵武军回到长安的灵武道大总管姚崇，虽然不在五王之列，却也是政变的重要幕后人物，他长期任相王府长史，可见相王的班子是支持政变的。以隆基刚毅果敢的性格而言，他不会置身事外。"五王"之变的成功，首先是抓了军队，把杨元琰、桓彦范、敬晖、李湛四人安插到禁军，又把"掌禁兵北门宿卫二十余年"的右羽林大将军李多祚争取过来，这样才取得了决胜的把握。太子重俊起兵事件，是中宗时宫廷中的大事。重俊的失败，在于他的起事仓促，没有经过细致的准备，尤其是没有积蓄和组织足够的军事力量，起事很快被禁军击败。隆基从这些成功的和失败的经验教训中认识到，要想在宫廷斗争中取得胜利，关键是抓军队，尤其是宿卫宫中的禁军。

因此，隆基回到长安之后，"常阴引材力之士以自助"①，在暗中积蓄力量，以备非常。隆基把发展个人势力，争取武装力量的重点放在万骑之中。万骑属北衙军，是最接近皇帝的军队，也是最精锐的军队，它的主要任务是守卫宫城北门。隆基联络万骑的工作是通过亲信武士王毛仲去进行的。王毛仲原是高丽人，父亲因罪没入官府之后，毛仲始生。他在隆基为临淄王时就追随左右，毛仲弓马娴熟，武艺超群，聪明伶俐，善解人意。他非常了解隆基的意图，主动

---

① 《旧唐书》卷八《玄宗上》。

结纳万骑中的将领和主要人物，把他们介绍给隆基，隆基"数引万骑帅长及豪俊，赐饮食金帛，得其欢心"①，赢得了万骑将领和中坚人物的好感和信任。

另一个帮助隆基发展势力的是尚衣奉御王崇晔。崇晔"倜傥任侠，轻财纵酒，长安少年，皆从之游。帝乃来求与相见，遂遇利仁府折冲麻嗣宗，押万骑果毅葛福顺、总监钟绍京，言及家国，深相款结"②。尚衣奉御不过是正五品下的掌管皇帝服饰的官员，只因为他交游广泛，具有一定的社会声望，隆基就不惜屈尊就驾，主动求见，以利用他去联络四方豪杰，争取禁军中的将军。就这样，在隆基的苦心经营下，逐渐聚集起一股力量，为日后战胜政敌奠定了坚实的基础。

韦后的倒行逆施引起了朝野内外的不满，不断有人揭发韦后等将谋逆。景龙四年（710）五月，许州司兵参军燕钦融上书指出："皇后淫乱，干预国政，宗族强盛。安乐公主、武延秀、宗楚客图危宗社。"中宗召见质问，钦融叩头上奏，侃侃而谈，神色不变，中宗默然无话。宗楚客大为恼怒，假传圣旨，命飞骑将钦融杀害于宫中。宗楚客如此蛮横无忌，连懦弱的中宗都大为不满。中宗态度的变化，使韦后及其党羽恐惧。韦后早想取中宗而代之，安乐公主希望韦后临朝称制，自己做皇太女。母女合谋，在精通医术的散骑常侍马秦

---

① 《新唐书》卷一二一《王毛仲传》。
② 《册府元龟》卷二〇《帝王部·功业二》。

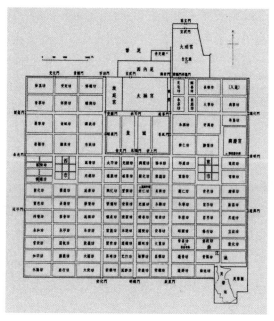

唐长安图

客、善于烹饪的光禄少卿杨均的协助下，于食物中下毒。六月初二，中宗被妻女毒死，时年55岁。

韦后暂时没有公布中宗的死讯。初三，她召开了有宰相重臣韦安石、韦巨源、萧至忠、宗楚客、纪处讷、韦温、李峤、韦嗣立、唐休璟、赵彦昭及苏瓌等19人的会议，讨论修改中宗遗制。遗制规定："立温王重茂为皇太子，皇后知政事，相王旦参谋政事。"讨论时争执的焦点是相王辅政的问题。

中宗遗制由太平公主和上官昭容起草。太平公主是中宗的妹妹，武则天唯一的亲生女儿，"沉敏多权略，武后以为类己，故于诸子中独爱幸，颇得预密谋，然尚畏武后之严，未敢招权势"。她曾经支持"五王"之变，中宗即位后，开始发展自己的势力。这是个权势欲极强，又颇有谋略的女人，和野心勃勃的韦后、安乐公主自然难以相容。她们互相诋毁，各树朋党，矛盾十分尖锐，弄得中宗束手无策。太平公主在起草中宗遗制时，把相王推到"参谋政事"的地位，就是要限制韦后的大权独揽。

上官昭容即著名的才女上官婉儿。她是高宗时曾任宰相的上官仪的孙女，上官仪被杀后，没入掖廷。由于"辩慧善属文，明习吏事"，武则天将她收留在身边，帮助处理表章奏疏，深受信用。中宗即位后，婉儿仍然被重用，拜为婕妤，专掌制命，参与核心机密。武三思是她的情夫，她又将三思引荐给韦后，出入禁中。中宗朝初期，武氏集团与韦氏集团的勾结，上官婉儿起了促成的作用。所以，太子重俊起兵杀掉武三思、武崇训之后，"自肃章门斩关而入，叩阁索上官婕妤"。当婉儿与武、韦势力沆瀣一气时，她的姨表兄弟、左拾遗王昱曾对婉儿的母亲郑氏说："今婕妤附于三思，此灭族之道也，愿姨思之。"郑氏转述王昱的话，告诫婉儿，婉儿当时还不以为然。经过太子重俊事件，富有政治斗争经验的婉儿，敏感地觉察到韦后势力的不可靠。她回忆起王昱的劝告，政治立场开始变化，由韦后、安乐公主一边转向以相王、太平公主为代表的李唐王室一边。所以在起草中宗遗制时，她也支持相王参谋政事。

如果相王辅政，必然会束缚住韦后的手脚，这是韦后及其党羽决不能接受的。

> 中书令宗楚客谓（韦）温曰："今须请皇太后临朝，宜停相王辅政。且皇太后于相王居嫂叔不通问之地，甚难为仪注，理全不可。"（苏）瓌独正色拒之，谓楚客等曰："遗制是先帝意，安可更改！"楚客及韦温大怒，遂削相王辅政而宣行焉。①

参加这次会议的宰相，韦温、韦巨源、宗楚客、纪处讷诸人是韦后死党，其余或为韦后拉拢，或屈服于韦后淫威，都同意删改遗制，排挤相王参政。宰相们的态度，从诛韦之后他们受到的处分也可以看出：韦安石，"昔相中宗，受遗制，而宗楚客、韦温擅削相王辅政语，安石无所建正。……监察御史郭震奏之，有诏与韦嗣立、赵彦昭等皆贬"②。韦嗣立"坐宗楚客等削遗制事，不执正，贬岳州（今湖南岳阳）别驾"③。萧至忠在"唐隆元年（710）以后党应坐，而太平公主为言，出为晋州（今山西临汾）刺史"④。李峤的态度如何呢？"初，中宗崩，峤尝密请相王诸子不宜留京师，

---

① 《旧唐书》卷八八《苏瓌传》。

② 《新唐书》卷一二二《韦安石传》。

③ 《新唐书》卑一一六《韦嗣立传》。

④ 《新唐书》卷一二三《萧至忠传》。

及玄宗嗣位，获其表宫中"①，他连相王的儿子都要赶出京师，当然不会支持相王辅政。宰相中只有苏瓖坚决反对删改遗制，但他孤掌难鸣，不起作用。

在召开宰相会议的同时，韦后作了如下部署：一是征诸府兵5万人屯京城，使驸马都尉韦捷、韦灌，卫尉少卿韦璿等诸韦子弟统率，用以控制京师；二是命左监门大将军兼内侍薛思简等将兵500驰驿戍均州，以监视谯王重福。重福是中宗第二子，后宫所生。韦后所生懿德太子重润死后，重福就居长了，是最有资格的皇位继承人。因而韦后对他的行动要加以戒备；三是诏刑部尚书裴谈、工部尚书张锡并同中书门下三品，充东都留守，以防东都有变。

韦后作了这番布置之后，才于中宗死后第三天，即六月初四，集百官发丧。韦后临朝摄政，赦天下，改元唐隆。初七，温王即位。温王重茂是中宗的小儿子，时年16。由韦温总知内外守捉兵马事，南北卫军及台阁要司都由韦氏子弟及亲信控制。宗楚客、武延秀、赵履温、叶静能及诸韦屡劝韦后效法武则天，革唐命而称帝。韦后也想称帝，只是暂时还不具备条件，她首先必须消灭以相王、太平公主为代表的反韦势力。中宗一去世，韦后和反韦后两种势力的斗争便空前激烈起来。

从关于相王辅政的斗争中，可知相王当时居于举足轻重的地位，以声望和资历而言，他最为韦后忌惮。但正因为相

---

① 《新唐书》卷一二三《李峤传》。

王地位显赫,树大招风,反而不便活动。加之,相王秉性旷达,不贪权势,在经历了许多宫廷斗争的风险之后,也无意进取。相王的长子成器和次子成义,都资质平平,不堪重任。李唐王室中,反韦势力真正的组织领导者,是不为人注目的李隆基。他早已在暗中联络、积蓄力量,进行捍卫李唐社稷,反对韦后篡权的斗争,准备在时机到来时一举消灭韦后集团。隆基得到了姑姑太平公主的支持,太平公主派儿子卫尉卿薛崇暕参与了隆基的诛韦密谋。

隆基的政治倾向和活动,作为父亲的相王不会全然无知,一定会给予支持。但诛韦密谋的具体组织工作是背着相王进行的。隆基认为:"我曹为此以徇社稷,事成福归于王,不成以身死之,不以累王也。"隆基的考虑是周到、成熟的。他深知诛韦是"危事",形势严峻。韦后控制着小皇帝,可以挟天子以令诸侯,在政治上占有主动地位。韦后能够删改遗制,抵制相王参政,说明她在宰相和朝臣中有相当大的势力。特别是诸韦占据着禁军和京城宿卫部队的要职,握有兵权。所以隆基不可能轻而易举地战胜韦后,他冷静地估计了成功与失败的两种可能性。

韦后虽然势力强大,在谋害中宗之后的部署,也相当周密。但她要想达到称帝的目的,有难以克服的、致命的弱点。第一,在中宗、韦后当政期间,吏治腐败,贿赂公行,财政匮乏,民不聊生,韦后是不得人心的。第二,李唐王朝刚刚结束了武周革命,人心思定,人心向唐。韦后没有武则天那样杰出的才干和政绩,也没有像武则天那样在称帝前做过长期的、艰苦的准备工作。韦后要革唐命，缺乏现实基础。第三，诸韦及其党羽的骄奢淫逸，激起了社会各阶层的强烈不满。如分押万骑左右营的韦播、高嵩（韦温的外甥），常常用殴打军士的方法来树立自己的威望，使万骑将士深感愤怒。万骑将领葛福顺、陈玄礼、李仙凫等力劝隆基诛灭诸韦，愿生死相随。诸韦对军队和各部门的控制极不牢固。

由于上述原因，在斗争日趋白热化的时候，韦后集团中一些有识之士，开始转向隆基一方。原来党附宗楚客、武三思、武延秀的兵部侍郎崔日用，在韦后临朝称制时，"恐祸及己，知玄宗将图义举，乃因沙门普润、道士王晔密诣藩邸，深自结纳，潜谋翼戴"①。他还向隆基进言，诛韦之举，"事必克捷，望速发，出其不意，若少迟延，或恐生变"②，催促及早动手。崔日用其人，"才辩绝人而敏于事，能乘机反祸取富贵"③，是一个善于观察宫廷斗争形势，能够根据形势而决定自己去向的人。他的立场转变，预示着韦氏集团的分崩离析。

韦后对相王、太平公主竭力防范，毫不放松。相王、太平公主、隆基的府第实际已被重兵围困，严密监视。韦后"将图剪覆，设兵潜备，内外阻绝"④，隆基只能通过东明观道士冯处澄、宝昌寺僧普润等人和外界保持联系。形势异常

---

① 《旧唐书》卷九九《崔日用传》。

② 同上。

③ 《新唐书》卷一二一《崔日用传》。

④ 《册府元龟》卷二〇《帝王部·功业二》。

紧张，隆基决定不再等待，立即发动政变。

六月二十日傍晚，华灯初上，暮色苍茫，隆基改换服装，在道士冯处澄的掩护下，悄悄离开王府，来到政变的指挥部——禁苑总监钟绍京的府第。这将是一次以弱胜强、以少胜多的决战，隆基以大智大勇的气概奋起拼搏。就在这关键时刻，玄宗身边也有人畏惧动摇了。一个是钟绍京。他是由王崇晔联络参与密谋的，政变的指挥部就设在他家里。隆基到来，举事在即，他却心怀恐惧，临战胆怯，想拒绝隆基一行进入他的府第。多亏钟绍京的妻子许氏深明大义，劝他说："忘身徇国，神必助之。且同谋素定，今虽不行，庸得免乎？"钟绍京才坚定下来，出迎隆基。另一个是隆基的心腹武士王毛仲，在政变前两天就不知去向，躲起来了。

入夜，万骑将领葛福顺、李仙凫来到钟绍京府第，向隆基请示号令。隆基对这次政变，谋划已久，成竹在胸。在他的行动计划中，第一个攻击的目标是玄武门。玄武门的得失是宫廷政变成败的关键所在。唐太宗的玄武门之变及武则天晚年的"五王"之变，都是首先控制了北门禁军、夺取了玄武门而取得成功的。中宗时太子重俊起兵，则由于中宗控制了玄武门，重俊因在门下受阻而失败。这些历史经验，隆基了然在心。葛福顺等人奉命进入宿卫玄武门的羽林营，斩统领羽林军的韦璿、韦播、高嵩，向羽林营将士宣布："韦后酖杀先帝，谋危社稷，今夕当共诛诸韦，马鞭以上皆斩之。立相王以安天下，敢有怀两端助逆党者，罪及三族。"羽林军将士对诸韦久怀愤慨，都欣然从命。掌握了玄武门及羽林军，政变已取得了胜利的决定性把握。

隆基验看了葛福顺送来的韦璿等人的首级，证实夺取玄武门成功，便带领刘幽求等人离开钟绍京府第，出禁苑南门，向玄武门进发。钟绍京率丁匠、户奴二百余人执斧锯相从。葛福顺率左万骑攻玄德门，李仙凫率右万骑攻白兽门，斩关而入，进展顺利。三鼓，两军会师凌烟阁前。在太极殿宿卫梓宫的诸卫兵都披甲响应，韦后仓皇逃入飞骑营，被飞骑斩首，献给隆基。安乐公主、武延秀、内将军贺娄氏等都被诛杀。

上官婉儿也被杀了。这位姿容美丽、文思敏捷的才女，曾经多次成功地渡过了宫廷斗争的风浪，这回却翻了船。她遇到一个强硬的对手。当隆基进入宫中，婉儿持烛率宫人迎接，拿出遗制草稿交刘幽求，以证明她早已是支持相王的。刘幽求为婉儿向隆基求情，隆基不为所动，下令斩婉儿于旗下。开元初，登上皇位的李隆基，下令收集婉儿的诗文，撰成文集二十卷，并令中书令燕国公张说为之序。可惜文集后来失传，但张说的序文和婉儿的部分诗作至今仍在。隆基虽然不允许这个玩弄政治的才女存在于世间，结束了她的生命，但却留下了她的灵魂，允许她的思想和感情在诗文中留传。

隆基诛韦，部署周密细致，行动迅速果断，一夜之间，大获全胜。第二天，宫内平定，隆基出见相王，叩头谢不先报告之罪，相王勖勉有加地说："社稷宗庙不坠于地，汝之力也。"隆基迎相王入宫，辅佐少帝。同日，关闭宫门及京师城门，大肆搜捕诸韦亲党。韦温、宗楚客、宗晋卿、赵履温、韦巨源等都被捕杀。崔日用率兵诛杀聚居在京城南杜曲的韦氏，连襁褓中的婴儿都不能幸免。

六月二十三日，太平公主传少帝命，让位于相王。二十四日，相王即位，改元景云。

第四章 / 铲除太平

诛灭韦后集团之后，隆基以平定内难之功，被封为平王，兼知内外闲厩、押左右厢万骑，掌管禁军及御马。很快又兼殿中监、同中书门下三品。睿宗即位后的第三天，七月二十七日，立隆基为太子。

本来，立太子未必要这样匆忙，而且按长子继承的原则，应立宋王成器，成器涕泣固辞，他说："国家安则先嫡长，国家危则先有功，苟违其宜，四海失望。臣死不敢居平王之上。"朝中大臣也都赞成立隆基。隆基领导了诛韦之役，为父皇复位作出决定性的安排，表现出独立支撑李唐社稷的非凡胆略和才干，拥有强大的实力和众多的拥护者，他成为太子是势在必然的，是聪明的大哥李成器不敢竞争的。

睿宗在位初期，武、韦两个代表腐朽势力的集团被铲除，唐廷政局有所转机。睿宗任用许州刺史姚元之（崇）和洛阳长史宋璟为宰相，"璟与姚元之协心革中宗弊政，进忠良，退不肖，赏罚尽公，请托不行，纲纪修举，当时翕然以为复有贞观、永徽之风"。这种向好的方向转化的势头，发展了一年多，便停止了。阻力来自太平公主。

武则天逝世之后，太平公主是宫廷政治舞台上最为活跃的人物之一。

她在诛灭韦党、拥立睿宗的过程中立有大功，地位越来越高。太平公主专横跋扈，贪贿好财，过着豪华奢侈的生活。她的"田园遍于近甸膏腴，而市易造作器物，吴、蜀、岭南供送，相属于路。绮疏宝帐，音乐舆乘，同于宫掖。侍儿披罗绮，常数百人，苍头监妪，必盈千数，外州供狗马玩好滋味，不可纪极"①。睿宗对这位颇富权略的妹妹十分尊重，常和她商量国家大政，"公主所欲，上无不听，自宰相以下，进退系其一言，其余荐士骤历清显者不可胜数，权倾人主，趋附其门者如市"。而太平也以玩弄权势为乐，"军国大政，事必参决，如不朝谒，则宰臣就第议其可否"②。在诛韦之役中，太平支持过隆基，姑侄立场一致。可是在隆基成为太子后，太平干预朝政，必然会和隆基发生矛盾。太平深知隆基英明干练，不可忽视。只有改立一个懦弱的太子，她的权势和利益才不会受到伤害，所以，她开始攻击隆基，姑侄之间的矛盾日趋尖锐。

太平公主在隆基身边安插了自己的耳目，监视隆基的举动。她常在睿宗那里告隆基的状，挑拨隆基父子间的关系，弄得隆基惶惶不安。她还散布流言，说"太子非长，不当立"，并网络党羽，集结反对隆基的力量。景云二年（711）

① 《旧唐书》卷一八三《太平公主传》。
② 同上。

正月，太平公主竟然在光范门会见宰相，提出改易太子的要求，宰相们大惊失色，"宋璟抗言曰：'东宫有大功于天下，真宗庙社稷之主，公主奈何忽有此议！'"太平的要求，遭到宰相们的拒绝，她和隆基的矛盾至此已完全公开化了。

太平公主敢于向宰相提出改易太子的要求，是自恃声望和实力都在隆基之上。的确，从武则天时代以来，"二十余年，天下独有太平一公主，父为帝，母为后，夫为亲王，子为郡王，贵盛无比"[1]。刚被选补为诸暨县主簿的王琚，"过谢太子，琚至廷中，故徐行高视，宦者曰：'殿下在帘内。'琚曰：'何谓殿下？当今独有太平公主耳！'"王琚这样讲，固然有激发太子与太平斗争的用意，但他的话，并不夸张，太平的声望显赫，远在隆基之上。然而，太平还是过高地估计了自己的力量。当时的宰相是中书令姚崇、黄门侍郎同中书门下三品李日知、检校吏部尚书同中书门下三品宋璟、中书舍人参预机务刘幽求，以及刚被任命为同中书门下平章事的太仆卿郭元振、中书侍郎张说。宰相班子支持太子隆基。太平的要求被拒绝，她从此在改组宰相班子上下工夫。

光范门会见之后，针对太平改易太子的要求，宰相姚崇和宋璟秘密向睿宗进言：

> 宋王陛下之元子，邠王高宗之长孙，太平公主交构

---

[1] 《旧唐书》卷一八三《太平公主传》。

其间，将使东官不安。请出宋王及邠王皆为刺史，罢岐、
薛二王左、右羽林，使为左、右率以事太子。太平公主
请与武攸暨皆于东都安置。

睿宗基本上采纳了姚、宋这个很有见地的意见，只是
说："朕更无兄弟，惟太平一妹，岂可远置东都！"对太平还
是感念手足之情的。二月初一，睿宗命宋王成器为同州（治
今陕西大荔）刺史，邠王守礼为邠州（治今陕西彬县）刺
史，左羽林大将军岐王隆范为左卫率，右羽林大将军薛王隆
业为右卫率，太平公主蒲州（山西永济西南）安置。

当太平得知此议出自姚、宋，大怒，指责太子背后指
使，隆基恐惧，赶紧上奏姚、宋离间他和姑、兄的关系，请
处以极刑。睿宗自然明白，姚、宋的建议完全是从维护太子
的地位、稳定唐廷大局出发，未必受隆基指使，为了应付太
平，只好贬姚崇为申州（今河南信阳）刺史，宋璟为楚州
（今江苏淮安）刺史。太平毕竟到蒲州待了三个多月，五月，
应隆基的请求，召回京城。这个具有讽刺意味的事件是值得
玩味的。太平可以公开要求改易太子，姚、宋的建议只能
"密言于上"。太平一怒，隆基马上加罪姚、宋，划清界限，
以求自保。睿宗明知姚、宋建议合理，又不能不把他们贬出
京城。这样微妙的关系，反映了太平的势力和影响都很大，
隆基还不敢与之正面抗衡。

对于太平和太子的矛盾，睿宗的态度如何呢？一边是妹
妹，一边是儿子，都有骨肉之情，他不能不相当谨慎地尽量

持平，在处理问题时，两人的意见都要考虑到。"每宰相奏事，上辄问：'尝与太平议否？'又问：'与三郎议否？'然后可之。三郎，谓太子也。"但在尖锐的矛盾面前，他不可能做到绝对的持平，还是倾向儿子隆基的。睿宗与隆基两人在长期的宫廷斗争中，休戚与共，立场一致。诛韦之前，隆基首先考虑的是父亲的安危，诛韦之后，睿宗很快立隆基为太子。太平的目的是要废掉隆基的太子地位，如果睿宗对隆基不满，趁势废去隆基并不困难。睿宗不仅没有这样做，反而主动将皇位让给隆基，使隆基在政治上赢得了重要的优势。这就表明了睿宗的基本态度是支持隆基的。

睿宗逐步让位给隆基的过程，充分体现了他在斗争中的智慧和策略。一定是出于过分的自信，太平低估了睿宗在政治上的成熟，对睿宗与隆基之间的关系缺乏正确的理解，这是招致她以后覆没的重要失误。

当睿宗采纳姚、宋建议，决心将太平安置蒲州，太子处境略有好转时，"上谓侍臣曰：'术者言五日中当有急兵入宫，卿等为朕备之。'张说曰：'此必谗人欲离间东宫。愿陛下使太子监国，则流言自息矣。'姚元之曰：'张说所言，社稷之至计也。'上悦"。术者之言的目的是挑拨离间睿宗与隆基的关系，当出自太平授意。睿宗却因此接受张说、姚崇的建议，于蒲州安置太平的次日，二月初二命太子监国，六品以上官的任用及徒罪以下，并取太子处分，实现了部分权力的移交。

两个月之后，睿宗召见三品以上的大臣，提出传位太子。太平公主党羽、殿中侍御史和逢尧等竭力谏止，传位虽没有实现，睿宗于四月十三日下制："凡政事皆取太子处分。其军旅死刑及五品以上除授，皆先与太子议之，然后以闻。"再一次移交了部分权力。

景云三年（712）七月（是年八月改元先天），彗星出现在西方，"太平公主使术者言于上曰：'彗所以除旧布新，又帝座及心前星皆有变，皇太子当为天子。'上曰，'传德避灾，吾志决矣'"，太平的本意是指使术士借星变让睿宗猜疑、防范隆基，结果弄巧成拙，睿宗决心借星变实现传位。虽然太平及其党羽竭力劝阻，隆基也一再推辞，但睿宗决心已定。他意味深长地对隆基说："社稷所以再安，吾之所以得天下，皆汝力也。今帝座有灾，故以授汝，转祸为福，汝何疑耶！"二十五日，制传位于太子。太平只好劝睿宗不要全部放权。八月五日，隆基即位，是为玄宗，改元先天。尊睿宗为太上皇，"三品以上除授及大刑政决于上皇，余皆决于皇帝"。睿宗仍保留了一点权力，作为安抚太平的姿态。

隆基登上了皇位，太平的势力也有很大的发展。自从光范门受挫后，太平开始注意调整宰相，至先天二年（713），七个宰相中，窦怀贞、岑羲、萧至忠、崔湜四人依附太平，不附太平的是郭元振、魏知古和陆象先三人，太平的亲信在宰相中已占优势。朝中"文武之臣，太半附之"。太子少保薛稷、雍州长史新兴王晋、中书舍人李猷、右散骑常侍贾膺福、鸿胪卿唐晙等都是太平死党。太平还控制了一部分军权。左羽林大将军常元楷、知右羽林将军李慈、左金吾将军李钦等领兵将领也都依附她。太平的势力是相当强大的。但隆基已由太子成为皇帝，在政治上占有优势。崔日用对此曾有透彻的阐述，他对玄宗说：

> 太平公主谋逆有期，陛下往在官府，欲有讨捕，犹是子道臣道，须用谋用力。今既光临大宝，但须下一制，谁敢不从？[①]

就是说，玄宗要诛灭太平，已处于名正言顺的有利地位。

玄宗即位之后，与太平的矛盾更趋尖锐。刘幽求和左羽林将军张暐时曾计划用羽林军诛杀太平，玄宗表示同意。这个密谋过早泄露，玄宗只好将刘、张流贬边州。太平公主集团也在积极活动，密谋举行兵变，废掉玄宗。他们的计划是在先天二年七月初四，由常元楷、李慈率羽林军攻入玄宗所在的武德殿，宰相窦怀贞、萧至忠、岑羲等于南衙举兵响应。这个计划被宰相魏知古知悉，并报告玄宗。玄宗立即与弟弟岐王范、薛王业、兵部尚书同中书门下三品郭元振、龙武将军王毛仲、殿中少监姜皎、太仆少卿李令问、尚乘奉御王守一、内给事高力士等亲信密商对策，决定提前一天动手，先发制人。

七月初三，玄宗令王毛仲取闲厩马及士兵三百多人，从

---

① 《旧唐书》卷九九《崔日用传》。

武德殿入虔化门，召左羽林大将军常元楷、知右羽林将军事李慈入内并斩首。除掉这两个太平公主的心腹将领，便控制了羽林军。紧接着，大肆捕杀太平党羽，宰相萧至忠、岑羲被杀，窦怀贞自缢，太平公主逃入山中寺院，三天后外出，赐死于家。她的儿子（除薛崇暕外）及死党被杀者数十人，"籍公主家，财货山积，珍物侔于御府，厩牧羊马，田园息钱，收之数年不尽"。这位弄权贪财、不可一世的公主就这样身名俱裂了。

七月初四，睿宗以太上皇的身份宣布："朕将高居无为，自今后军国刑政一事以上，并取皇帝处分。"①从此，玄宗才真正握有皇帝的全部权力，开始了治理大唐的辉煌业绩。

玄宗诛韦是在劣势下奋起一搏，诛太平则占有一定的优势；玄宗身居皇位，以上制下，占有政治上的优势。玄宗洞悉太平的密谋，抢先动手，占有时机上的优势。玄宗采取"先定北军，次收逆党"的方针，首先解除了太平对羽林军的控制，占有军事力量上的优势。由此可见，在长期的宫廷斗争中，玄宗受到锻炼，变得成熟了。他善于长期积蓄力量，等待时机，也善于在时机到来时，勇敢果决，夺取胜利。

对于诛杀太平，睿宗态度如何呢？从文献看，是睿宗亲自授意的。诛杀太平之后，在睿宗的《命明皇总军国刑政诏》中说："昨者奸臣构衅，窃犯禁闱。凶党布于萧墙，飞

---

① 《旧唐书》卷七《睿宗纪》。

变闻于帷扆。朕虑深仓卒，爰命讨除。皇帝遂与岐王范、薛王业等励兹孝心，率彼义勇，戮鲸鲵于阙下，扫搀枪于天路，元恶大憝，罔不伏诛。"①玄宗在即位赦文中也说："太上皇圣断宏通，英谋独运，命朕率岐王范、薛王业等，躬事诛锄。齐斧一麾，凶渠尽殆。"②这些事后起草的文件虽然言之凿凿，但并不尽然可信。从睿宗对待太平与太子矛盾的态度看，他似乎不愿采取这种骨肉相残的办法去解决。所以他尽量满足太平的要求，同时又把皇位让给太子，而且是一点一点地让，就是想使太子能够成为皇帝，而又不过分伤害太平。然而，这只是睿宗善良的愿望，他无法改变客观实际，太平和太子都是个性和自信很强的人，他们之间的矛盾最终只能用武力解决，双方都在磨刀霍霍。决战的时机，睿宗不知道的可能性更大些。事后说成是睿宗授意，玄宗诛杀姑姑，违迕孝道的恶名就可以洗刷了。

睿宗其人，历来被认为是一位软弱无能、无所作为的皇帝，其实不然。睿宗一生，曾经三次让出皇位，第一次是他的母亲武则天当女皇把他降为皇嗣；第二次是他把皇嗣的地位让给哥哥庐陵王。中宗即位后，他又坚决辞去皇太弟的位置；第三次是他把皇位让给了儿子玄宗自己当太上皇。每次让位都是当时形势的需要，都对稳定朝政大局有好处。睿宗身处皇位而不为皇权诱惑，不以个人进退为重的风格是难能

---

① 《唐大诏令集》卷三〇。

② 《唐大诏令集》卷二。

可贵的。睿宗"素怀澹泊，不以万乘为贵"，三让天下，在中国历代封建帝王中是绝无仅有的。

睿宗一生，几乎都在复杂的宫廷斗争中度过。每次大的动荡，都会波及他。他头脑清醒，处事谨慎，善于审时度势，决定自己的行动去向。"自则天初临朝及革命之际，王室屡有变故，帝每恭俭退让，竟免于祸。"①睿宗的"恭俭退让"，不是软弱无能，而是一种斗争的策略，它渊源于道家思想。

睿宗受道家影响颇深。他在位期间，两个女儿金仙公主和玉真公主都成为女道士。他还不顾国家财政的困竭和群臣的反对，大兴土木，为两个女儿建造规模宏大的道观，表现出崇道的极大热情。后来玄宗的崇道，受父亲的影响也是重要原因。道家在政治斗争中，主张"以柔弱胜刚强"，认为"天下莫柔弱于水，而攻坚强者莫之能胜"②。在道家看来，事物处于柔弱的地位，不转化为刚强，就可以避免走向灭亡的结局。水虽然柔弱，它最终可以冲决比它坚强的东西。睿宗在宫廷斗争中采取的"恭俭退让"的方针，是深得道家"以柔弱胜刚强"的思想精髓的。他的"恭俭退让"，不仅使自己得以保全，渡过难关，而且为玄宗的生存和从事斗争创造了有利条件。玄宗能够取得一次又一次的成功，最终接管了大唐王朝的最高权力，是和睿宗的"恭俭退让"分不开

---

① 《旧唐书》卷七《睿宗纪》

② 《老子》第78章。

的。把"恭俭退让"作为一种斗争策略、手段，并非易事，它需要有高度的政治智慧和顽强的毅力，睿宗具备了这些条件。他是一个聪明的皇帝，在从武则天到唐玄宗的权力过渡中，他以独特的方式作出了积极的贡献，对开元盛世的到来有开创奠基之功，是应当给予正确评价的。

睿宗卒于开元四年（716）六月十九日，终年恰巧和哥哥中宗一样，也是55岁，兄弟二人不同的是，一个暴卒，一个善终。位于蒲城的巍巍桥陵，是人们对这位生性恬静的皇帝永远的纪念。

第五章 / 开元天子与"救时之相"

对于玄宗来说，公元713年是不平凡的一年。虽然在一年多前，他已经登上皇位，但只有在这年七月成功地铲除了太平公主集团之后，才真正成为名符其实的大唐皇帝。十一月，在群臣的请求下，玄宗加尊号为开元神武皇帝。十二月，宣布改元开元。

年青的开元天子非常仰慕唐太宗，决心要"改中宗之政，依贞观故事"①，满怀宏图壮志，投入了振兴唐朝的事业。他夙兴夜寐，废寝忘食，勤勉奋发地工作。现在西安附近终南山楼观台的《老子显见碑》（开元二十九年刻）碑文中说：玄宗"自临御以来，向卅年，未曾不四更即起"。《开元天宝遗事》卷下《金函》记："明皇忧勤国政，谏无不从，或有章疏规讽，则探其理道优长者贮于金函中，日置于座右，时取读之，未尝懈忽也。"

玄宗尽管勤于为政，毕竟还年轻，缺乏经验。他即位伊始，需要一个精明干练的宰相作为助手。铲除太平之后新任

---

① 《隋唐嘉话》下。

姚崇画像

命的宰相是中书令张说和左仆射刘幽求，张、刘两人都以文学见长，处理实际问题的能力稍差一点，玄宗并不满意，经过认真选择，仔细考虑，他决心起用姚崇。

姚崇是陕州硖石（今河南三门峡）人，字元之，本名元崇。为避开元尊号，省去"元"字，名崇。玄宗想起用姚崇，一是因为姚崇有杰出的才干。他为人豪爽，崇尚气节，极负才华。少年时代，不知读书，长大后才发愤攻读。仪凤二年（677）应下笔成章科制举，获得出身。他不仅文才出众，也通晓军事，文武双全。万岁通天元年（696）姚崇任夏官（兵部）郎中，适逢契丹大举进犯河北，连续攻陷营州（今辽宁辽阳）、冀州（今河北冀县）、幽州等许多州县，当时羽书飞驰，军情告急，姚崇"剖断如流，皆有条理"，处理得及时适当。他的军事才能，深为武则天赏识。史称姚崇"吏道敏捷""善应变成务"，就是说他处理实际事务的能力强，效率高，善于根据具体情况的发展变化，及时采取相应的对策，取得良好的效果。

二是因为姚崇有丰富的经验。他曾两度出任宰相，多次出任地方军政长官，所至皆有政绩。姚崇第一次任宰相是在圣历元年十月，经狄仁杰推荐，擢升夏官侍郎、同凤阁鸾台平章事。长安元年（701）被派往并州以北检校各州兵马，整军备战，以防突厥侵扰。长安四年（704），姚崇以母亲衰

玄宗任命姚崇为相图

老，请求解职侍养，言甚哀切，武则天只好任命他为相王府长史，罢政事。但同月，就又任命他为夏官尚书、同凤阁鸾台三品。姚崇说："臣事相王，知兵马不便，臣非惜死，恐不益相王。"改任春官（礼部）尚书。武则天对他是深为倚重的。中宗朝，姚崇被贬为亳州刺史，又历任宋、常、越、许诸州刺史。睿宗即位，从许州（今河南许昌）召回姚崇，任命他为兵部尚书、同中书门下三品，寻升中书令。他和宰相宋璟共同努力，协助睿宗整肃吏治，罢免斜封官，革除中宗朝各项弊政，颇见成效。不久，因建议出刺诸王及安置太平于东都，被贬为申州刺史，又历任徐州、潞州刺史，扬州长史，淮南按察使，同州刺史。姚崇在他任职的地方，"为政简肃，人吏立碑纪德"①。姚崇任职的经历相当广泛，从中央到地方，从内地到边疆，从政治经济到军事边防，他都有着丰富的知识和实践经验，并且政绩卓著，是一位成熟的政治家。

三是因为姚崇有正确的政见。在武则天时代，姚崇对酷吏政治深为不满。"天授之际，狱吏峻密，公持法无颇，全活者众。"②当时，姚崇任京城司刑丞。神功元年（697），姚崇向武则天直言诏狱冤滥的情况，指出自垂拱以来，所谓谋反案件，都是酷吏罗织而成。只要除去酷吏，他愿"以百口为陛下保，自今内外之臣，无复反者"。姚崇的进谏，深为

---

① 《旧唐书》卷九六《姚崇传》。

② 《文苑英华》卷八八四《梁国公姚崇神道碑》。

武则天赏识，促进了酷吏政治的结束。武则天晚年，姚崇任春官尚书，受理僧人状告张易之兄弟私移京城高僧十余人往其原籍定州私置寺，姚崇依法"断停"，禁止二张私自转移僧人。二张再三求情，姚崇不允，因此得罪二张，出为灵武道大总管。临行前，向武则天推荐张柬之堪为宰相，并说："惟陛下急用之。"神龙元年"五王"之变前夕，姚崇从灵武道返回京城，应是参与了兵变的决策。武则天退位，迁往上阳宫时，"王公更相庆，崇独流涕"，张柬之深为不满，当天，将姚崇贬出京城。后来，武、韦势力联合，"五王"被害，姚崇则得以幸免。睿宗时期，在太平公主与玄宗的斗争中，姚崇坚定地维护玄宗，因此获罪。姚崇与相王父子的历史渊源，可追溯到他在武则天时代任相王府长史。在多次重大的宫廷斗争中，他和相王父子的政见相同，立场一致，发挥过重要作用。他没有参与诛韦和诛太平两役，身上的血腥气少一些，功劳也小一些，这不仅使他没有居功自傲的本钱，可以更为冷静客观地看待问题，而且使玄宗对他不产生什么疑虑。

四是因为姚崇有很高的声望。开元元年，姚崇已经63岁了，他历武则天、中宗、睿宗三朝，出将入相，两度执掌朝政，屡建战功，政绩显著，以他的才能、资历和远见卓识，已经赢得了很高的声望。因此，玄宗选择姚崇为相，这一选择是独具慧眼的。

玄宗起用姚崇在当时有一定困难。一方面，宰相中书令张说素与姚崇不和。张说在朝中颇有势力和影响，他得知玄宗想任命姚崇为相时，便极力阻挠。先是指使御史大夫赵彦昭弹劾姚崇，后又指使殿中监姜皎推荐姚崇为河东道总管，玄宗都没有听从。另一方面，景云二年姚崇被贬的事件，在关键时刻，玄宗牺牲姚崇以自保，虽然出于环境所迫，但这种做法肯定会给姚崇留下极不愉快的回忆，姚崇对出任宰相的态度如何，玄宗还拿捏不准。因此，起用姚崇需要有一个适当的时机和场合。

十月十三日，玄宗在长安近郊的骊山下组织了规模宏大的军事演习。征兵20万，旌旗相连长达50里。诛灭太平之后，玄宗马上亲自"讲武"，用意是很清楚的。作为皇帝，他要确认自己是全国军队的最高统帅，他要显示自己掌握的强大军事力量，这对结束动乱，稳定政局，威胁政敌和巩固自己的地位都是非常必要的。玄宗选择在骊山讲武，还有另一个不为人知的目的，就是为会见在距骊山不远任同州刺史的姚崇创造有利的时机。

在骊山讲武中，玄宗以军容不整为理由，下令斩兵部尚书、同中书门下三品郭元振于旗下，刘幽求、张说等大臣跪在玄宗马前谏止说："元振有大功于社稷，不可杀。"元振才得以免死，改为流放新州。玄宗还以制定军礼不严肃为名，下令斩给事中、知礼仪唐绍。其实，玄宗本意不是真要斩唐绍，就像他的本意也不是一定要斩郭元振一样。郭元振身为宰相，一直支持玄宗，又刚在诛灭太平时立有大功，唐绍曾极力反对韦后作为中宗祭祀南郊的亚献，在中宗、睿宗两朝都以直言敢谏著称。玄宗借故惩罚这两位大臣，无非是用以树立自己的权威，告诫功臣不可居功自傲。但唐绍的命运不如郭元振，由于金吾将军李邈宣敕迅速，大臣们还没有来得及劝谏，唐绍已被杀头。假戏真做，玄宗只好下令罢免李邈官职，终身不再叙用。郭、唐两大臣受罚，各军多因害怕而进退失常，稍有混乱。只有左军节度薛讷、朔方道大总管解琬两军秩序井然，受到玄宗的嘉奖。

骊山讲武的次日，十月十四日。玄宗到渭川打猎时，召见同州刺史姚崇。这次会见是经过精心安排的。借打猎的机会，召见姚崇，可以避开张说等人的干扰。像打猎这样比较随便的场合，也有利于年轻的皇帝同他曾经伤害过的老臣交谈和疏通思想。

关于这次重要的会见，《资治通鉴》卷二一〇《考异》引述吴兢《升平源》有细致而生动的记述：

> 上方猎于渭滨，公至，拜马首。上曰："卿颇知猎乎？"元崇曰："臣少孤，居广成泽，目不知书，唯以射猎为事。四十年方遇张憬藏，谓臣当以文学备位将相，无为自弃，尔来折节读书。今虽官位过忝，至于驰射，老而犹能。"于是呼鹰放犬，迟速称旨，上大悦。上曰："朕久不见卿，思有顾问，卿可于宰相行中行。"公行犹后，上纵辔久之，顾曰："卿行何后？"公曰："臣官疏贱，不合参宰相行"。上曰："可兵部尚书，同平章事。"公不谢。上顾讶焉。至顿，上命宰臣坐，公跪奏："臣适奉作弼之诏而不谢者，欲以十事上献，有不可行，臣不

敢奉诏。"上曰:"悉数之,朕当量力而行,然定可否。"
公曰:"自垂拱已来,朝廷以刑法理天下,臣请圣政先仁
义,可乎?"上曰:"朕深心有望于公也。"又曰:"圣朝
自丧师青海,未有牵复之悔,臣请三数十年不求边功,
可乎?"上曰:"可。"又曰:"自太后临朝以来,喉舌之
任,或出于阉人之口;臣请中官不预公事,可乎?"上
曰:"怀之久矣。"又曰:"自武氏诸亲猥侵清切权要之
地,继以韦庶人、安乐、太平用事,班序荒杂;臣请国
亲不任台省官,凡有斜封、待阙、员外等官,悉请停罢,
可乎?"上曰:"朕素志也。"又曰:"比来近密佞幸之徒,
冒犯宪纲者,皆以宠免;臣请行法,可乎?"上曰:"朕
切齿久矣。"又曰:"比因豪家戚里,贡献求媚,延及公
卿、方镇亦为之;臣请除租、庸、赋税之外,悉杜塞之,
可乎?"上曰:"愿行之。"又曰:"太后造福先寺,中宗
造圣善寺,上皇造金仙、玉真观,皆费钜百万,耗蠹生
灵;凡寺观宫殿,臣请止绝建造,可乎?"上曰:"朕每
睹之,心即不安,而况敢为者哉!"又曰:"先朝亵狎大
臣,或亏君臣之敬;臣请陛下接之以礼,可乎?"上曰:
"事诚当然,有何不可!"又曰:"自燕钦融、韦月将献直
得罪,由是谏臣沮色,臣请凡在臣子,皆得触龙鳞,犯
忌讳,可乎?"上曰:"朕非唯能容之,亦能行之。"又
曰:"吕氏产、禄几危西京,马、窦、阎、梁亦乱东汉,
万古寒心,国朝为甚,臣请陛下书之史册,永为殷鉴,

作万代法，可乎？"上乃潸然良久曰："此事真可为刻肌刻骨者也。"公再拜曰："此诚陛下致仁政之初，是臣千载一遇之日，臣敢当弼谐之地，天下幸甚！天下幸甚！"

这次事关重大的会见，是从谈论打猎开始的。尽管君臣间有过不愉快的往事，这种充满生活情趣的交谈却有利于消除隔阂，沟通情感。当玄宗要姚崇出任宰相时，姚崇针对中宗以来存在的问题，提出了著名的"十事要说"。"十事"可以归纳为三方面：一是稳定政局，不允许国亲、外戚、幸臣、宦官干预朝政，结束酷吏政治，施行仁政，以缓和各种社会矛盾和阶级矛盾。二是整顿吏治，在选任官员时，国亲不得任台省官，凡斜封、待阙、员外官一律停罢，对官吏要赏罚分明，尤其是对近密佞幸之臣，犯法者要严惩，决不姑息。皇帝要礼敬大臣，提倡直言敢谏的良好政风。三是改善国家财政状况，不求边功，安定边疆，减少军费开支，禁止滥建寺观，浪费钱财。除租、庸、赋税外，杜绝一切额外贡献。

"十事要说"既是姚崇出任宰相的条件，也将是他出任宰相后的施政纲领。对于姚崇提出的每一件事，玄宗都表示深有同感，完全同意。在年轻皇帝一连串的允诺声中，流露出他希望姚崇出任宰相的急切心情。姚崇则在"十事要说"得到玄宗的首肯之后，才同意出任宰相。

玄宗和姚崇的合作，一开始就受到连年天灾的考验。开元元年秋冬，旱象严重，雨雪全无。开元二年（714）春正月，关中"人多饥乏，遣使赈给"。大旱之后，常有蝗灾。

紧接着，开元三年（715）六月，山东诸州发生了大蝗灾，蝗虫飞来，铺天蔽日，"下则食苗稼，声如风雨"①，田地里的禾苗，顷刻为之食尽。在这毁灭性的自然灾害面前，农民感到恐惧不安，束手无策，只能在田旁设祭，焚香膜拜，不敢捕杀。灾情严重地影响着人民的生活和社会的安定，抗灾救荒成为当时稳定政局、发展经济的中心问题。

姚崇建议派遣御史督促州县捕杀蝗虫。他说："蝗既解飞，夜必赴火，夜中设火，火边掘坑，且焚且瘗，除之可尽。"②姚崇的建议，遭到朝野内外许多人的反对。就连平日遇事不拿主意的"伴食宰相"卢怀慎也认为杀蝗虫太多，恐伤和气，不宜捕杀。还有的认为，蝗虫是天灾，非人力所能克服，除之不尽。在一片反对声中玄宗颇为犹豫，就此事再征询姚崇的意见。姚崇指出："昔魏时山东有蝗伤稼，缘小忍不除，致使苗稼总尽，人至相食。后秦时有蝗，禾稼及草木俱尽，牛马至相啖毛。今山东蝗虫，所在流满，仍极繁息，实所稀闻。河北、河南，无多贮积，倘不收获，岂免流离，事系安危，不可胶柱。纵使除之不尽，犹胜养以成灾。"③姚崇从历史上蝗虫为害的惨痛教训说起，阐明了灭蝗对安定社会和发展生产的现实意义。玄宗完全接受了姚崇的意见，转而坚定地支持灭蝗，下令派御史至诸道督促官吏组

---

① 《旧唐书》卷八《玄宗纪上》。

② 《旧唐书》卷九六《姚崇传》。

③ 同上。

织捕杀蝗虫，"是岁，田收有获，人不甚饥"①。

开元三年，一冬无雪，旱象依然严重。四年五月，山东地区蝗灾又起，姚崇再下令遣使捕杀。汴州刺史兼河南采访使倪若水抗拒御史，不捕杀蝗虫，其理由是："蝗乃天灾，非人力所及，宜修德以禳之，刘聪时常捕埋之，为害益甚！"姚崇措辞强硬地告诫倪若水，"刘聪伪主，德不胜妖，今日圣朝，妖不胜德，古之良守，蝗不入境。若其修德可免，彼岂无德致然！"有力地驳斥了倪若水修德禳灾的说法，倪若水才不敢违抗捕蝗的命令。倪若水的作为，说明对捕蝗还存在很大阻力。五月，玄宗敕令："今年蝗虫暴起，乃是孳生，所由官司不早除遏，信虫成长，开食田苗，不恤人灾，自为身计。向若信其拘忌，不有指麾，则山东田苗，扫地俱尽。"②玄宗派出检校捕蝗使狄光嗣、康瓘、敬昭道、高昌、贾彦璿等人，巡行河南、河北各地，督促捕蝗。令他们"详察州县捕蝗勤惰者，各以名闻"。捕蝗战绩显著，"获蝗一十四万石，投之汴水，流下者不可胜数"③。由于认真地进行了灭蝗，所以，"连岁蝗灾，不至大饥"。

灭蝗是姚崇相业中一件辉煌的功绩，他力排众议，坚主灭蝗，表示"若使杀蝗有祸，崇请当之"，在天灾面前，表现了大无畏的精神。

---

① 《旧唐书》卷八《玄宗本纪》。

② 《册府元龟》卷一四四《帝王部·弭灾第二》开元四年五月甲辰诏。

③ 《唐会要》卷四四《蝗螟》。

灭蝗在当时，不仅是个救灾问题，也是思想认识上的一次大的斗争。武则天晚年以来，滥建寺观，宗教（主要是佛教）流行，迷信思想随之泛滥，人们的主观能动性受到束缚，反对灭蝗，在天灾面前无所作为，其思想根源就是对神的意志的畏服。灭蝗的成功，无疑在一定程度上抑制了迷信思想的泛滥，它使人们在战胜天灾中看到了自己的力量，有利于焕发人们身上奋斗进取的精神，促成一个繁荣的新时代的出现。

姚崇的成功，是和玄宗的全力支持分不开的。《开天传信记》说："开元初，山东大蝗，姚元崇请分遣使捕蝗埋之。……时中外咸以为不可，上谓左右曰：'吾与贤相讨论已定，捕蝗之事，敢议者死。'"玄宗支持捕蝗，在思想上还是和姚崇有所区别的。姚崇具有一定的朴素唯物主义思想，他反对崇佛佞佛，不相信鬼神，认为"死者无知，自同粪土"，对于"杀蝗伤和气""蝗乃天灾，非人力所及"之类的说法是不相信的，坚定地加以反对。玄宗对这些说法就有所疑虑，态度不像姚崇那样坚决。但作为一个杰出的政治家，他敏锐地感觉到姚崇所说灭蝗"事系安危，不可胶柱"的重要意义。因为武则天之后，唐中央政局动荡了十几年，他刚刚即位不久，政局尚待安定，皇位尚待巩固，如果山东地区（唐朝最重要的传统经济区域）的蝗灾不及时加以扑灭，农业严重歉收，粮食不供，饥饿相继，社会便会动荡不安，就会直接危及政权的稳定。所以，在姚崇陈述了灭蝗的理由后，他便全力以赴地支持灭蝗，使农业在遭灾之后，仍然有所收获。这对改善国家财政和稳定社会秩序都是很有益处的。

　　姚崇由于在开元初年的政绩显著，被誉为"救时之相"。这位"救时之相"把自己的全部智慧和干练贡献给年轻的开元天子，他们的精诚合作，为开天盛世的到来迈出了坚实的第一步。

058

第六章 / 巩固皇位，安定政局

当玄宗君临大唐王朝时，他面对的是一个既充满希望、又困难重重的局面。

开元初，尽管遇到连年的天灾，加之中宗以来，在政治、经济、社会等各方面都形成了一些严重的问题，有待解决。但在武则天近半个世纪的卓有成效的治理下，唐王朝的农业生产和手工业、商业都有了巨大的发展。人口的增长是封建经济繁荣的明显标志，据户部统计，永徽三年（652），全国有380万户，到神龙元年武则天退位时已增至615万户，这期间，"平均每年增长百分之零点九一，在封建社会里，这是一个很大的数字"①。直至开元初，社会经济仍然保持继续发展的良好势头，为玄宗治理大唐形成了有利的客观形势。玄宗已经掌握了唐王朝的最高权力，他具有运用权力的才能，又选择了杰出的宰相姚崇作为助手，姚崇在"十事要说"中明确指出当时存在的问题和施政的方针。这样，玄宗

①《汪篯隋唐史论稿》，中国社会科学出版社，1981年，第130页。

就具备了解决问题、克服困难、开创新局面的基本条件。

在政治上，玄宗当务之急是进一步巩固自己的地位，使动荡的局势尽快地安定下来。从神龙元年正月到先天二年七月，只不过八年多的时间里，唐廷就发生了七次政变，换了四个皇帝。频繁的政变和长期的动荡，使宫廷上空弥漫着险恶的气氛。玄宗从丰富的宫廷斗争经验中懂得，对皇权的威胁和朝政的干扰，主要来自两种势力：一是皇亲国戚，二是元老功臣。要想使皇位得以巩固，权力得以行施，政局得以安定下来，就必须限制和防范这两部分人的权力过分膨胀。

先说玄宗和宗室的关系：

玄宗兄弟六人，他排行第三，除最小的弟弟隋王隆悌早夭外，开元初都住京城。大哥宋王成器，为人"恭谨畏慎，未曾干议时政及与人交结，玄宗尤加信重之"①。二哥申王成义，"性弘裕，仪形瑰伟，喜于饮啖"②。两个弟弟岐王（隆）范和薛王（隆）业，都参加过诛灭太平之役。此外，邢王守礼为章怀太子李贤之子，高宗长孙，虽然"才识猥下"，却也有特殊的名分。由于玄宗不是以嫡长子的身份继位，而是"因功而立"，在重视宗法关系的时代，具有先天不足的缺陷，这就促使他尤其要注意处理和兄弟、堂兄弟的关系，采取了软硬兼施、恩威并行的双重原则，对他们既极表"友爱"，又在政治上严加限制。

---

① 《旧唐书》卷九五《睿宗诸子》。

② 同上。

一方面，玄宗努力加深兄弟之间的手足之情，《资治通鉴》中有生动的描述：

> 上素友爱，近世帝王莫能及。初即位，为长枕大被，与兄弟同寝。诸王每旦朝于侧门，退则相从宴饮，斗鸡，击球，或猎于近郊，游赏别墅，中使存问相望于道。上听朝罢，多从诸王游，在禁中，拜跪如家人礼，饮食起居，相与同之。于殿中设五幄，与诸王更处其中。或讲论赋诗，间以饮酒、博弈、游猎，或自执丝竹；成器善笛，范善琵琶，与上更奏之。诸王或有疾，上为之终日不食，终夜不寝。业尝疾，上方临朝，须臾之间，使者十返。上亲为业煮药，回飙吹火，误爇上须，左右惊救之。上曰："但使王饮此药而愈，须何足惜？"
>
> （开元二年七月）宋王成器等请献兴庆坊宅为离宫；甲寅，制许之，始作兴庆宫。仍各赐成器等宅，环于宫侧，又于宫西南置楼，题其西曰"花萼相辉之楼"，南曰"勤政务本之楼"。上或登楼，闻王奏乐，则召升楼同宴，或幸其所居尽欢，赏赉优渥。

玄宗对兄弟的友爱，不完全是出于策略、权术的故作姿态。玄宗兄弟从小被幽禁宫中，一同经历了艰难困苦，他们之间是有深厚情谊的。开元二十九年（741）宋王成器去世，玄宗深感悲痛，令右监门大将军高力士致手书于灵前，他写道:"隆基白:一代兄弟,一朝存殁,家人之礼,是用申情,兴言感思,悲涕交集。……远自童幼,泊乎长成,出则同游,学则同业,事均形影,无不相随。"①手足深情,溢于言表。玄宗是个重感情的人,他即位之后,仍然继续努力深化而不是淡化这种感情,赋予这种努力以新的意义。《开元天宝遗事》卷下《竹义》条记:"太液池岸,有竹数十丛,牙笋未尝相离,密密如栽也。帝因与诸王闲步于竹间,帝谓诸王曰:'人世父子兄弟,尚有离心离意,此竹宗本不相疏,人有怀贰心生离间之意,睹此可以为鉴。'诸晜王皆唯唯,帝呼为'竹义'。"很明显,玄宗加深手足之情,是为了消弭"怀贰心生离间之意"。

另一方面,玄宗对诸王的限制是极其严格的。他不给诸王任何权力,"专以声色畜养娱乐之,不任以职事"。开元二年六月,玄宗命宋王成器兼岐州刺史,申王成义兼豳州刺史,邠王守礼兼虢州刺史。七月,又命岐王范兼绛州刺史,薛王业兼同州刺史。每季允许两人入朝。诸王离京出任外州刺史是一种防范性的措施,避免了他们干预朝政或被人利用的可能。此议当出自姚崇。早在景云二年为维护隆基的太子地位,他就建议过出诸王为外州刺史,为太平所阻,未能实现。诸王任刺史,玄宗"令到官但领大纲,自余州务,皆委上佐主之,是后诸王为都护、都督、刺史并准此"。任刺史的诸王,徒有虚名,并无实权。

---

① 《旧唐书》卷九五《睿宗诸子》。

　　玄宗严厉禁止诸王与朝官来往，防止他们在朝中形成私人的政治势力。开元元年，宰相张说因玄宗任命姚崇为相，生怕于己不利，秘密会见岐王范，希望引以为后援。此事被姚崇揭发，他对玄宗说："岐王，陛下爱弟，张说为辅臣，而密乘车入王家，恐为所误，故忧之。"玄宗立即将张说贬为相州刺史，赶出京城。张说与玄宗的关系很深，"玄宗为太子，说与褚无量侍读，尤见亲礼"①，算是玄宗的老师。在玄宗与太平斗争时，张说坚定地支持玄宗，发动诛太平之役前夕，张说从东都洛阳派人献上佩刀，劝玄宗当机立断，及早动手。但玄宗一发现张说与岐王秘密往来，就给予严厉的处分，说明对这类问题的重视。

　　对于诸王与朝官来往的事件，玄宗则处分朝官重，一般不追究诸王的责任。岐王范"好学工书，雅爱文章之士，士无贵贱，皆尽礼接待"②。他与外人来往频繁，发生的事件也较多。光禄卿、驸马都尉裴虚己和岐王范游玩宴会，因私自挟有谶纬，被流放新州（今广东新兴），并令公主与之离婚。万年县尉刘庭琦、太祝张谔，多次和岐王范饮酒赋诗，刘庭琦因此被贬为雅州司户，张谔贬为山茌丞。玄宗待岐王范友好亲切，依然如故。他说："我兄弟友爱天至，必无异意，祇是趋竞之辈，强相托附耳。我终不以纤芥之故责及兄

① 《新唐书》卷一二五《张说传》。
② 《旧唐书》卷九五《睿宗诸子》。

弟也。"①开元十三年玄宗生病时，薛王业妃弟内直郎韦宾与殿中监皇甫恂私下议论玄宗的吉凶，被人告发，玄宗令杖杀韦宾，左迁皇甫恂为锦州刺史。薛王业与其妃均惶惧待罪。玄宗下令召见他们，亲下台阶拉着薛王业的手说："吾若有心猜阻兄弟者，天地神明，所共咎罪。"②。在处理这类事件时，玄宗在严厉处分朝官的同时，始终坚持对兄弟们的信任，表现出处处都顾念手足之情，把怀柔与控制之间的分寸掌握得恰到好处，这是玄宗作为政治家的高明之处。

玄宗对外戚的恃宠骄横、仗势欺人、胡作非为采取坚决打击的态度，决不回护。岐王范的舅舅赵常奴横行霸道，河南尹李朝隐说："此不绳，不可为政。"③把他抓起来痛打一顿。玄宗知道后，非常赞赏李朝隐的做法。开元二年，薛王业的舅舅王仙童，侵暴百姓，为御史纠弹，薛王业出面为王仙童说情，玄宗下令复按此事。宰相姚崇、卢怀慎等复按后认为：王仙童罪状明白，御史纠弹无误，应依法惩处。玄宗同意。从此，外戚不敢放肆。皇后的妹夫、尚衣奉御长孙昕平时就与御史大夫李杰不和，开元四年正月，"昕与其妹夫杨仙玉于里巷伺杰而殴之。杰上表自诉曰：'鬓肤见毁，虽则痛身，冠冕被陵，诚为辱国。'上大怒，命于朝堂杖杀，以谢百僚。仍以敕书慰杰曰：'昕等朕之密戚，不能训导，

---

① 同上。

② 《旧唐书》卷九五《睿宗诸子》。

③ 《新唐书》卷一二九《李朝隐传》。

使陵犯衣冠，虽置以极刑，未足谢罪，卿宜以刚肠疾恶，勿以凶人介意。'"玄宗对这一系列案件的处理，尤其是对长孙昕殴打李杰一案的处理，是严肃而公正的。他杀掉了长孙昕，又下敕慰勉李杰，作自我批评。这样不仅打击了外戚的气焰，有利于社会和朝廷的安定，也使宗室诸王不致与外戚结合成具有离心力的政治势力。

再说玄宗和功臣的关系：

玄宗身边有一批参加过诛韦、诛太平两役的功臣，号称"唐元功臣"。他们大多原来官品不高，都是四五品以下的中下级官员。如王毛仲、李宜德是玄宗家奴，刘幽求是县尉，王琚是县主簿，钟绍京是苑总监，麻嗣宗、葛福顺、陈玄礼、李仙凫等则是诸卫府兵中的折冲都尉和果毅都尉。随着玄宗地位的变化，他们也都在一夜之间升迁为高级官员。他们本身的素质、能力都和职位不大相称，骤然间身居要职，肩负重任，往往居功自傲，个人的欲望随着权势的增大一起膨胀，稍不如意，便心怀不满。这部分人，如果不加限制，就会成为不安定的因素。

玄宗对功臣绝不姑息迁就。王琚是玄宗为太子时的密友，也是玄宗诛灭太平的主要谋士。先天二年七月，因功授银青光禄大夫、户部尚书，封赵国公，深受玄宗信任，常出入禁中，与闻大政，有"内宰相"之称。十一月，有人对玄宗说："王琚权谲纵横之才，可与之定祸乱，难与之守承平。"玄宗觉得此话有理（或者，上言者原本就是迎合玄宗心意而言），马上命王琚兼御史大夫，按行北面诸军，把他派离京城。紧接着，十二月，诛灭太平后才任宰相的张说和刘幽求，同时被免职，张说是因为与姚崇不和，又私谒岐王范。刘幽求罢官，很可能是出自玄宗"难与之守承平"的想法。开元二年闰二月，有人状告刘幽求、钟绍京心怀不满，口出怨言，玄宗将他两人囚禁，由紫微省（中书省）按问。刘幽求不服，姚崇、卢怀慎、薛讷向玄宗进言："幽求等皆功臣，乍就闲职，微有沮丧，人情或然。功业既大，荣宠亦深，一朝下狱，恐惊远听。"提出了处理功臣的对策，即功臣不受重用，必然心怀不满。他们建有大功，官职爵位都很高，采取下狱治罪的办法，社会影响不好。玄宗接受这一建议，贬刘幽求为陆州刺史，钟绍京为梁州刺史，王琚为泽州刺史。

太常卿姜皎，在玄宗为临淄王时，就已悉心投靠，后来又参与了诛杀太平之役。玄宗即位后，授银青光禄大夫，工部尚书，封楚国公。"宠遇群臣莫及，常出入卧内，与后妃连榻宴饮，赏赐不可胜纪。"其弟姜晦也因之而任吏部侍郎。开元五年（717），宋璟向玄宗进言，认为姜皎兄弟权宠太盛，令人不安。七月，玄宗下制："西汉诸将，以权贵不全，南阳故人，以优闲自保。皎宜放归田园，散官、勋、封皆如故。"以爱护他为理由，解除了他的职务。

王毛仲等北门禁军中的有功将领，开元十八年也进行了处理。诛灭太平后，王毛仲因功授辅国大将军、左武卫大将军、检校内外闲厩兼知监牧使，封霍国公。毛仲养马事业干得很出色，为人"奉公正直，不避权贵"，在两营万骑功臣中威望很高，颇有势力，又和葛福顺结为儿女亲家，李守德、唐地文等都很依附于他。玄宗一直对毛仲恩宠有加。王毛仲遂气焰大盛，与玄宗宠信的宦官高力士、杨思勖等矛盾甚深。毛仲"视宦官贵近者若无人，其卑品者小忤意，辄詈辱如僮仆"。宦官们也常在玄宗面前说王毛仲的坏话。开元十八年（730），王毛仲想当兵部尚书的要求没有满足，怏怏不乐，见于词色。高力士等宦官趁机进言："北门奴官太盛，豪者皆一心，不除之，必起大患。"①不久，毛仲向太原军器监索要甲仗，太原少尹严挺之上奏玄宗，玄宗担心他们谋叛，决心将王毛仲及其势力除掉。玄宗谨慎地避开了索要甲仗一事，而以"不忠怨望"为由，贬毛仲为瀼州别驾。禁军将领葛福顺、卢龙子、唐地文、李守德、王景耀、高广济等同时被贬为远州别驾，毛仲四子皆贬远州参军，一齐被赶出京城。毛仲行至永州（今湖南零陵），追赐死。

王毛仲的处理要比刘幽求、姜皎等人要晚，背景也更复杂。王毛仲除以功臣自傲外，还涉及他在北门禁军中的活动以及和宦官之间的矛盾。玄宗在处理和功臣的关系时，一旦发现他们权势太盛，便立即予以削夺。他采取的方式较为温和，一般不下狱治罪，更不杀头，只是降职贬逐，令其离开京城。这样处理，体现了玄宗对功臣还有一定感情，也有利于政局的安定。只有王毛仲被赐死，是和谋叛之事有关。

---

① 《旧唐书》卷一〇六《王毛仲传》。

第七章 / 整顿吏治

姚崇在"十事要说"中，有好几处是讲到整顿吏治的。玄宗对这些意见完全赞成，因为他深知吏治败坏是中宗以来一直存在的问题。韦后、安乐公主为了扩大自己的势力，用高官厚禄来网罗亲信死党，也用卖官鬻爵来搜刮钱财。当时花钱30万，就可以别降墨敕，斜封付中书授官。这种斜封官的任命，不通过正常的考选途径，不能保证任官者具有合格的素质。斜封官补授没有限制，员阙不够，就置员外官，多达数千人。"时政出多门，滥官充溢，人以为三无坐处，谓宰相、御史及员外官也。"吏治的败坏达到无以复加的地步。

睿宗朝初期，宋璟任检校吏部尚书、同中书门下三品，李乂、卢从愿为吏部侍郎。姚崇任兵部尚书、同中书门下三品，陆象先、卢怀慎为兵部侍郎。他们都为官清正，不徇私情，文武选举，取舍平允，铨综有叙，又罢去斜封、待阙、员外等官数千人，使吏治的情况好了一阵子。不久，由于太平公主干权弄政，姚、宋被贬职，斜封官又重新起用，贿赂公行，任人唯私，吏治的腐败一如中宗之世。

　　玄宗从睿宗那里接过来的官僚队伍是一支冗员众多、素质不良、办事效率极低的队伍。他必须整顿和改造现有的官僚队伍，使之变得精干、有效率，才能使整个国家机器有力地运转起来。

　　玄宗整顿、刷新吏治，首要的是物色正直干练的宰相。他即位之初，排除阻力，任用姚崇，表明对宰相人选的重视。姚崇于开元四年十二月罢相，原因是他的两个儿子光禄少卿姚彝和宗正少卿姚异，"广通宾客，颇受馈遗，为时所讥"。姚崇的亲信、主书赵诲，接受胡人贿赂，事情败露，玄宗亲自审问，下狱当死。姚崇竭力营救，引起玄宗的不满，在赦免京城罪犯时，敕令特别标名赵诲，令杖刑一百，流于岭南，"崇由是忧惧，数请避相位"。对于儿子和亲信的贪污受贿问题，姚崇采取竭力回护的态度，很可能是他自己在为政上还不够清廉的缘故。

　　姚崇辞去相位时，推荐宋璟继任宰相。宋璟是邢州南和（今属河北）人，"少耿介有大节，博学，工于文翰"①，为官刚直，深受武则天器重。武则天晚年，张易之、张昌宗弄权，气焰嚣张，倾朝附之，宋璟却屡次挫折二张。长安三年，二张诬陷宰相魏元忠谋反，用高官厚禄诱使凤阁舍人张说作伪证。宋璟对张说说："名义至重，不可陷正人以求苟免，缘此受谪，芬香多矣。若不测者，吾且叩阁救，将与子

---

① 《旧唐书》卷九六《宋璟传》。

偕死。"①这番义正词严、大义凛然的话，使张说深为感动，在武则天面前揭露了二张逼迫他作伪证的行为。中宗时，宋璟因拒绝武三思请托，被排挤出京，历任杭州、相州刺史。睿宗即位，宋璟与姚崇一起为相，辅佐睿宗。玄宗当时是太子，宋璟兼太子右庶子，因维护玄宗，得罪太平，出为睦州刺史。姚崇罢相后，宋璟从广州都督任上返京，玄宗派内侍将军杨思勖前往迎接。"璟风度凝远，人莫测其际，在途竟不与思勖交言。思勖素贵幸，归，诉于上，上嗟叹良久，益重璟。"宋璟为相，正直无私，赏罚公平。他精心选拔人才，量才授职，人尽其才。敢于犯颜直谏，据理力争，使玄宗对他心存敬畏，有时虽不合意，也不得不听从他的意见。宋璟以直言敢谏、刚正不阿著称，在相位三年多，总体上是继续执行姚崇制定的政策，创建不多。史称：

　　姚、宋相继为相，崇善应变成务，璟善守法持正；二人志操不同，然协心辅佐，使赋役宽平，刑罚清省，百姓富庶。唐世贤相，前称房、杜，后称姚、宋，他人莫得比焉。

　　姚、宋之后，至开元二十四年（736）十一月张九龄罢相之前，先后任宰相的还有：卢怀慎、苏颋、杜暹、萧嵩、裴光庭、韩休、宇文融、裴耀卿、李林甫等。他们虽然品德

_____

　　①《新唐书》卷一二四《宋璟传》。

才识高下不同，但都各有所长，为一时人选。司马光曾评论
说：玄宗"即位以来，所用之相，姚崇尚通，宋璟尚法，张
嘉贞尚吏，张说尚文，李元纮、杜暹尚俭，韩休、张九龄尚
直，各其所长也"。《新唐书》的作者也说："开元之盛，所
置辅佐，皆得贤才……朝多君子，信太平基欤！"①宰相贤
明，是盛世太平的基础。

玄宗选拔宰相十分慎重，在使用他们时，大胆放手，充
分信任。玄宗和姚崇之间有段著名的故事：

> 姚元之尝奏请序进郎吏，上仰视殿屋，元之再三言
> 之，终不应。元之惧，趋出。罢朝，高力士谏曰："陛下
> 新总万机，宰臣奏事，当面加可否，奈何一不省察！"上
> 曰："朕任元之以庶政，大事当奏闻共议之。郎吏卑秩，
> 乃一一以烦朕邪！"会力士宣事至省中，为元之道上语，
> 元之乃喜。闻者皆服上识君人之体。

《新唐书》的作者也高度评价了这件事："由是进贤退不
肖而天下治。"②所谓玄宗"识君人之体"，就是说他能正确
处理与朝臣的关系，懂得礼敬朝臣，尊重制度，不滥用权
力，对一些具体事务不加干涉。玄宗的这种态度是有利于达
到"天下治"的。

---

① 《新唐书》卷一二七《张嘉贞、源乾曜、裴耀卿传》"赞曰"。
② 《新唐书》卷一二四《姚崇传》。

玄宗使用宰相有几个特点：一是有主有从，人数不多。武后、中宗时，宰相很多，少则六七个，多则十几个。玄宗用相一般是两三个，并以其中一人为主。姚崇为相，玄宗选择卢怀慎同时为相。卢怀慎为山东著姓，进士出身，为人清谨俭素，不营资产，所得奉赐，都分散给亲戚故旧，自己"妻子不免饥寒，所居不蔽风雨"。卢的品德虽好，办事能力却很差，遇事总推给姚崇处理，故有"伴食宰相"之称。有次姚崇因事请假十余日，公事堆积很多，卢怀慎束手无策，不会处理，只好向玄宗请罪，玄宗对他说："朕以天下事委姚崇，以卿坐镇雅俗耳。"话讲得很透彻。就是说，任命卢为相，主要是借重卢的人品和声望，并不希望他有所作为，或者，玄宗所希望的正是卢的无所作为而便于姚崇放手管理天下事，有所作为。可见玄宗在宰相的配置上是颇费心计的。宋璟和苏颋同时为相的情况，大致相同。"颋遇事多让于璟，璟每论事则颋为之助。"两人配合默契。姚、宋之成为著名的贤相，除他们个人的品德才干外，是和玄宗为他们选择了恰当的助手以及助手们的精诚合作分不开的。

二是任期不长，一般三四年。"开元初，辅相率三考辄去，虽姚崇、宋璟不能逾。"①宰相的去职，都有一些具体原因。这些具体原因是否就一定构成宰相去职的理由，关键是看玄宗的态度。姚崇因赵诲事件而辞职，以他的精明干练和宦途经验的丰富，应当是从玄宗的不满中看出玄宗不准备再

①《新唐书》卷一八〇《李德裕传》。

用他为相了，才主动递上辞呈的。赵诲事件不过是玄宗想换宰相的口实。姚崇罢相后，玄宗还经常就朝政大事征询姚崇的意见，也可说明这点。玄宗频繁地调换宰相，一方面是适应形势的变化和政策改变的需要，同时是为了防止宰相个人势力的过分增长。玄宗对宰相的使用是放手的，他给予宰相较大的权力，有利于帮助他治理天下。他又不想因此使大权旁落。解决这种既信任又不信任的矛盾，最为稳妥和可行的办法，就是适时地更换宰相。

三是各树朋党者，一齐罢免。宰相之间，宰相与朝臣之间有时不能很好合作，发生矛盾纠纷，严重者，各树朋党，互相攻击。开元十五年（727），"御史大夫崔隐甫、中丞宇文融，恐右丞相张说复用，数奏毁之，各为朋党。上恶之。二月，乙巳，制说致仕，隐甫免官侍母，融出为魏州刺史"。开元十七年（729）宰相李元纮与杜暹不和，"元纮、暹议事多异同，遂有隙，更相奏列，上不悦。六月甲戌，贬黄门侍郎、同平章事杜暹荆州长史，中书侍郎、同平章事李元纮曹州刺史"。开元二十一年（733）宰相韩休与萧嵩不和，"韩休数与萧嵩争论于上前，面折嵩短，上颇不悦。……嵩罢为左丞相，休罢为工部尚书"。对于朝臣之间发生的权力之争、意气之争，玄宗采取不问是非、双方同时罢免的办法，是防止朋党倾向继续发展的有效措施。

玄宗整顿和刷新吏治，还非常注意官吏的选拔。他亲政之始，就公布了有周利贞、裴谈、裴栖贞等13人的酷吏名单，敕令将他们"终身勿齿"①。开元十三年，玄宗再次敕令将还健在的酷吏来子珣等长流岭南，酷吏子孙不许出仕。在公布酷吏名单的同时，开元二年五月，玄宗下令全部罢免员外官、试官和检校官，规定这三项官，今后非有战功或别敕特行录用外，吏部和兵部不得给授。废止酷吏和罢免冗官是姚崇在"十事要说"中提出的，玄宗很快实行，纠正武后、中宗以来吏治中的这两大弊病，有利于改善官吏素质和严格官吏的选拔。

在选授官吏上，玄宗控制很严，发现问题，及时解决。开元四年，有人向他反映，"今岁吏部选叙大滥，县令非才"。在新选县令入宫辞谢时，玄宗出安人策一道，对他们进行考试，只有鄄城令韦济文理第一，升为醴泉令，其余二百人不及格，暂且先让他们上任，有四十五人成绩太差，"放归学问"，让他们回家攻读。负责典选的吏部侍郎卢从愿、李朝隐都因此贬为外州刺史。在选任官吏时，玄宗对自己的一些不恰当的决定，能够虚怀纳谏，及时改正。申王成义请以其府录事（从九品上）阎楚珪为参军（正七品上），玄宗已经同意，宰相姚崇、卢怀慎认为不妥，他们说："量材授官，当归有司，若缘亲故之恩，得以官爵为惠，踵习近事，实紊纪纲。"玄宗听从宰相的意见，不再任命阎楚珪为参军，从此请托求官行不通了。岐山令王仁琛系玄宗为临淄王时的故吏，又是王皇后的亲戚，玄宗念及旧情，墨敕令给

---

① 《新唐书》卷二〇九《周利贞传》。

五品官。宰相宋璟坚持任官应根据有关条例，由吏部检勘，酌情给授。玄宗听从宋璟的意见，收回了已下的敕令。由于玄宗的重视和以身作则，开元时期选官是严格的，出现了卢从愿、李朝隐、王丘、席豫等一批以知人善任出名的官吏，选官恰当是吏治清明的先决条件。

在整顿吏治中，玄宗尤其注意对县令、刺史等地方长官的选用。唐前期，一直存在重京官、轻外官的风气。有才干、有学识的人都愿意在京为官，京师聚集了大批优秀人才，地方官吏的素质相对就差些。中宗以来，这个问题更为严重。韦嗣立曾指出："刺史、县令，近年以来，不存简择，京官有犯及声望下者方遣刺州，吏部选人，衰耄无手笔者方补县令，以此理人，何望率化！"为了扭转这种状况，玄宗反复强调地方官的重要性，他在诏令中一再指出，"抚字之道，在于县令"①，"亲百姓之官，莫先于邑宰"②，"户口安存，在于抚育，移风易俗，莫先令长。知人不易，选此良难"③。在玄宗看来，地方官吏是亲民之官，他们的好坏，直接关系着统治效率的高低和百姓的疾苦，所以他在七月诛灭太平之后，诸事繁忙，日理万机的情况下，地方官吏的情况就是他最先过问的事情之一。九月二十六日，再设右御史台，督察各州。十月初一，召见京畿县令们，告诫他们年岁

---

① 《全唐文》卷二七《劝奖县令诏》。

② 《全唐文》卷三四《赐京畿县令敕》。

③ 《全唐文》卷三四《令内外臣僚各举县令敕》。

饥荒要赈养人民。十二月十三日，下敕："都督、刺史、都护将之官，皆引面辞毕，侧门取进止。"玄宗规定接见将赴任的地方官吏，既示以尊崇，也便于了解地方的情况。

　　玄宗为了提高地方官吏的素质和声望，改变重内轻外的风气，开元二年正月十三日下令"选京官有才识者，除都督、刺史，都督刺史有政迹者，除京官，使出入常均，永为恒式"。在京官与外官之间实行对流交换。后来又进一步规定："自今已后，三省侍郎有阙，先求曾任刺史者。郎官阙，先求曾任县令者。"①还规定："京官不曾任州县官者，不得拟为台省官。"②把担任地方官作为选任京官的重要资历。这些都是鼓励、促使京官外任，重视地方官的措施。开元八年，宰相源乾曜主动上疏说："臣窃见形要之家，并求京职，俊义之士，多任外官。王道平分，不合如此。臣三男俱是京任，望出二人与外官，以叶均平之道。"③这里透露出京官中有相当数量的形要之家的子弟。玄宗肯定了源乾曜的要求，令文武百官中父子兄弟三人并任京官者，自相通融，出任外官。由此公卿子弟由京官出任外官者百余人，既充实了地方政府，也疏导了官僚子弟聚集中央机构的状况。开元十六年（728），玄宗还亲自选择朝臣许景先、源光裕、寇泚等十一人出任刺史，他们离京时举行了盛大的送别仪式，宰相、诸

---

① 《全唐文》卷三五《重牧宰资望敕》。

② 《全唐文》卷二七《整饬吏治诏》。

③ 《旧唐书》卷九八《源乾曜传》。

王、御史以上都参加。玄宗写了《赐诸州刺史以题座右》一诗，诗中谆谆告诫刺史们："视人当如子，爱人亦如伤。讲学试诵论，阡陌劝耕桑。虚誉不可饰，清知不可忘。求名迹易见，安贞德自彰。讼狱必以情，教民贵有常。恤惸且存老，抚弱复绥强。"①诗的结尾说："勉哉各祗命，知予眷万方。"表达了他对刺史们寄予的厚望。

加强对官吏的监察，是玄宗改善吏治的重要措施。为此，他大力支持御史的工作，充分发挥御史台的作用。御史李杰正直敢言，卢怀慎说他："勤苦绝伦，贞介独立，公家之事，知无不为，干时之才，众议推许。"②开元三年李杰纠弹贪暴不法的京兆尹崔日知，反被崔日知构陷成罪，侍御史杨玚上奏说："若纠弹之司，使奸人得而恐愒，则御史台可废矣！"玄宗完全支持杨玚关于保护御史权宜的建议，马上下令李杰照旧任职，贬崔日知为歙县丞。后来，在处理皇后妹夫尚衣奉御长孙昕殴打李杰的事件中，不仅仅反映了玄宗对外戚横行的打击，也反映了他对御史的尊崇。

为了严格对御史和县令的考核，玄宗专门颁布了《整饬吏治诏》，规定："每年十月，委当道按察使较量理行殿最，从第一等至五等奏闻较考，仍使吏部长官总详覆。"③考核情况作为任免升降的依据。如："刺史第一等量与京官。若要

---

① 《全唐诗》卷三《赐诸州刺史以题座右》。

② 《旧唐书》卷九八《卢怀慎传》。

③ 《全唐文》卷二七《整饬吏治诏》。

在州未可除改者，紫微黄门简勘闻奏，当加优赏。"①为了便于对地方官吏考查监督，加强中央集权，开元二十一年，玄宗下令将全国分为15道，各道设采访使，有常设的办公机构。采访使"以六条检察非法，两畿以中丞领之，余皆择贤刺史领之。非官有迁免，则使无废更。惟变革旧章，乃须报可，自余听便宜从事，先行后闻"。可见采访使是相对稳定并有相当自主权的官职，它的职务是协助皇帝督察地方官吏。

玄宗对中央机构和官吏的监察也加强了，作了一些制度上的改进：按太宗贞观之制，中书、门下及三品官入朝奏事，必须有谏官、史官伴随，有过失便于即时匡正，好坏一定要记录，各司都在正牙奏事，御史有权当众弹纠官员。贞观时代的这些规定，表明宫廷政治有一定的民主性和透明度。高宗、武则天时，许敬宗、李义府当权，这种制度开始被破坏，奏事官员往往在仗卫百官退朝后，把皇帝左右的人摒开，秘密上奏，御史、史官皆不得与闻。这就为奸臣的进谗为恶大开方便之门。开元五年九月，宋璟向玄宗建议恢复贞观旧制，玄宗下制说："自今事非的须秘密者，皆令对仗奏闻，史官自依故事。"恢复了宫廷政治生活中的有限的民主和透明度，对改善吏治起了良好的作用。

---

① 《全唐文》卷二七《整饬吏治诏》。

第八章 / 改善财政的措施

　　玄宗在整顿吏治的同时，采取措施改善国家财政。

　　玄宗即位的前一年，即景云二年，右散骑常侍魏知古进谏中讲到当时财政匮乏的情况，他说："今风教颓替，日甚一日，府库空虚，人力凋弊，造作不息，官员日增。今诸司试及员外、检校等官，仅至二千余人，太府之布帛以殚，太仓之米粟难给。"①这种情况，在太平公主干政时很难改变。诛灭太平之后，玄宗罢免员外官、试官和检校官，固然于澄清吏治有益，同时也缩减了官吏俸禄的供给，减轻了国家财政的压力。为了进一步改善国家财政状况，针对干扰财政最严重的问题，玄宗采取了三项措施。

　　第一项措施是禁抑奢靡。中、睿两朝，奢靡成风。皇室贵族、达官贵人都纵情享乐，无不穷奢极欲。安乐公主有一条用鸟的羽毛织成的裙子，价值一亿。裙上织绣的花卉鸟兽，精细小巧，富有立体感，从不同的角度或时间看，颜色都变化不同。安乐公主造百鸟毛裙，百官、百姓家争相效

━━━━━━━━━━

　　① 《旧唐书》卷九八《魏知古传》。

仿，以至"山林奇禽异兽，搜山荡谷，扫地无遗，至于网罗杀获无数"①。可见社会奢靡的风尚。贵族们大量消费的金钱，来源于掠夺百姓和鲸吞国库财产。玄宗为了禁抑奢靡之风，开元二年六月，将宫内的珠玉、锦绣等服玩，集中在殿前焚毁。紧接着，七月初十下制："乘舆服御，金银器玩，宜令有司销毁，以供军国之用。其珠玉、锦绣，焚于殿前。后妃以下，皆毋得服珠玉锦绣。"两天之后，十三日，又下敕令："百官所服带及酒器、马衔、镫，三品以上，听饰以玉，四品以金，五品以银，自余皆禁之。妇人服饰从其夫、子，其旧成锦绣听染为皂，自今天下更毋得采珠玉、织锦绣等物，违者杖一百，工人减一等。"同时，还撤销了两京织锦坊。由于封建统治阶级生活奢靡的主要内容和标志，就是追求珠玉珍宝、锦绣罗绮等高档的奢侈性消费品，他们在这方面浪费的大量人力、物力和财力，于社会生产和经济的发展毫无益处，玄宗禁止无节制地生产和使用珠玉锦绣是有利于抑制奢靡之风的。

封建统治阶级生活奢靡的另一种表现形式就是厚葬。他们不仅要在人世间过豪华奢侈的生活，也希望在死后继续生活得奢侈豪华。所以，陵园务求精美，墓穴务求宏大，陪葬务求丰富，丧礼务求隆重。亡者子女，也往往以丧葬奢厚为忠孝，以俭薄为吝惜，甚至倾家荡产，在所不惜，这也助长了厚葬的风气。宰相姚崇对此颇不以为然，他认为："死者

①《朝野佥载》卷三。

无知，自同粪土，何烦厚葬，使伤素业。"①玄宗在开元二年九月颁布《禁厚葬制》，指出厚葬无益，为害甚多。"宜令所司据品令高下，明为节制：冥器等物，仍定色数及长短大小，园宅下帐，并宜禁绝，坟墓茔域，务遵简俭，凡诸送终之具，并不得以金银为饰，如有违者，先决杖一百，州县长官不能举察，并贬授远官。"②

玄宗即位之初，对抑制奢靡的重要，认识清醒，也能够身体力行。他盰衣宵食，勤于为政。公务的繁忙，对于制约他追求生活上的享受起了一定作用。但生活奢靡是封建统治阶级的本性，他们能够暂时抑制却无法根除这种欲望，只要环境和条件适宜，这种欲望就会迅速膨胀。玄宗也不例外。开元四年，有胡人劝他派人出海寻求珠翠奇宝、灵药和善医之妪，玄宗遂命监察御史杨范臣和胡人一起出海。范臣说："陛下前年焚珠玉绵绣，示不复用，今所求者何以异于所焚者乎！"在范臣的劝谏下，玄宗引咎自责，打消了派人出海的念头。这件事说明他在下令禁抑奢靡的时候，内心仍然有追求享乐的欲望，但他以国事为重，可以克制私欲。所以，司马光在评论玄宗出宫廷内珠玉锦绣焚毁一事时说："明皇之始欲为治，能自刻厉节俭如此，晚节犹以奢败，甚哉，奢靡之易以溺人也！"十分慨叹禁抑奢靡的困难。

第二项措施是沙汰僧尼。武则天时代以来，佛教迅速发

---

① 《旧唐书》卷九六《姚崇传》。

② 《旧唐书》卷八《玄宗纪上》。

展。中宗、韦后都热衷于兴建佛寺，私度僧尼；他们所建佛寺，数量极多，规模壮丽，大者费用百数十万，小者也要三五万，所费竟在千万以上。兴建佛寺的巨额费用，最终还是出自百姓的赋税。辛替否曾对中宗说："是十分天下之财而佛有七八，陛下何有之矣！百姓何食之矣！"①此语虽有夸张，还是反映了滥建佛寺对国家财政和群众生活带来的严重影响。不仅如此，寺院宗教活动的大量费用，也向百姓搜刮，"化诱所急，切于官征。法事所须，严于制敕"。这笔费用成为人民身上的沉重负担。随着佛教的发展和寺院的兴建，僧尼的数量巨增。由于僧尼享有免缴赋税和免服劳役的特权，富户强丁、奸诈恶人因此千方百计挂名佛寺，剃度为僧，逃避赋役。皇亲国戚、达官贵人也倚仗权势私置佛寺，私度僧尼，隐占大量人丁户口，以增加私产收入。于是，国家征税的对象迅速减少。其后果是"造寺不止，费财货者数百亿，度人无穷，免租庸者数十万，所出日滋，所入日寡"，国家府库怎么能不空虚？睿宗时，情况并未好转，"天下滥度僧尼道士女冠并依旧"②。睿宗为给两个女儿金仙、玉真公主修建道观，大兴土木，耗资达百万缗之多。

鉴于佛教势力的膨胀危及国家财政和人民生活，姚崇在"十事要说"中就提出"凡寺观宫殿，臣请止绝建造"的要求。开元二年正月，姚崇又向玄宗进言，提出了沙汰僧尼的

---

① 《旧唐书》卷一○一《辛替否传》。

② 《旧唐书》卷七《睿宗本纪》。

建议，他说："佛图澄不能存赵，鸠摩罗什不能存秦，齐襄、梁武，未免祸殃。但使苍生安乐，即是福身，何用妄度奸人，使坏正法。"姚崇是具有朴素唯物主义思想的。他借鉴历史，从后赵、后秦的皇帝大兴佛法，广建寺院、广度僧尼，终于免不了国破身亡的命运，来揭露佛教那套虚假骗人的东西，论证抑制佛教、沙汰僧尼的正当性，颇具说服力。玄宗完全同意和接受了姚崇的意见，下令有司沙汰天下僧尼，即对僧尼的身份进行检查考核，以不合条件而令其还俗的僧尼有一万两千多人。二月十九日，下令"自今所在毋得创建佛寺，旧寺颓坏应葺者，诣有司陈牒检视，然后听之"。严禁创建新寺院，对旧寺院的维修也要严加管理。七月，又下令"禁人间铸佛、写经"。玄宗这一系列抑佛的诏令，煞住了建寺造佛、滥度僧尼的歪风，有利于改善国家财政状况。

玄宗还专门下过一道《禁百官与僧道往还制》。因为佛教势力的膨胀，不仅在经济上影响国家财政，在政治上也是一个不稳定因素。武则天时的僧人薛怀义，中、睿两朝的胡僧慧范，都以干预朝政而著名。玄宗起兵诛韦，僧人普润、道士冯处存等都曾参与其事。在僧尼道士与百官的交往中，往往妄陈祸福，容易引起事端，所以玄宗下令"自今已后，百官家不得辄容僧尼等至家，缘吉凶要须设斋者，皆于州县陈牒，寺观然后依数听去"[1]，禁止百官与僧尼道士私自往还，既有利于遏止佛教势力的发展，也有利于政治局势的稳定。

---

① 《唐会要》卷四九《杂录》。

第三项措施是改革食封制度。唐代的食封有两种，即食封（亦称食邑）与食实封。食封的户数是与一定爵位相应的，没有具体的经济利益和特权，是虚封。食实封则相反，它和爵位的关系不大，实封家能得到与实封户数相应的物质财富与经济特权。当实封家数目不多和封户数量有限时，对国家财政影响不大，如果实封家的数量巨增，他们分割国家赋税的数量相应增加，就会给财政带来困难。中宗时期，"滥食封邑者众"，实封家由唐初的二三十家增至一百四十余家，入实封家的庸调绢是一百二十万匹，政府收入则多不过百万匹，少则七八十万，出现了"国家租赋，太半私门，私门则资用有余，国家则支计不足"①的反常现象。

玄宗即位之后，由于在连续不断的政变中，一些实封家被杀，特别是像太平公主、安乐公主、武三思等实封户多、丁高、地好的封家在政变中被消灭，使封家和封户的数目都有所下降，食封问题对财政的干扰略有缓解，但并没有完全解决。玄宗亲眼看到了中宗时代食封问题的严重和食封制度的弊病，因此对食封制度进行了改革。

首先，玄宗削减了封家的实封户数和丁数，减少了他们对国家赋税收入的分割。贞观时规定，"亲王食封八百户，有至一千户，公主三百户，长公主加三百户，有至六百户"②，高宗时，由于沛、英、豫王和太平公主为武则天所

① 《旧唐书》卷八八《韦嗣立传》。
② 《唐会要》卷五《诸王》。

生，实封数开始突破太宗的定制。中宗时食封数更无限制，相王与太平公主均食实封至万户，韦后所生安乐、长宁公主各食实封四千户和三千五百户。新都、宣城、定安三公主各食实封一千三百户。开元初，玄宗仅给公主食实封五百户，致使"公主等车服殆不给"。群臣一再请求为公主加封，玄宗说："此辈何功于人，顿食厚封，约之使知俭啬，不亦可乎！"①不予增加。直到开元十年（722），公主始封千户，诸王及长公主一般赐封二千户，虽比太宗时有增加，但比中宗时就减少很多了。

按唐制，封户封丁数也有限制，"凡封户，三丁以上为率"。②中宗时，相王、太平、长宁、安乐公主封户皆"以七丁为限"，他们所占的封户是"高资多丁"或"富户"，所得封物也较一般封户为多。玄宗规定，封户"通以三丁为限"③，限制了实封家占有的封丁数，使封建国家的收入增加了。

其次，玄宗改变了封物征收的办法和数量。按旧制，封物征收允许代表封家的国邑官司和代表封建国家的州县官司"执帐共收其租调"④，封物不进入封建国家财政收支的数额之内，直接流入封家。封家对封物的征收，不仅是对国家赋税的分割，而且是对国家征收赋税的权力的分割。封家派出

① 《唐会要》卷九〇《缘封杂记》。

② 《新唐书》卷四六《百官志一》吏部司封郎中员外郎条。

③ 《新唐书》卷八二《十一宗诸子》。

④ 《唐六典》卷三《尚书户部》户部郎中条。

前往征收封户封物的属吏、奴婢，往往挟势显威，凌突州县，敲诈勒索封户，除收取封户应缴纳的封物外，还要额外索取"裹头""中物"，使封户不胜其侵扰，"为封户者亟于军兴"①，弄得有些封户破产逃亡，使社会经济发展受到干扰、破坏。

　　玄宗取消了封家直接向封户征收赋税的权力，使食封成为单纯的赋税数量的分割。开元初，玄宗令封物的授受分两级进行。三百户以上的封家，其封物随庸调送入京师，在京由太府寺、赐坊领受。三百户以下的封家，其封物由州县征收，封家须持户部符到州县领取。州县"征未足闻，封家人不得辄到出封州"②。到州县领取封物的封家，虽然他们是封家中实封较少、势力也较小的，但他们沿袭旧例，对州县和封户仍有侵扰。天宝六载（747）有关部门奏请："准长行旨，三百户以下，户部给符就州请受，……今缘就州请受，有损于人。今三百户以下，尚许彼请，公私之间，未免侵扰，望一切送至两京，就此给付，即公私省便，侵损无由。"③因此，三百户以下的封家，其封物也改在京领受。这就彻底切断了封家与封户之间的直接联系，把封物的授受纳入国家赋税和财政收支的范围内。要做到这一点，从开元初到天宝六载竟花了三十多年。

---

① 《新唐书》卷一一六《韦嗣立传》。

② 《唐会要》卷九〇《缘封杂记》。

③ 同上。

由于封户"皆以课户充",封物就是课户缴纳的租调庸。按旧制,封物的数量,"准其户数,收其租调,均为三分,其一入官,其二入国"①,"入国、邑者收其庸"②。就是说,封户租调的三分之一,归封建国家,三分之二归封家,庸则全部归封家。玄宗在开元十一年五月十日敕令:"请诸食实封,并以三丁为限,不须一分入官"③,限制了封家占有封丁数,却放弃了国家征收封户三分之一租调的权力,把封户缴纳的租庸调全归封家,在封物的数量上对封家作了让步。

再次,玄宗修改了实封的继承法。实封是可以世袭的,按照继承法,"诸食封人身殁之后,所得封物,随其男数为分,承嫡者加一分,至玄孙即不在分限。其封总入承嫡房,一依上法为分者"④。即封物的继承,子、孙、曾孙三代是一个周期,至玄孙代,封物要全部归回嫡长玄孙(即承嫡房),"一依上法为分者",再开始一个新的继承周期,而玄孙代的其他人,不再享有分食封物的权利。在这样的继承序列中,封户总数不会减少。玄宗虽然没有改动继承的顺序和方法,却屡次下诏削减继承中的食封数。

(1)"(开元)四年(716)三月十八日,宰臣奏对:

---

① 《通典》卷三一《职官十三》。

② 《唐会要》卷九〇《食实封数》。

③ 《唐会要》卷九〇《缘封杂记》,《通典》卷三一《职官十三》记此敕令时为开元二十年五月。

④ 《唐会要》卷九〇《缘封杂记》。

'诸国请自始封至曾孙者，其封户三分减一。' 制可之。"①即自始封至曾孙一个继承周期之后，封物全入嫡长玄孙时，封户数量较始封数削减三分之一；

（2）"（开元）二十二年（734）九月敕，诸王公以下食封薨，子孙应承袭者，除丧后十分减二，仍具所食户数奏闻。无后者，百日后除。诸名山大川及畿内县，并不封"；②即在食封开始继承时，就削减十分之二。

（3）天宝六载（747），户部认为继承法有不合理之处，"若如此，则玄孙诸物，比于嫡男，计数之间，多校数倍，举轻明重，理实未通。望请至玄孙以下，准玄孙直下一房，许依令式，余并请停"③。因为封家嫡男要和诸男分食封户，而嫡长玄孙则食全部封户，所以，嫡长玄孙较嫡男所食封户多，户部认为这种现象不合理，建议嫡长玄孙可继续依法承袭上代的封户，其余玄孙不仅不能承袭封户，而且也不能将停止承袭的封户归给嫡长玄孙，这样，嫡长玄孙的封户数量就会少于嫡男。

玄宗对食封制度的改革，收回了封家向封户征收封物的权力，把食封完全纳入国家赋税制度和财政收支之中，使封家不再成为直接干预社会经济生活的势力。他对封家的封户数和丁数的削减，以及对食封继承法的修改，都使封家分割

---

① 《唐会要》卷九〇《缘封杂记》。

② 同上。

③ 同上。

国家赋税收入的数量减少，有利于改善国家财政状况。从食封制度演变的历史看，玄宗的改革有重要的意义。食封制度有悠久的历史，从西周到唐代已存在了一千多年。在封建社会中，食封制度发生过两次大的变革。一次是汉武帝对食邑制度的改革，他取消了诸侯王对土地的直接占有和治民的权力，只给他们保留了衣食租税的特权。汉武帝改革的重要意义在于他结束了从西周以来食邑制度和土地占有制度的联系，使食邑制度不再成为孕育封建割据势力的温床，从而加强了封建专制主义的中央集权。汉武帝的改革也有不足之处。元人马端临指出："盖古之所谓诸侯即后之所谓守令，然自汉中叶以后，王侯之与守令始判然为二，承流宣化而实有治人之责者，守令也。食租衣税而但袭茅土之封者，王侯也。……王侯于所受封之郡邑，既无抚字之责，而徒利租赋之入，于是一意侵渔，不顾怨讟，为封户者，甚于征行，非百姓之利也。"①马端临指出的封家食租衣税的弊病，在中宗时代暴露得非常清楚。食封制度另一次大的变革就是玄宗的改革。唐代封家对于国家征收赋税的权力的分割，是食封制度在"裂土封国，共享天下"的原本含意中残留的痕迹。玄宗的改革，抹掉了这个残留的痕迹，使食封制度不再能够独立于国家赋税制度之外，不再能对社会政治和经济产生巨大的影响和作用，这不仅对改善国家财政是必要的，而且对于进一步加强封建专制主义的中央集权也是十分必要的。

---

① 《文献通考》卷二七五《封建考》。

第九章 / 检括田户

　　玄宗在姚崇和宋璟的悉心辅佐之下，用了七八年的时间，巩固了自己的地位，稳定了政局，成功地解决了政治、经济等方面存在的迫切需要解决的问题，唐王朝开始出现了新的生机。

　　但是，唐朝立国至玄宗即位已经有近百年的历史了，在此期间，由于社会经济的发展和阶级关系的变化，带来了一些新的问题。如逃户严重、府兵制败坏等等。这些问题远比滥建佛寺、多给食封之类的弊政有着更为深刻的历史的和社会的原因，解决起来也困难得多。

　　开元九年（721）正月，监察御史宇文融向玄宗提出检查色役伪滥、检括逃户和籍外田等三项建议。其核心问题是检括逃户。所以《资治通鉴》在记述这件事时径直写道："监察御史宇文融上言，天下户口逃移，巧伪甚众，请加检括。"仅言括户而不提另两项内容。

　　逃户问题的发展是由来已久的。早在贞观十六年（642），唐太宗就"敕天下括浮游无籍者，限来年末附毕"。这时的浮游无籍者，多是由于隋末战争和动乱形成的。随着政局的稳定，农民返回故里或就地耕垦落籍，问题也就解决了。高宗、武则天时代，随着经济的繁荣，人口增加，官僚机构膨胀，国家财政开支加大，以及对外战争的日益频繁，致使赋役繁苛，百姓负担越来越沉重，无法生存的农民，只好背井离乡，出外逃亡，这就使逃户问题越来越严重。证圣元年（695）凤阁舍人李峤在上疏中说："今天下之人，流散非一，或违背军镇，或因缘逐粮，苟免岁时，偷避徭役。此等浮衣寓食，积岁淹年。王役不供，簿籍不挂。"①到玄宗即位之前的中宗、睿宗时代，逃户问题更为严重，韦嗣立甚至说："天下户口，逃亡过半。"②玄宗即位后，着力于政局的稳定和经济的恢复，无暇顾及此事，逃户问题并没有缓解。到开元八、九年，虽然社会经济有了很大发展，政府控制的户口却没有增加。当时的情况是："天下户版刓隐，人多去本籍，浮食闾里，诡脱徭赋，豪弱相并，州县莫能制。"③中央政权机构的所在地西京长安和东都洛阳附近的地方，土地兼并尤为剧烈，徭役和兵役的征发格外苛急，因而，"两畿户口，逃去者半"，逃户的情况较其他地方更为严重。

造成逃户问题严重的原因很多，如苛敛暴征、徭役繁重、食封伪滥、吏治败坏等，最主要的是土地兼并。由于唐代田令对土地买卖的限制放宽，不但永业田、赐田可以买

---

① 《唐会要》卷八五《逃户》。

② 《旧唐书》卷八八《韦嗣立传》。

③ 《新唐书》卷一三四《宇文融传》

卖，就是口分田，在迁居和卖为园宅、碾硙和邸店时，也可以买卖。由此，封建地主经济和商品经济的发展，使土地兼并愈益激烈。无法得到土地的农民和已经得到土地又在土地兼并中失去土地的农民，不得不离开故土，四出逃亡，以谋生路。他们大部分到了新的地方成为佃种地主土地的佃农，也有的到边远偏僻地区开荒，成为新的自耕农和半自耕农。还有的流入城市，弃本逐末。

逃户问题严重，直接影响着国家的财政收入，唐前期的赋役制度是建立在国家控制大量自耕农基础之上的租庸调制。租庸调制以"丁身为本"，赋役收入量的大小完全依政府控制的户口、人丁的多寡而定。因此，户口的增减对唐王朝来说是性命攸关的大事，当然也会引起玄宗的高度重视。宇文融提出检括逃户的建议，玄宗马上任命他为覆田劝农使，着手此项工作。

宇文融"明辩有吏干"，开元初，曾任富平县主簿，宰相源乾曜在做京兆尹时，就对他的才干深为赏识，因而也积极支持他的建议。宇文融接受委任后，"钩检帐符，得伪勋亡丁甚众"[1]。也就是说，他在长安勾校户部、比部等有关部门的帐簿，在很短的时间内，便查获许多伪充勋官去服色役，从而逃避征行赋税的人丁。这反映了问题的严重，也显示了宇文融的才干，使他得到玄宗的赏识和信任。

---

① 《新唐书》卷一三四《宇文融传》。

开元九年二月十日，玄宗颁布《科禁诸州逃亡制》[1]，宣布了检括逃户的基本政策：

> 诸州背军逃亡人，限制到百日内各容自首，准令式合所在编户，情愿住者，即附入簿籍，差科赋敛，于附入令式，仍与本贯计会停征。若情愿归贯及据令式不合附者，首讫，明立案记，不须差遣，先牒本贯知，容至秋收后递还。情愿即还者，听待到本乡讫，免今年赋租课役。如满百户以上，各令本贯差官就户受领。过限不首，并即括取递边远，附为百姓。家口随逃者，亦便同送。若限外州县，公私容在界内居停及事有未尽，所司明为科禁，其天下勾征逋悬及贷粮种子、地税在百姓限（腹）内，先有追收之文案，未纳者，自开元七年十二月以前，并宜放免，官典隐欺，不在免限。

与此同时，玄宗接受宇文融的建议，"置劝农判官十人，并摄御史，分往天下，所在检括田畴，招携户口"[2]。在全国范围内开始了大规模的检括户口的工作。

这次由宇文融具体主持，长达四年之久的括户工作，大致可分为两个阶段，即从开元九年二月至开元十二年五月为

---

[1] 《册府元龟》卷六三《帝王部·发号令二》；《全唐文》卷二二玄宗《科禁诸州逃亡制》。

[2] 《旧唐书》卷一〇五《宇文融传》。

检括阶段，开元十二年五月至十二月为安抚阶段。

检括阶段又可根据进展的情况和政策的变化，以玄宗在开元十一年八月十日颁布的敕令为标志，分为前后两期。前期进展缓慢，困难重重，阻力很大。阳翟县尉皇甫璟、左拾遗杨相如等都曾上疏反对括户。皇甫璟指责括户"故夺农时，遂令受弊"，"务以勾剥为计"①，致使逃亡更甚。这些意见反映了前期的检括工作存在一些问题。后期情况好转，检括工作主要在十一年冬至十二年春进行，这段时间正是唐政府例行清理户口，编制籍帐的时间，到十二年的五六月间，括户约八十万，田亦称是，取得了显著的成绩。

检括阶段前期与后期的情况迥然不同，关键在于玄宗调整和改变了检括政策，主要有以下两点：

第一，关于逃户的去留。《科禁诸州逃亡制》颁布了检括前期的基本政策，规定全国各地的逃户，在限定时间内，根据不同情况，有的遣返原籍，有的就地留住，不追究逃户的罪责，承认逃户的合法地位。这对于唐初关于严格控制户口迁移和逃亡的法令，是一项重要的政策变化，它反映了在逃户众多的情况下，政府不得不有限度地放宽对户口的控制。但是，《科禁诸州逃亡制》对于逃户的去留强调必须符合令式规定，因此，必须遣返大量"据令式不合附者"②归还本县，这会遭到逃户的反抗，给括户带来很大的困难。检

---

① 《唐会要》八五《逃户》。

② 《册府元龟》六三《帝王部·发号令二》。

括后期，不再强调逃户的去留必须符合有关令式，允许逃户就地附籍。玄宗在开元十一年八月十日的敕令中宣布：

> 前令检括逃人，虑成烦扰，天下大同，宜各从所乐，令所在州县安集，遂其生业。

说明逃户的去留"宜各从所乐"，愿留住的逃户，所在州县应对他们的生活生产作妥善安排，不必像以前那样强行遣返，以免造成"烦扰"。玄宗允许逃户就地落籍，是符合社会经济发展的客观形势的，因为当时逃户是一支流动的生产大军，他们起到了扩大耕地面积、开发新的经济区的积极作用，所以玄宗对逃户的政策是应予肯定的。

第二，关于逃户的负担。据《科禁诸州逃亡制》规定，逃户情愿留住当地者，应据令式差科赋敛，只是除去了他们在本贯虚挂簿籍而出现的横征邻里的弊病。对归还本贯者，虽说"免今年赋租课役"，逃户实际受益也不大。检括后期则以优惠的条件促使逃户附籍，规定："免其六年赋调，但轻税入官。"[1]所谓轻税，即"每丁量税一千五百钱"[2]。按敦煌吐鲁番文书提供的天宝年间的普通物价，绢每匹460文，

---

[1] 《旧唐书》卷一〇五《宇文融传》。

[2] 《旧唐书》卷四八《食货志上》。

粟每石295文计①，每个课丁负担的租庸调、地税、户税共折钱1966.5文，较丁税为重。逃户附籍六年之后，始为国家正式编户，征租庸调。这一政策颁布的具体时间，难以指明。开元十八年，裴耀卿上疏说：天下所检客户，"年限向满，须准居人，更有优矜，即此辈侥幸"②。据此按附籍六年规定推算，可证明轻税政策的实行在开元十二年，这是后期检括进行顺利的又一个重要原因。

为了使括户能够顺利进行，玄宗在开元十年曾颁布过两个敕令：一，"天下寺观田，宜准法据僧尼道士合给数外，一切管收，给贫下欠田丁"③。二，"收内外官职田，以给逃还贫民户"④。由此想尽力拿出一些土地来安置逃户。然而，这两个敕令作用甚微，因为在开元初就曾集中力量对寺观僧尼及田产进行了大规模的清理，将其土地分给贫下课户。时隔不久，重复这一做法，实际效果不会太大。而职田虽说收回，到开元十八年又重新恢复⑤，并不能解决农民的土地问

---

① 参阅韩国磬《隋唐五代史论集》（三联书店，1979年，214—233页）中《唐天宝时农民生活一瞥》。另据《唐会要》卷四〇《定赃估》云："开元十六年五月三日，御史中丞李林甫奏：……请天下定赃估，绢每匹计五百五十价为限，敕依。"可知开元年间绢价较高，因此，每丁征1500文确为轻税。

② 《唐会要》卷八五《逃户》。

③ 《唐会要》卷五九《祠部员外郎》。

④ 《旧唐书》卷八《玄宗上》，《唐会要》卷92《内外官职田》。

⑤ 《唐会要》卷九二《内外官职田》。

题。从玄宗企图用寺观田、职田来给逃户，可以看出政府手中掌握的空闲土地是极其有限的。

在括户的同时，进行了括田，即"恤编户之流亡，阅大田之众寡"①，皇甫璟在上疏反对括户时也曾提到"何必聚人阡陌，亲遣检量"②，可见丈量和登记籍外田的工作是切实进行了的。括户和括田同时进行，说明检括的对象主要是那些逃往山谷川泽进行垦荒而出现的新的半自耕农、自耕农和富裕农民。官僚地主及豪强享有种种特权，他们荫占的佃农及籍外田是很难括取的。

开元十二年六月，玄宗颁布《置劝农使安抚户口诏》，这道诏书口气温和，不仅肯定了检括后期的政策，而且以更为宽容的条件对待落籍逃户，如检括阶段规定逃户"差科之间，务令停减"，这时已改为"一皆蠲放"了。这道诏书主要是宣示皇帝爱民之心，安抚附籍逃户，表明检括已进入最后的安抚阶段。事实上，由于检括阶段的工作涉及逃户的去留，土地的丈量登记，对豪人奸吏的打击，同时，也难免有的州县官吏为邀功取宠，括户"务于获多，皆虚张其数，亦有以实户为客者"③，因而会出现一些问题，引起社会的一些波动，有必要进行安抚工作。

玄宗在诏书中宣布："宜令兵部员外郎兼侍御史宇文融

---

① 《册府元龟》卷七〇《帝王部·务农》。

② 《唐会要》卷八五《逃户》。

③ 《旧唐书》卷一〇五《宇文融传》。

兼充劝农使，巡按人邑，安抚户口。所在与官僚及百姓商量处分，乃至赋役差科，于人非便者，并量事处分，续状闻奏。"①赋予宇文融更多的机动处置权，处理括户中出现的问题。宇文融大权在握，神气十足，出巡异常顺利。史载"融乘驿周流天下"。"融之所至，必招集老幼，宣上恩命，百姓感其心，至有流泪称父母者。"②宇文融出巡半年即回京述命。开元十三年二月，玄宗在《置十道劝农判官制》中说他："遂能恤我黎元，克将朕命，发自夏首，来于岁终，巡按所及，归首百万。仍闻宣制之日，老幼欣跃，惟令是从，多流泪以感朕心，咸吐诚以荷王命。"③玄宗对宇文融的出巡和百姓对括户的支持显然是十分满意的。

　　玄宗全力进行检括田户的基本出发点，是维护均田制、租庸调制等一套祖宗的成法，他力图"改中宗之政，依贞观故事"④，曾于开元七年（719）和开元二十五年（737）两次重新颁布田令，并屡次下诏限制土地买卖，表明他维护田令规定的决心。玄宗在这方面的努力，没有取得什么成果，因为他无力挽回由于社会经济的发展而使均田制崩溃的客观发展趋势。但在检括逃户、加强政府对人口的控制、维护"以丁身为本"的租庸调制时，他取得了成功。关键的原因，就在于玄宗没有刻板地坚持唐初的有关田地、户籍的律令，

① 《唐大诏令集》卷一一一《政事》"置劝农使安抚户口诏"。

② 《旧唐书》卷一○五《宇文融传》

③ 同上。

④ 《隋唐嘉话》下。

而是根据已经变化了的社会实际情况制定和调整有关政策。玄宗在括户时，允许逃户就地附籍，就突破了过去"军府之地，户不可移，关辅之民，贯不可改"①的法令。逃户附籍后每丁每年纳税1500文，可称之为"丁税"，丁税固然是为招诱逃户落籍而设立的，但它本身是与租庸调、地税、户税相并列的新税收。因为丁税对逃户只收六年，有一定的临时性，然而，逃户是不断产生又不断括出的，对政府财政来说，丁税则是一种长期的税收。它的特点是：（1）以丁税代替租庸调、地税、户税，含有简化税收种类的意思；（2）丁税需以货币交纳。这两个特点是和后来实行两税法相似的；（3）丁税征收以丁身为本，与租庸调法相同。因此，丁税是一种具有从租庸调制向两税法过渡性质的新税法。这些政策上的变革，说明玄宗在社会情况发生变化时，并不墨守成规，抱残守缺，而是能从实际出发，对旧的制度、政策进行调整、改革，以适应新的形势。这体现了玄宗作为政治家的眼光和魄力，也是开元盛世出现的重要原因。

检括逃户，对国家财政状况的好转起了重要的作用。因为政府掌握更多的能够收税的户口与土地是增加财政收入的主要途径。以开元十四年全国总户数为七百零七万计，括出的八十万客户即占总户数的百分之十一点三，这是一个相当可观的数目。开元十七年，宇文融被贬为汝州刺史，玄宗仍认为他"往以封辑田户，漕运边储，用其筹谋，颇有宏

---

① 《唐会要》卷八五《逃户》。

益"①。宇文融被贬后，"国用不足，上复思之，谓裴光庭曰：'卿等皆言融之恶，朕既黜之矣，今国用不足，将若之何，卿等何以佐朕？'光庭等惧不能对"。从玄宗对宇文融的思念中，不难想到这次检括田户确实是丰富了国家财政收入，给玄宗留下了深刻的印象。

---

① 《全唐文》卷二二《贬宇文融汝州刺史制》。

第十章 / 军事体制的变革

随着逃户问题日益严重，唐王朝的另一项重要制度——府兵制，从武则天时代开始破坏，玄宗对此采取什么态度和对策呢？

开始，玄宗还是想竭力维护府兵制的。先天二年正月十一日，他下令："往者分建府卫，计户充兵，裁足周事，二十一入募，六十一出军，多惮劳以规避匿。今宜取年二十五以上，五十而免。屡征镇者，十年免之。"①缩短了服役年限②。开元六年（718），改折冲府兵三岁一简为六岁一简。开元八年（720）又重申前令，指出"役莫重于军府，一为卫士，六十乃免，宜促其岁限，使百姓更迭为之"。玄宗希望通过缩短府兵服役年限，减轻府兵的负担，来保证兵源和军队的稳定。然而，府兵制崩溃的趋势已无法挽回，在具体

---

① 《新唐书》卷五〇《兵志》。

② 《资治通鉴》所记与《新唐书·兵志》同。但《唐会要》云："应令天下卫士取年二十五已上者充，十五年即放出，频经征镇者十年放出。"十五年放出，即四十而免兵役，未知孰是。

规定上稍作改变，无异杯水车薪，于事无补。所以，史称缩短府兵服役期限的诏令，"虽有其言，而事不克行"①。

开元十年闰五月，兵部尚书、同中书门下三品兼知朔方节度使张说到朔方巡视边务，平定了兰池州胡康待宾余党康愿子的反叛，并徙河西六州残胡五万余口于许、汝、唐、邓、仙、豫等州安置，使黄河之南、朔方千里的地方人烟稀疏。张说于八月回到长安，向玄宗提出两项重要建议：一是他认为边疆没有大的战事和强敌，目前驻防戍边的军队总数达60余万，太多，可以裁减20万，使之归田。玄宗颇有怀疑，张说：

> 臣久在疆场，具知其情，将帅苟以自卫及役使营私而已。若御敌制胜，不必多拥冗卒以妨农务。陛下若以为疑，臣请以阖门百口保之。

张说在中宗时，曾任兵部员外郎、侍郎。开元初，为姚崇排挤，出为外州刺史，寻迁右羽林将军兼检校幽州都督，开元七年，为检校并州大都督府长史兼天兵军使。他长期任边疆重臣，多次参与同北方少数民族的战争，对边防的形势、军事力量的配置及边防军队存在的问题都有丰富的经验和深刻的了解。在武则天时代，北方边境最强大的敌人是突厥的默啜可汗。中宗景龙二年（708）三月，朔方道大总管

---

① 《新唐书》卷五〇《兵志》。

张仁愿利用默啜全军西击突骑施的机会，乘虚夺取漠南之地，在黄河之北筑三受降城①，拓地三百余里，又在阴山山脉的牛头朝那山以北一带，设置烽候一千八百余所，派兵戍守巡逻。由于唐军占领了有利地形，不仅使突厥不能侵扰，而且能够将原有的镇守兵士裁减了数万人。以后，默啜因"自恃兵威，虐用其众"，终至"部落渐多逃散"②，逐渐衰落。开元四年，默啜为反叛的拔曳固兵所杀，毗伽可汗立，他在位期间（开元四年至二十一年，716—733）采取对唐和好的政策，唐和突厥间很少战争。张说正是根据边疆的实际情况及张仁愿裁军的历史经验提出裁军的建议。在他的坚持下，玄宗接受了这一建议。

张说的另一个建议是：鉴于府兵兵源枯竭，卫士逃亡，"请一切罢之，别召募强壮，令其宿卫，不简色役，优为条例。逋逃者必争来应募"③。张说的建议是要停止府兵番上（折冲府已无兵番上），改用募兵的办法解决京师宿卫问题。因为在府兵制下，折冲府有633个，分布极不平衡。关中一带是京师长安所在地，设立的折冲府最多，约占全国40%，接近关中的河东、河南折冲府也较多。这样布置的好处是使中央在军事上能够"居重驭轻"，"举关中之众，以临四

---

① 中受降城在今内蒙古包头西，东受降城在今托克托南黄河北大黑河东岸，西去中城300里。西受降城在杭锦后旗乌加河北岸，狼山口南，东去中城380里。

② 《通典》卷一九八《突厥中》。

③ 《旧唐书》卷九七《张说传》。

方"①。但关中军府数多，人民的兵役负担格外沉重，于是，"人逐渐逃散，年月渐久，逃死者不补，三辅渐寡弱，宿卫之数不给"②，兵源逐渐枯竭。张说建议采取招募的办法，即不问出身来历，只要符合条件，就给予优厚的待遇，使当兵成为一种谋生的职业，逃亡的人就会踊跃应募。玄宗接受张说的建议，于次年十一月二十六日，命尚书左丞萧嵩会同京北、蒲、同、岐、华等州长官就地招募强壮12万，免其征镇赋役，一年两番，宿卫京师，号长从宿卫。开元十三年，改称彍骑，分隶12卫，每卫万人，总12万，为六番，一年中轮流宿卫京师两个月。此后，征行戍边的任务，也逐渐以募兵代替，由府兵到募兵的过渡，直到天宝八载才大体完成。

玄宗废止府兵制、改行募兵制对后世的影响是深远的。《资治通鉴》在记述了玄宗接受张说的建议后说："兵农之分，从此始矣！"胡三省则评论道："史言唐养兵之弊，始于张说。"的确，从此以后，历朝皆行募兵之制，军费开支成为国家财政支出的沉重负担。随着时光的流逝，唐代兵农合一、寓兵于农的府兵制，变成理想化的、美好的回忆萦绕在一些人的心中，每逢军费浩大，财政匮乏，"养兵之弊"严重时，主张恢复府兵之议往往会出现。

----

① 《唐陆宣公翰苑集》卷一一《论关中事宜状》；《唐会要》卷七二《京城诸军》。

② 《唐会要》卷七二《府兵》。

究竟应该如何看待玄宗支持的兵制变革呢?

第一,玄宗改革兵制顺应了历史发展的必然性。任何制度都不是永恒的,都有它发生、发展、兴盛和衰亡的过程,对于它所由发生的时代和条件来说,它有存在的理由,随着特定的历史、社会、经济条件的变化和消失,它就会无法继续存在而必然消亡。府兵制从西魏、北周实行至唐,已经有一百多年的历史。这种兵制是和土地有密切联系的。充当府兵的主要是国家控制下的自耕农民,按田令规定,卫士均可授田。拣点卫士的原则是:"财均者取强,力均者取富,财力又均,先取多丁。"①因而卫士中有相当数量的中小地主和富裕农民。卫士本人可免去租调徭役,需要自备粮饷及某些军资武器。府兵在战争中立功授勋,田令规定可按勋级授田。田令为充当卫士的农民提供多占土地的法律依据,鼓励农民充当卫士,通过建立功勋扩大土地的占有。在武德、贞观年间,田令执行情况较好,府兵制相应的日趋完善,在唐统一全国的战争及对抗周边少数民族的战争中都发挥过积极的作用。自高宗、武后时期开始,"府兵之法寝坏"②。一方面,是因为土地兼并剧烈,失去土地的农民无力充当自备资粮甲仗的卫士;另一方面,国家能够用以给授的土地越来越少,而通过战争授勋的人则越来越多,按勋官品阶给授土地的规定完全成为一纸具文,充当卫士对那些希望因此而扩大

---

① 《唐律疏议》卷一六《擅兴律》。

② 《新唐书》卷五〇《兵志》。

土地占有的人不再具有吸引力。勋官的社会地位随着他们数量的增长而下降，他们"身应役使，有类僮仆，据令乃与公卿齐班，论实在于胥吏之下，盖以其猥多，又出自兵卒，所以然也"①。这种情况，使中小地主及富家子弟由唐初的充满尚武精神，乐于从军，改变为耻于从军，规避兵役。他们往往出钱雇佣贫苦百姓代服兵役，使府兵的战斗力大为削弱。而府兵军队内部的奴役、压迫日益严重，弊端丛生。戍边军将常用极其严酷的手段折磨士兵至死，从而吞没他们随身携带的有限的财物，卫士只好以逃亡来加以反抗。这样的兵制和军队已经是无可救药了。因此，玄宗进行重大的兵制变革中，社会很平静，实际效果较好，统治阶级内部也没有人出来反对，可见兵制的变革已经到了瓜熟蒂落、水到渠成的时候了。

第二，玄宗改革兵制和社会经济的客观情况相适应。采用募兵制，国家财政的负担加重了。在玄宗时，政府已积累了大量的财富，库存的粮食及绢帛、军械完全有能力装备一支庞大的军队；而农民则无力负担沉重的府兵役使。府兵的废止使农民的负担有所减轻，有利于提高他们的生产积极性和促进社会生产的发展。

第三，实行募兵，兵农分离，使士兵和农民各专其业，对提高军队的素质和发展生产都是有利的，标志着社会分工达到了新的高度，是社会进步的表现。府兵的兵农合一，寓

---

① 《旧唐书》卷四二《职官一》。

兵于农，是有限度的。就其实际情况而言，不可能做到既当兵，又不妨碍生产。如距京师五百里内的折冲府府兵，按制度应为五番，即每个府兵平均每年应宿卫京师两次还不足，每次番期一月，每年平均番上72天，不包括旅程在内。旅程以每日步行50里计，两次的往返路程约需四十多天，一年中，总计用于上番的时间将近四个月[1]，此外，在折冲府集中军训还要用去一定时间，这就不可能不影响生产，所谓"三时农耕，一时教战"是难以做到的。府兵制内部存在的农、战之间的矛盾，也是它破坏的重要原因之一。

玄宗是个颇好边功的皇帝，甚至有"穷兵黩武"的名声。姚崇在"十事要说"中曾提出"臣请三数十年不求边功"的要求，当时玄宗答应了，后来并没有完全实行。开元二年正月，并州长史、和戎、大武等军州节度大使薛讷奏请出兵击契丹，复置营州。姚崇等大臣竭力反对，认为打契丹的条件并不成熟，玄宗"方欲威服四夷"[2]，力排众议，提升薛讷为同紫微黄门，命他率军打契丹，群臣才不敢反对。七月，薛讷率六万大军出檀州（今北京密云），行至滦水山峡中，遇契丹兵伏击，"唐兵大败，死者什八九"，薛讷与数十骑突围得免。对于西北边境的突厥、吐蕃，玄宗一贯主张采取强硬态度，屡次兴兵征讨。开元四年六月，突厥可汗默

---

① 参阅谷霁光：《府兵制度考释》，上海人民出版社，1962年，167页。谷先生认为500里内五番的府兵，每年平均宿卫京师66天，似应为72天。

② 《旧唐书》卷九三《薛讷传》。

啜出兵讨伐属部拔曳固，为拔曳固人颉质略所杀。颉质略将默啜首级交给出使在突厥的郝灵荃，请郝上献唐廷。默啜自武则天以来，常为边患，郝灵荃得其首级，自以为立有不世之功。但宰相宋璟"以天子好武功，恐好事者竞生侥幸，痛抑其赏，逾年始授郎将，灵荃恸哭而死"。可见宋璟对玄宗的好武功也是深有认识并力加劝阻的。

玄宗好武功，在主观上，是一位雄心勃勃、励精图治的皇帝。他个性刚强豪爽，极善骑射，热衷于用军事手段，通过战争来弘扬国威，解决边疆问题，是符合他的个性的。在客观上，唐朝经过太宗和高宗武后近百年的治理，人口增加，经济发展，到了玄宗时代更是进入鼎盛时期，具备进行战争的丰厚的物质条件。从边疆的形势来看，高宗武后时期，唐廷与周边各族不断进行着战争。在东北部，奚和契丹日益强大，"常递为表里，号曰两蕃"[1]，多次侵扰唐境。在北方，东突厥复兴，默啜可汗拓地万里，有战士四十多万，经常侵入内地。圣历元年突厥军队竟深入到河北定州（今定县）、赵州（今赵县）境内，所过甚为残暴。西北部，吐蕃进一步强大，多次出兵西域，夺取了安西四镇，又灭吐谷浑。武则天虽然于长寿元年（692）派大将王孝杰收复四镇，保持了丝绸之路的畅通，但吐蕃在西域的势力依然强大。武则天晚年以来，唐廷内部政局动荡，政变频仍，制度败坏，严重影响到对外政策和军事实力。唐与周边民族的战争，胜

---

[1]　《旧唐书》卷一九九下《北狄传·奚》。

少败多，在战略上只能处于守势。玄宗不甘心于这种状况，力图变守势为攻势。由于姚崇、宋璟等大臣的谏阻，也由于需要时间来解决国内问题，调整军事体制和准备作战的物资，开元前期的对外战争较少，边境相对安宁。玄宗一直在整军备战，只要条件成熟，他就会放手进行对外战争，以改变唐廷的被动局面。到开元后期，边境战争日渐增多。陈寅恪先生在分析玄宗对西域的战争时曾说：

> 玄宗之世，华夏、吐蕃、大食三大民族，皆称强盛。中国欲保其腹心之关、陇，不能不固守四镇，欲固守四镇，又不能不扼据小勃律，以制吐蕃，而断绝其与大食通援之道。当时国际之大势如此，则唐代所以开拓西北，远征葱岭，实亦有其不容已之故，未可专咎时主之黩武开边也。[①]

玄宗重武功，与周边诸民族和战的情况，后文将会述及。在兵制的变革上，玄宗能够毅然抛弃祖宗成法，改府兵为募兵，是和他重武功，迫切要求增强军事力量的愿望分不开的。玄宗是十分重视军事问题的，为了增强唐王朝的国防军事力量，除变革兵制而外，他在周边设立节度使，屯田、养马等方面也做了大量工作：

首先，玄宗在前代周边设防的基础上，至天宝元年

---

① 陈寅恪：《唐代政治史述论稿》，三联书店，1956年，137页。

（742）之前，陆续设置了十节度使，重新布局并完善了边疆的防卫体制。这十个节度使从东北向西北、西南分布，其名称、治所、任务、辖区和兵力分别是：

平卢节度使：开元七年升平卢军使为平卢节度使，治营州（今辽宁朝阳），统平卢、卢龙二军，榆关守捉、安东都护府，兵力 37500 人。辖境约当今河北遵化、唐山以东，辽宁大凌河以西，阜新、朝阳以南地区①。

范阳节度使：开元二年置。治幽州（今北京市西南），统经略、威武等九军，兵力 91400 人。辖境约当今河北怀安、新城以东，抚宁、昌黎以西，天津以北地区。

平卢、范阳两镇的任务是防制东北诸部，主要是奚、契丹、室韦、靺鞨等。

河东节度使：开元八年改天兵军大使为天兵军节度使，至开元十八年，始称河东节度使。治太原府（今太原市西南晋源区）。统天兵、大同等四军，云中守捉。兵力 55000 人。辖境约当今山西长城以南，中阳、沁源、左权以北地区。

朔方节度使：开元九年置。治灵州（今宁夏灵武西南）。统经略、丰安、定远三军，三受降城，安北、单于二都护府。兵力 64700 人。辖境约当今宁夏回族自治区大部及内蒙古中西部并今蒙古人民共和国及俄罗斯西伯利亚南部一带。

河东、朔方两镇互为犄角，主要任务是防制北方的突

———————————

① 各节度使辖境依程志、韩滨娜《唐代的州和道》所说，见该书第 82—84 页，三秦出版社。

厥。

河西节度使：景云二年置，治凉州（今甘肃武威），统赤水、大斗等八军，张掖等三守捉，兵力73000人。辖境约相当今甘肃河西走廊及青海北部地区。任务是隔断吐蕃与突厥的联系，抵御他们的进攻，守护河西走廊。

陇右节度使：开元元年置。治鄯州（今青海乐都）。统临洮、河源等十军，绥和等三守捉，兵力75000人。辖境约当今甘肃南部及青海湖以东地区。

剑南节度使：开元七年置。治益州（今四川成都），统天宝、平戎等六军，兵力30900人。辖境约当今四川中部、贵州西部及云南大部。

陇右、剑南两镇主要任务是防御吐蕃，剑南还须抚宁西南方的少数民族。

安西节度使：设于开元六年。治龟兹（今新疆维吾尔自治区库车县）。统龟兹、焉耆、于阗、疏勒四镇，兵力25000人。辖境约当今西至咸海，东接阿尔泰山，北至天山，南达昆仑山和阿尔金山。

北庭节度使：先天二年置。治庭州（今新疆吉木萨尔北破城子）。统瀚海、天山、伊吾三军，兵力2万人，辖境约当今西抵威海，北至巴尔喀什湖和额尔齐斯河上游，南抵天山。

安西、北庭两镇内外相连，主要任务是镇抚西域天山南北的诸国。

岭南五府经略使：设于开元二十一年，治广州（今广东

省广州）。统经略、清海二军，兵力15400人。辖境约当今广
东除连山、连江以外的全省之地及广西全部，云南东南至越
南中部地区。任务是绥靖该地区内各少数民族。

节度使开始是辖区的最高军事长官，后来为了便于解决
军队给养，提高军队的战斗能力，玄宗往往任命他们兼营田
使、度支使，以处理屯田、营田、军资粮饷等事务，有的甚
至是兼任有权督察地方官吏的采访处置使。于是节度使不仅
独揽军队内部军事、财政大权，而且逐渐向地方权力渗透，
发展成一个地区的最高军政长官。由于兵制的变革，节度使
的军队由征点而来的府兵变为雇佣而来的职业兵，"将不专
兵"的情况随之改变。这对提高军队的战斗力是有益的。因
为职业兵服役期长，大多数都在当地有家庭，生儿育女，世
代为兵。职业兵的军事技术训练良好，熟悉防区的风土人
情，对敌情也了解。官兵之间的长期合作共事，增进了相互
了解，便于指挥，协同作战。他们比府兵有更强的作战能
力。这种状况无疑是符合当时边疆形势的要求的。但是节度
使权力的膨胀和军事力量的增强，都潜伏着发展为分裂割
据、对抗中央的危险。

可能发生的事情并不一定必然会发生，这要看是否具备
由可能转化为现实的条件。所以，把后来藩镇坐大的原因归
咎于募兵制的实行并不正确，两者之间没有必然的联系。玄
宗于兵制变革的同时，在沿边设置节度使，这两件事分开来
看，在当时的形势下，都是必然的、合理的、有益的。从总
体的宏观的角度来看，也许是玄宗的眼光过分专注在前方边

疆而忽略了眼皮之下的京师，出现了两个重要的失策：其一，府兵制的基本原则之一，就是在兵力的布置上有利于中央"居重驭轻"，保持军事力量上的优势。改行募兵之后，节度使管辖的军队总计有四十多万，宿卫中央的彍骑只有十二三万，而且战斗力极差。"六军宿卫皆市人，富者贩缯綵，食粱肉，壮者为角觝、拔河、翘木、扛铁之戏。及禄山反，皆不能受甲矣"①。这就在军事力量的对比上，形成了"外重内轻"的态势，在特殊情况下，中央没有足够的军事威慑力量以保证对地方的控制。其二，玄宗不断加大节度使的权力，却没有采取相应的措施加强对他们的督察控制，防止他们私人势力的增长。开元前期，边将的调动还比较频繁，文武重臣，出将入相，他们一般都有很高的文化素养，在忠君报国的思想支配下，即使手握重权，也不易和中央离心离德。李林甫入相后，"林甫固位，志欲杜出将入相之源，尝奏曰：'文士为将，怯当矢石，不如用寒族蕃人，蕃人善战有勇，寒族即无党援。'帝以为然"②。从此，高仙芝、哥舒翰，以至安禄山、史思明等蕃将都得以久负边防重任，专断一方。他们大多行伍出身，文化不高，受儒家思想、封建道德的约束较少。安禄山等人，一旦大权在握，便着意经营个人势力，形成尾大不掉之势。玄宗这两点失策，最终带来了严重的后果，成为安史之乱发生的远因。

---

① 《新唐书》卷五〇《兵志》。

② 《旧唐书》卷一〇六《李林甫传》。

　　其次，玄宗继续推行高宗武后以来在边境屯田的事业，以解决日益繁重的军粮供应问题。武后时，名将娄师德长期在西北边疆驻防，大兴屯田，成绩卓著。武则天曾赐书嘉奖说："自卿受委北陲，总司军任，往还灵、夏，检校屯田，收率既多，京坻遽积，不烦和籴之费，无复转输之艰，两军及北镇兵数年咸得支给。"①郭元振于大足元年（701）任凉州都督、陇右诸军州大使后，命甘州刺史李汉通开置屯田，数年之间，连岁丰收。不仅当地粮价由"粟麦斛至数千"下跌至"一匹绢籴数十斛"，而且"积军粮支数十年"②。可见屯田是解决军粮行之有效的办法。

　　玄宗既重边功，必重屯田。他进一步整顿和健全了屯田的布局和经营管理体制，使屯田事业大为发展。玄宗时，"凡天下诸军州管屯总九百九十有二，大者五十顷，小者二十顷。凡当屯之中，地有良薄，岁有丰俭，各定为三等。凡屯皆有屯官、屯副"③，屯官从勋官五品以上文武散官及前资边州县府镇戍八品以上文武官中选拔。他们的考核标准，主要是看屯田产量的高低。玄宗曾颁布《定屯官叙功诏》说："屯官叙功，以岁丰凶为上下，镇戍地可耕者，人给十亩以供粮。方春，令屯官巡行，谪作不时者。"④屯田之处，据土质软硬程度不同，配以数目不等的耕牛，产量以粟计，

----

①《旧唐书》卷九三《娄师德传》。

②《旧唐书》卷九七《郭元振传》。

③《唐六典》卷七屯田郎中员外郎条。

④《全唐文》卷三一。

其大麦、小麦、干萝卜等均准粟计折斛斗，以定等级。由于屯田建立了严格的经营管理制度，产量大增。至天宝八年，"天下屯收者百九十一万三千九百六十石，关内五十六万三千八百一十石，河北四十万三千二百八十石，河东二十四万五千八百八十石，河西二十六万八十八石，陇右四十四万九百二石"[1]。这是相当可观的数字，以河东为例，河东节度使共有兵55000，每人每月食粟一石[2]，屯田产量可供全部军队食用四个半月。屯田成为边防军粮的重要来源。

再次，玄宗大力复兴马政，发展养马业。马在古代战争中起着非常重要的作用。唐王朝从建立之初，就特别重视骑兵的建设和训练。在统一全国的战争以及和突厥、吐蕃、奚、契丹诸周边民族作战时，骑兵都是主力兵种。骑兵具有速度快、机动性强、冲击力强等特点，陈寅恪先生曾形象地说："骑马之技术本由胡人发明，其在军队中有侦察敌情及冲锋陷阵两种最大功用，实兼今日飞机、坦克二者之效力。"[3]所以马匹的多寡精粗是国力强弱的重要标志。

玄宗即位时，唐的养马业正处于低潮。唐初，平定关中后，得到突厥马2000匹和隋马3000匹，开始于陇右置监牧养马，以太仆卿主其事，下属牧监、监副。凡马5000匹为上监，3000匹以上为中监，1000匹以上为下监。监有丞、有主

---

① 《通典》卷二《食货二·屯田》。

② 李筌：《神机制敌太白阴经》卷五《人粮马料篇》。

③ 陈寅恪：《金明馆丛稿初编》第269页。

簿、直司、团官、牧尉、排马、牧长、群头、掌闲等管马官吏和技术人员。太宗命太仆卿张万岁为陇右监牧，万岁忠于职守，善于养马，在他的苦心经营下，从贞观至麟德40年间，陇右监牧的马匹发展到七十余万，下设八坊四十八监。马匹增多，陇右八坊之地不够牧放，又在盐州设八监，岚州设三监。张万岁之后，马政逐渐衰败。永隆中（680—681）夏州牧马在两三年内死失的就有184990匹。"垂拱以后，马潜耗太半。"开元初牧马有二十四万匹，仅及张万岁时的三分之一。开元二年，因马匹短缺，"太常少卿姜晦乃请以空名告身市马于六胡州，率三十匹雠一游击将军"①玄宗同意，给300道空告身。

玄宗是深知马的重要的。他在发动诛韦之役时，主要依靠的军事力量是万骑，万骑就是中央禁军中最为精锐的骑兵部队。诛韦之后，他被封为平王，兼知内外闲厩押左右万骑，兼知内外闲厩即掌管皇家御马的饲养系统，闲厩中的马匹精良，主要为皇室服务并装备北军，掌管闲厩马匹就可控制北军力量。玄宗在政变后兼任此职，可见其重要。在诛灭太平公主集团时，玄宗"因王毛仲取闲厩马及兵三百余人"，以骑兵对太平党羽作迅雷不及掩耳的打击，取得成功。因此，玄宗也可以说是位"马上皇帝"。天宝十三载（754），应安禄山的请求，玄宗任命他为闲厩、陇右群牧使并兼知总监事，把国家和皇家两个养马系统的大权全交给他。安禄山

---

① 《新唐书》卷五○《兵志》。

派亲信暗选战马数千匹精心饲养，这是他日后叛乱的一宗本钱。安史之乱平定后，玄宗住在兴庆宫，有马三百匹。肃宗担心玄宗东山再起，派李辅国取走宫中的马匹，"才留十匹"。玄宗由此而敏锐地感到事情不妙，对高力士说："吾儿为辅国所惑，不得终孝矣。"因为他知道取走马匹就是削弱他的实力，表示儿子对他怀有疑虑和敌意，可见马匹不仅关系着国家的军事实力，也和皇家的安危关系密切。

玄宗消灭太平公主集团后，先天二年七月，任命王毛仲为检校内外闲厩兼知监牧使。玄宗把皇家和国家两大养马系统全部交给这位心腹干将，说明对马政的重视。王毛仲是张万岁之后对唐代养马业卓有贡献的人物。他善于骑射，对养马也有特殊的爱好。"虽有赐庄宅、奴婢、驼马、钱帛不可胜纪，常于闲厩侧内宅住"，为的是便于管理闲厩事务。王毛仲没有辜负玄宗的信任和重托，他勤勤恳恳工作，严格管理，马政经过整顿迅速恢复，至开元十三年时马匹已增至43万。王毛仲提供的马匹为玄宗封禅泰山的大典增添了不少光彩。

王毛仲因罪免职后，由于玄宗的重视，养马业继续发展。玄宗批准以朔方军西受降城为交易市场，每年用金银缣帛换取突厥马匹，放在河东、朔方、陇右的监牧中牧养。由于得到突厥的良种马，唐马的素质大为提高。到天宝十三载，仅陇右监牧一处，就有马、牛、驼、羊总605600，其中马为325700匹。

为了复兴马政，玄宗还大力发展民间的养马业。开元九年（721）正月他下诏：

> 天下之有马者，州县皆先以邮递军旅之役，定户复
> 缘以升之，百姓畏苦，乃多不畜马，故骑射之士减曩时。
> 自今诸州民勿限有无荫，能家畜十马以上，免帖驿邮递
> 征行，定户无以马为赀。①

这个诏令反映了民间养马政策的变化。原先民间养马业
不发展，是因为州县派邮递军旅之役，有马之家要先承担。
在定户等时，马算资产，有马之家户等定得高，赋役负担也
就重，而且养马多少，还要受"有无荫"的限制，这些政策
都妨碍了民间养马的发展，成为"骑射之士减曩时"的原
因。玄宗在这个诏令里对原先的督马政策作了三点重要的改
变：一、私人养马数量不受养马者"有无荫"的限制；二、
能养马十匹以上之家，免去帖驿邮递征行。"若要须供拟，
任临时率户出钱市买"②，不能无偿征用；三、定户等时，
马匹不算资产。这就把民间养马的限制放开了。在新的政策
的鼓舞下，民间养马的积极性得到调动和发挥。

私人养马对王公、百官及富豪有利，他们可以凭借权
势，借公家的山谷为牧地，即所谓"置牧者唯指山谷，不限

---

① 《新唐书》卷五〇《兵志》。
② 《册府元龟》卷六二一《监牧》。

多少"①。经过二十多年，至天宝年间，"王侯、将相、外戚牛驼羊马之牧布诸道，百倍于县官，皆以封邑号名为印自别，将校亦备私马"②，私人养马业得到空前发展。

  在复兴马政上，玄宗采取了官、私养马并重的方针，改变了开元初年缺马的状况，取得了显著的效果。史称"秦、汉以来，唐马最盛"，唐马则以玄宗时代为鼎盛。马政的兴盛为军队提供大量精良的马匹，形成了强大的军事实力，促使玄宗把重边功的愿望化为行动。

---

  ① 《册府元龟》卷四九五《邦计部·田制》天宝十一载十一月乙丑诏。

  ② 《新唐书》卷五〇《兵志》。

第十一章 / 张说的沉浮

　　检田括户和军事体制的变革是玄宗为适应新形势而同时抓紧推行的两项工作。分别主持这两项工作的宇文融和张说之间却势同水火，互不相容，他们的矛盾成为玄宗朝政争的一桩重要公案。由于这两个人都深受玄宗的信任和赏识，他们之间的斗争和玄宗的态度就更具有戏剧性而耐人寻味了。

　　帷幕是在开元九年拉开的。这年二月初十，玄宗命宇文融主持全国的检田括户。过了七个月，九月十九日又从检校并州大都督府长史、天兵军大使任上召回张说，拜兵部尚书，同中书门下三品。玄宗起用张说是意义深远的。因为张说不仅是他的亲信，而且是当时文坛领袖。张说，字道济，又字说之，洛阳人，其先人事迹，史无所载，可见没有什么显赫的家世可言。垂拱四年（688）应词标文苑科的考试，武后曾亲自临试，参加考试的人特别多，张说在近万名考生中名列第一，独占鳌头。他的文才大为武则天赏识，授官太子校书郎。后又曾参与大型类书《三教珠英》的编修。张说"为文俊丽，用思精密"，是享有盛名的文学家。玄宗在拨乱反正已经取得显著成果的时候，任命他为宰相，是有借重他的声望和才华粉饰太平、大兴文治的意思。张说对此自然心领神会，他出任宰相后，"善用己长，引文儒之士，佐佑王化，当承平岁久，志在粉饰盛时"[①]。玄宗既倚重张说，又对宇文融委以重任，在用人政策上，摆出了文学与吏治并重的格局。

关于玄宗时期文学与吏治之争的见解，是由汪篯先生提出的。他说："在姚崇用事的期间，匡赞玄宗的大臣，如刘幽求、张说之流，都相继被贬逐流窜。这主要的原因，较为明显地，是为了要使玄宗的皇位更加安定。但是，在骨子里面，姚崇和这些功臣之间的互不相容，似乎还隐含着用吏治与文学的政见不同。关于这一点，他们自己是否已有自觉，现在无从知道，可是这种冲突，却一定是存在着的。"[②]，汪篯先生认为：狄仁杰、五王（桓彦范、敬晖、张柬之、崔玄暐、袁恕己）、姚崇这一班人，全都长于吏务，虽然有的人，如姚崇也以文章著名，但都不以文学见重。他们多把文士看成是龌龊不足道的，加以排斥。张说的观点恰与姚崇相反，他所赏识提拔的人，如徐坚、韦述、贺知章、孙逖、王翰、张九龄等都以文词知名，他以文章来拔擢人才，也以"无文"来排斥人士。由于用人标准和好恶的不同，在朝臣中逐渐形成文学与吏治两派，党同伐异，互相排斥，构成了错综

----

① 《旧唐书》卷九七《张说传》。

② 《汪篯隋唐史论稿》第196页。

复杂的政治斗争。汪篯先生的见解，为观察开元时期的政治史提供了一个重要的、基本的观点，然而，决非唯一的观点。

玄宗对朝臣中文学与吏治之争是有所了解的。他在用人时并无明显的倾向。他用张说的长于文学来大兴文治，用宇文融的长于吏干来检田括户，对他们先后委以重任，多少带有将两派官员的地位摆平的意思。但宇文融和张说之间的矛盾斗争还是不可避免地发生了。

宇文融主持括户期间，从中央到地方都有人反对。阳翟县尉皇甫憬上疏攻击检田括户"故夺农时，遂令受弊"，州县官吏"务以勾剥为计"，加重百姓负担。他指出，农民逃亡主要是因为官僚队伍庞大，"向逾万数，蚕食府库，侵害黎民"，民不聊生才造成的，不是括田税客所能解决①。尽管玄宗贬皇甫憬为盈州尉，反对括户的意见并没有止息。开元十二年八月间，玄宗令召集百官于尚书省讨论括户得失，"公卿以下。畏融恩势，不敢立异，惟户部侍郎杨玚独抗议，以为：'括客免税，不利居人；征籍外田税，使百姓困弊，所得不补所失。'"不久，杨玚被贬为华州刺史。皇甫憬、杨玚等是公开的反对派，还有暗中的反对派。宇文融以括获田户之功，被本司校考为上下。主持考核官吏的卢从愿硬是不同意。反对派的后台是张说。张说嫌括户"扰人不便，数

_____

① 《唐会要》卷八五《逃户》。

建议违之"①，利用手中的权力，压制和阻挠宇文融的工作。不过他还没有公开站出来反对，和宇文融维持着表面的和平。在这场斗争中，玄宗是大力支持宇文融的，不仅坚决罢免了反对括户的官员，而且不断提升宇文融的职务，括户开始时，宇文融还是一个正八品上的监察御史，四年之后，已经成为正五品的御史中丞兼户部侍郎，既居风宪之地，又贰户部，官高权重，地位显赫。

开元十二年冬，括户取得成功，国家财政丰裕，张说率先倡仪封禅泰山，百官纷纷响应。张说的建议正符合玄宗的心意。封禅泰山是国运昌盛、天下太平的标志，主持封禅大典的当然是盛世明君，玄宗孜孜以求的正是这项桂冠。十一月十四日，玄宗带领文武百官前往洛阳，宣布明年十一月十日举行封禅大典。

大典的筹备工作在张说的主持下紧张地进行。制定封禅的礼仪是最重要的一件事。玄宗命张说、右散骑常侍徐坚、太常少卿韦滔、秘书少监康子元、国子博士侯行果等，与礼官在集贤书院刊撰仪注。主要根据高宗封禅的仪注，参照历代仪礼，斟酌取舍，加以刊正。凡有争议之处，由张说裁决。开元十三年三四月间，封禅仪修成，玄宗非常高兴，赐宴张说和礼官学士。张说还担心在封禅时，突厥乘机入寇，准备加强边防兵力，召兵部郎中裴光庭商议。光庭建议请突厥派大臣前来参加封禅大典。在周边诸族中，当时以突厥最

---

① 《旧唐书》卷九七《张说传》

纪泰山铭

为强大，"突厥来，则戎狄君长无不皆来，可以偃旗卧鼓，高枕有余矣"。张说非常赞赏这个建议，上奏玄宗后实行。

十月十一日，玄宗率领百官、贵戚、各地朝集使、儒生文士以及突厥、契丹、奚等周边民族酋长和日本、新罗等国使臣离开洛阳，向泰山进发。封禅队伍由仪仗队、卫队、后勤供应队伍组成，彩旗飘扬，鼓乐喧鸣，浩浩荡荡，数百里不绝。内外闲厩使王毛仲以牧马数万匹供使用，"色别为群，望之如云锦"，庞大的封禅队伍，宏伟壮观的场面，充分展示了唐王朝的富庶和强盛。十一月初六，经过二十多天的行程，大队人马抵达泰山脚下。玄宗命随从官留在山口，只带宰相及祠官登山。祭祀前，玄宗问礼部侍郎贺知章，前代玉牒的内容，为什么保密？贺知章回答，大概是君主对上天有秘密请求，不愿让人知道。玄宗说："朕今此行，皆为苍生祈福，更无秘请。"[1]于是将玉牒取出，向群臣宣布。初十，玄宗在泰山顶祭祀昊天上帝，群臣在山脚下祭祀五方帝及众神。祀毕，玄宗封藏玉牒，点燃燎坛上堆积的木柴，"火发，群臣称万岁，传呼下山下，声动天地"。[2]次日，玄宗在社首祭地祇。至此，封禅按原定仪注顺利完成。十二日，玄宗在帐殿接受群臣朝贺，赦免天下，封泰山神为天齐王。玄宗撰纪泰山铭，亲笔书写，刻在山顶石壁之上。张说、源乾曜、苏颋等大臣也都纷纷撰文，颂扬这盛世的大典。

---

① 《旧唐书》二三《礼仪志》。

② 同上。

泰山唐玄宗封禅玉册

　　封禅大典的成功，是张说相业中的一大成就，表明他不仅知识渊博，文采出众，而且有杰出的组织才干。但张说在封禅大典中也得罪了不少人，按规定，凡随从玄宗登上泰山顶的祀官均可超授五品。充当词官是升官的好机会，张说"多引两省录事、主书及己之所亲摄官而上"①。张九龄不赞成这种做法，他劝张说说："官爵者，天下之公器，德望为先。劳旧次焉。若颠倒衣裳，则讥谤起矣。今登封霈泽，千载一遇，清流高品，不沐殊恩，胥吏末班，先加章绂，但恐制出之后，四方失望。"②张说不听。果然招致许多官员的不满。参加封禅的士兵，辛苦劳顿，没有得到实惠的赏赐，只

　　①《旧唐书》卷九七《张说传》。

　　②《旧唐书》卷九九《张九龄传》。

给空头的勋官，他们也怨气很大。

宇文融在封禅大典之后，利用中外百官对张说的不满，不失时机地发动进攻。张九龄深知张说与宇文融不和，曾经告诫张说："宇文融承恩用事，辩给多词，不可不备也。"张说不以为然，说："此狗鼠辈，焉能为事"①，言语间对宇文融充满蔑视之情，也太低估了对手的心计和能力。宇文融先是采取迂回战术。他了解到玄宗怀疑吏部铨选不公平，而铨选是由张说主管的，便建议分吏部为十铨典选。这个建议正投合了玄宗不信任吏部的心理，遂令苏颋、韦抗、卢从愿、宇文融等十人分掌吏部铨选，考试书判之后，直接送玄宗审核，吏部尚书、侍郎不得参与。张说对此极为不快，铨选虽越过吏部，宰相还是有发言权的。因此"融等每有奏请，皆为说所抑，由是铨综失叙"②。玄宗因此对张说也极为不满。十铨典选的办法不妥，只行用一年。宇文融利用这件事，在玄宗与张说之间打进了一个楔子，使他们之间产生隔阂。

开元十四年（726）四月初四，宇文融向张说发动正面进攻。他联合御史大夫崔隐甫和御史中丞李林甫联名奏弹张说"引术士占星，徇私僭侈，受纳贿赂"。崔隐甫曾任洛阳令、华州刺史、太原府尹，为人精明强正，所至皆有政绩。玄宗准备重用他，但张说"薄其无文"，奏拟他为金吾大将军，推荐自己的好友殿中监崔日知为御史大夫。玄宗不同

---

① 《旧唐书》卷一〇五《宇文融传》。

② 《旧唐书》卷九七《张说传》。

意，任命崔日知为左羽林大将军，崔隐甫为御史大夫。崔隐甫因此对张说不满。李林甫是日后大有名气的人物。他是唐高祖李渊从父弟长平王叔良的曾孙，也算是李唐宗室子弟，由门荫调补入仕，素无学术，明于吏治。他是宇文融援引为御史中丞的。所以李林甫、崔隐甫和宇文融一起攻击张说。

玄宗接到宇文融等人的弹奏，大怒，发金吾兵包围张说府第，下敕由侍中源乾曜会同刑部尚书韦抗、大理少卿胡珪及崔隐甫等拘捕张说于御史台讯问。张说的哥哥、左庶子张光至朝堂割耳称冤，玄宗不予理睬。经过审讯，中书主书张观、左卫长史范尧臣依仗张说权势，弄虚作假，收受贿赂，张说与私度僧王庆则交往，并占卜凶吉都是事实，张说只好俯首认罪，被押狱中。玄宗大怒过后，又不放心，派高力士前往探视。力士回来说："说蓬首垢面，席藁，食以瓦器，惶惧待罪。"张说狼狈的样子，使玄宗怜悯之心油然而生，力士乘机劝玄宗体念张说曾为侍读，于国有功，最好从轻发落。四月十二日，玄宗下令免除张说中书令职务，其余官职依然如故。张观、王庆则被处死，"连坐迁贬者十余人"。

张说罢相后，玄宗仍然很器重他，遇有军国大事，常遣中使征求他的意见。宇文融、崔隐甫等人担心张说东山再起，不断在玄宗面前攻击张说，以致使玄宗感到厌烦，再也不能容忍这种朋党之争。开元十五年二月初二，玄宗令张说退休，在家修史，崔隐甫免官，回家侍奉母亲，宇文融出为魏州刺史，将他们一起赶出中央政府。

张说和宇文融之间的斗争，显然是文学与吏治之争，但又不单纯是文学与吏治之争。细细探究他们矛盾的由来，至少还有三个源头：

一个是利益之争。宇文融主持的括户就其实质而言，既是封建国家与逃户之间控制与反控制的斗争，同时也是封建国家和它所代表的地主阶级中某些阶层或集团之间争夺剥削对象的斗争。当封建国家对农民的剥削超过农民所能负担的程度时，他们就会脱离户籍，成为逃户。但在封建社会里，农民即使逃亡，也不能获得真正的独立和自由，他们或者被封建国家重新控制，或者"暂因规避，旋被兼并"[1]，成为封建地主的剥削对象。宇文融括户，就是在政策上给逃户以优惠，使他们重新被国家控制。毋庸讳言，他代表了封建国家的利益。尽管检田括户并不能触动封建地主已经荫占的农户和土地，毕竟是限制了他们势力的无限扩大，在一定程度上损害了他们的利益，因而遭到激烈的反对。

以张说为首的文学一派是唐代正在兴起的普通地主的政治代言人。他们大多没有显赫高贵的出身，是在武则天时代通过科举考试等途径进入唐政府各级政权的，有的甚至进入最高统治集团。他们在获得新的社会地位后，便通过合法的或非法的、经济的或超经济的手段，贪婪地扩大自己的势力。这些"新营庄宅，尚少田园"[2]的普通地主大肆兼并土地，扩大田产，从唐初以来，就是一种普通的现象。也就是

---

① 《册府元龟》卷七〇《帝王部·务农》。

② 《旧唐书》卷七八《于志宁传》。

说，当时蚕食农民土地、迅速发展封建地主大土地私有制的主要是普通地主。所谓"富豪之家，皆籍外占田"①，"豪富兼并，贫者失业"②，主要是指他们而言。武则天听任土地兼并发展而不加制止，在经济上采取无为而治的放纵政策，实际上是支持普通地主扩大自己的势力，这和她在政治上扶植普通地主的态度是完全一致的。到了玄宗时代，士族地主已经完全衰落，普通地主当权多年，占有大片土地和劳动力，成为既得利益者，他们希望继续维持武则天时的放纵政策。玄宗和武则天有所不同，他是要维护原有田令，抑制土地兼并的趋势。检田括户和兵制改革是和自耕农土地占有情况关系密切的两件事。改府兵为募兵，顺应了自耕农在农户总数中比重下降和自耕农所占土地减少的趋势。放松对农民的控制，有利于封建地主的发展，所以张说积极推行。检田括户则在于维护自耕农对土地的占有，以保持国家控制大量自耕农的格局和"以丁身为本"的赋役制度，有益于国家利益而限制了封建地主阶级利益的过分扩大。所以，张说嫌括户"扰人不便"，加以反对。括户的反对派卢从愿就是一个"占良田数百顷"的"多田翁"③。在括户的斗争中，玄宗全力支持维持国家利益的宇文融是不难理解的。

　　另一个源头是权力之争。开元十一年，经玄宗批准张说

---

① 《旧唐书》卷一三五《贾敦颐传》。

② 《新唐书》卷五一《食货志》。

③ 《旧唐书》卷一一○《卢从愿传》。

改政事堂为中书门下，改政事印为中书门下之印，并列置吏房、枢机房、兵房、户房和刑礼房五房于政事堂（中书门下）正厅之后，分掌庶务。这是宰相制度中的一个重要变革，不仅标志着相权的集中和加强，而且标志着唐初以来的三省制的终结。唐承隋制，行三省六部制度，由中书取旨，门下封驳，尚书执行。但中书与门下之间常有相抵触之处，纷争不已，影响效率。唐初三省长官并为宰相，建立了合议于政事堂的制度，政事堂设在门下省，是宰相议政的地方。事情议定以后，中书出诏，门下审核自然易于通过，尚书执行也就顺利了。弘道元年（683）十二月二十一日，裴炎由侍中改任中书令，仍执政事笔（即仍为首席宰相），将政事堂移于中书省，政事堂仍为议政之所。张说将政事堂改为中书门下，不仅换了名字，使政事堂由议政之所改成了宰相的常设办公机构，而且使它由决策、发令机关转变为最高决策机关兼最高行政机构。这种变化，又和宰相由兼职转化为专职相适应。唐初以来的宰相、侍中、中书令和尚书左右仆射是按政务处理的程序分工，以他官为宰相者不过是参议国政。因此，无论是以他官参知政事、同平章事，还是三省的首长，都是"午前议政于朝堂，午后理务于本司"[1]，各有办公机关，宰相只是兼职。到开元年间，政务繁多，玄宗对宰相更加倚重，给他们以重要的权力和地位。开元十年（722）十一月，他令宰相共食实封三百户，并特别强调，赐

---

① 《通典》卷二三《吏部尚书》。

食封是"自我礼贤，为万世法"①，玄宗所用宰相一般只二三人，"宰臣数少，始崇其任，不归本司"②。宰相由兼职成为专职，不仅进行决策，而且成为最高行政首脑，设立了自己的办公机构和工作班子，相权得到了进一步的集中和加强。在人口增加、经济发展、政务繁多的情况下，相权加强是必然的，有利于提高行政办事效率。

玄宗在不断强化相权的同时，又给宇文融的使职极大的权力，以致"事无大小，诸州先牒上劝农使，后申中书，省司亦待融指挥，然后处决"。玄宗的做法事出有因。三省六部制是适应唐初的情况建立的，它的组织机构简单规范，定编定员。如尚书省的户部司，其职掌为"分理户口、井田之事"③，包括土贡的收取、户籍的编制、户等的划分、居民的迁徙、土地的管理、赋税的征调、课税的减免等等。定员郎中（从五品上）2人，员外郎（从六品上）2人，主事（从九品上）4人，令史15人，书令史34人，亭长6人，掌固10人，共75人。其中入流的官员8人，令史以下皆为未入流的胥吏。各种人员的数目、职务和分工都是固定不变的。尽管户部司是户部中最大的一个司，但它管的事务太多，唐初户口有限，经济萧条，事情简单，还管得过来。经过一百多年，随着社会经济的繁荣，其负荷必然越来越重，不能适应

---

① 《唐会要》卷九〇《缘封杂记》。

② 《旧唐书》卷一〇六《杨国忠传》。

③ 《旧唐书》卷四三《职官志二》户部郎中条。

新的情况。行政制度和政府机构都存在一个改革和调整的问题，而三省六部二十四司已经固定化、模式化，不易改动。玄宗要在全国开展检田括户，就不能依靠已经满负荷的户部司，只好另设使职，抽调人员，负担这项工作。由于括户困难重重，他又必须赋予宇文融极大的权力，才能将工作推动起来。使职的出现反映了社会经济发展对上层建筑的影响，不能仅仅把它当作玄宗对宇文融其人的信任来看。使职的广泛设立，在尚书六部之外，又出现了一个行政系统，因此，需要在尚书省之上另外设立一个机构，统管全国的行政事务。政事堂设在中书门下，就是适应了这种需要。玄宗设置使职，改政事堂为中书门下，是对三省六部制的重大改革，对后世的影响是深远的。宋朝官、职的分离和中书门下（中书）统领行政，就是这种制度的继续和发展。

玄宗任命宇文融为覆田劝农使，无疑是对尚书省权力的分割。《旧唐书》说："开元以前，事归尚书省，开元以后，权移他官"①，就是讲使职出现后权力再分配的情况。张说在宇文融充使之后，奏改政事堂为中书门下，从政治斗争的角度考察，是有限制宇文融权力的意图的。在宇文融权力最大时，虽然可以凌驾尚书省，却无法超越中书门下，因此，张说可以利用中书门下的权力压制宇文融，"数建议违之"。括户结束后，玄宗命宇文融为御史中丞兼户部侍郎，张说"患其权重，融所建白，多抑之"。他和宇文融之间的矛盾，

———————————

① 《旧唐书》卷四八《食货志上》。

显然是有权力之争的因素。

还有一个源头是意气之争。《新唐书》对张说甚为推崇，说他"敦气节，立然许，喜推藉后进，于君臣朋友，大义甚笃"①。其实并不尽然。张说在品性上，有权势欲强、脾气暴躁、心胸狭隘、不能容人的缺点，尤其是不能容忍与自己意见相左的人。源乾曜个性懦弱，他和张嘉贞、张说同时为相，"不敢与之争权，每事皆推让之"②，就因为不赞成封禅，张说对他非常不满。崔沔"纯谨无二言，事亲笃孝，有才章"③，张说颇为看重他的道德文章，推荐他为中书侍郎。崔沔不愿遇事"拱默"，好发表点意见，遂为张说不容，贬为外州刺史。宇文融为人"疏躁多言，好自矜伐"，是一个自视甚高、刚愎自用的人，张说"素恶融之为人"，宇文融对张说的为人也一定不喜欢，他们之间不能友好地相处而矛盾重重，和他们的性格、气质不无关系。

玄宗虽然把张说和宇文融一起赶出了中央政府，事情并未结束，他们各自在仕途上还有一段历程，而结局也完全不同。

开元十六年，宇文融从汴州刺史任上回京，出任鸿胪卿兼户部侍郎，玄宗对他理财的能力是有极深的印象的。次年，拜黄门侍郎兼同中书门下平章事，初登相位的宇文融，

---

① 《新唐书》卷一二五《张说传》。

② 《旧唐书》卷九八《源乾曜传》。

③ 《新唐书》卷一二九《崔沔传》。

踌躇满志，扬言"使吾居此数月，则海内无事矣"。他在相位上只待了99天，没有什么可言的政绩，便因事被贬，后来死于流放途中。

张说在开元十七年复拜尚书左丞相，集贤院学士，加开府仪同三司。上任时，玄宗命"所司供帐，设音乐，内出酒食，御制诗一篇以叙其事"①，颇为风光隆重。张说的长子张均，官拜中书舍人，次子张垍尚宁亲公主，拜驸马都尉。次年，张说患病，玄宗每天派中使探问，亲自手写药方送去。史称"当时荣宠，莫与为比"。十二月，张说去世，玄宗"悁恻久之。遽于光顺门举哀"，为张说自制神道碑文，御笔赐谥曰"文贞"。张说一生，三起两落，起伏巨大，沉浮不定。玄宗和张说在政事的处理上，有时不尽一致，但私交却很深厚。玄宗对这位文才出众、享有盛名的老师，一直是很尊重，很有感情的，这一点，是宇文融不能与张说相比的。

---

① 《旧唐书》卷九七《张说传》。

第十二章 / 宫闱悲剧

正当张说和宇文融之间的闹剧在朝廷中紧锣密鼓地演出之时，宫闱内的悲剧也开始了。

开元十二年七月二十二日，玄宗下诏废王皇后为庶人，移别室安置。贬皇后的哥哥、太子少保王守一为潭州别驾，途中赐死。户部尚书张嘉贞因和王守一关系密切，贬台州刺史。宫闱内的这一重大变故，使得朝野震惊。但它不是突然发生的，而是积蓄已久的。

王皇后是同州下邽人，出身说不上显赫。她的父亲王仁皎，"景龙中，以将帅举，授甘泉府果毅，迁左卫中郎将"①。中郎将，官正四品下。玄宗为临淄王时，纳王氏为妃。王氏生于将门之家，大约性格爽朗，颇有胆略。在平武韦之乱中，"颇预密谋，赞成大业"②。先天元年八月，睿宗传位于玄宗，自为太上皇。王氏被册封为皇后。王仁皎以女儿当了皇后的缘故，升官至太仆卿，以后又加开府仪同三

---

① 《新唐书》卷二〇六《王仁皎传》。

② 《旧唐书》卷五一《废后王氏传》。

司，封邠国公，颇受恩遇。王皇后的孪生哥哥王守一，是玄宗为临淄王时的好朋友，"帝微时与雅旧"，官至尚乘奉御，后来参加诛太平公主之役，因功迁殿中少监，特封晋国公。王皇后兄妹和玄宗是患难之交，渊源颇深。尽管如此，玄宗对王皇后的感情并不专注。他在为临淄王时，宠幸的嫔妃还有赵丽妃、皇甫德仪、刘才人等，她们都以姿容美丽而获得玄宗的欢心。到开元初年，武惠妃在后妃中逐渐得宠，地位越来越突出，以至"宠倾后宫"，玄宗对她的宠爱远甚过其他后妃。

武惠妃是武则天从父兄子恒安王武攸止的女儿，攸止去世后，随例入宫。惠妃出自名门，她的祖父和玄宗的祖母是堂兄妹，她和玄宗则是表兄妹。惠妃从小受过良好的教育，"少而婉顺，长而贤明，行合礼经，言应图史"①，不仅体貌端丽，而且性格温柔，聪明伶俐，知书识礼，颇有大家闺秀的风范。玄宗非常宠爱这个小表妹，他们一共生了四个儿子，三个女儿。大儿子夏悼王一，生而秀美，玄宗钟爱无比，开元五年夭折，"时车驾在东都，葬于城南龙门东岑，欲宫中举目见之"②。二儿子怀哀王敏和大女儿上仙公主也都早年夭折。所以三儿子寿王瑁出生后，不敢养于宫中，玄宗命送给大哥宁王宪抚养，由宁王妃元氏"自乳之，名为己

① 《旧唐书》卷五一《贞顺皇后武氏传》。
② 《旧唐书》卷一〇七《夏悼王一传》。

子"①。直到开元十三年，才从宁王府接回宫中。寿王瑁是玄宗的第十八个儿子，宫中呼为"十八郎"，玄宗对他"钟爱非诸子所比"②。

玄宗对武惠妃的偏爱，引起了王皇后的不满，既有感情上的忌妒，也有对"武氏"的鄙视。王皇后的不满给武惠妃带来某些希望。"武惠妃有宠，阴怀倾夺之志，后心不平，时对上有不逊之语。"武惠妃想取王皇后而代之，就会时时挤兑皇后。皇后本来就色衰爱弛，玄宗对她的感情已经淡漠了，这位缺乏心计的将门之女还采取了一个粗暴的办法——常常顶撞玄宗，把对武惠妃的不满和怨恨发泄在玄宗身上，结果使玄宗对她愈来愈反感。开元十年八月，玄宗曾和他的亲信、秘书监姜皎商量以没有子嗣为理由，废掉王皇后。姜皎嘴巴不牢，将此事泄露出去。王皇后的妹夫嗣濮王峤知道后，上奏玄宗，玄宗大怒。命中书门下进行审查。中书令张嘉贞和王皇后的哥哥王守一关系密切，自然不会放过姜皎，构成其罪，奏请先决杖再配流岭南。玄宗下制指责姜皎，"假说休咎，妄谈宫掖"③，矢口否认谈及废皇后的事，把罪过全加在姜皎身上，并令决杖后，配流钦州，姜皎的弟弟吏部侍郎姜晦被贬春州司马，姜皎亲党坐流死者数人。姜皎本人在贬逐途中，行至汝州而卒，时年五十余。

① 《旧唐书》卷一〇七《寿王瑁传》。
② 《旧唐书》卷一〇七《废太子瑛传》。
③ 《旧唐书》卷五九《姜皎传》。

　　姜皎虽然受到处分，玄宗想废掉皇后的信息毕竟还是透露出去了，王皇后感到惶恐不安。好在她平时为人宽厚，颇得宫中上下的好感，没有人乘机诬陷她。王守一认为妹妹的皇后地位不稳固，主要是因为没有儿子，如果有了儿子，就可以转危为安。他请和尚明悟“为后祭南北斗，剖霹雳木，书天地字及上名，合而佩之，祝曰：佩此有子，当如则天皇后”。此事被人告发，玄宗亲自追究，确有其事。于是下诏废王皇后。

　　历史往往有惊人的相似之处。

　　大约七十年前，玄宗的祖父高宗也是下诏废王皇后，立武则天为后，引起朝中一段轩然大波，史称“废王立武”事件。

　　玄宗正在重演“废王立武”，只是他没有如愿以偿。开元十四年，玄宗想立武惠妃为皇后，遭到朝中大臣的反对，理由有三条：一是“武氏乃不戴天之仇，岂可以为国母”。一位大臣在奏疏中说：“惠妃再从叔三思、从父延秀等，并干乱朝纲，递窥神器。”[1]武惠妃的社会关系里有一批恶名昭著的“诸武”，而玄宗身边的许多大臣又都是靠诛灭“诸武”身居高位的。他们对武韦之乱给李唐王朝带来的危难记忆犹新，甚至更久远一些的武则天时代酷吏政治的阴影在人们心目中也还没有完全消退。玄宗可以宠爱武惠妃，大臣们普遍的心理却是不希望再出现一个“武后”，无论是对国家，还

――――――――――

　　[1]《唐会要》卷三《皇后》。

是对他们自己。二是"人间盛言张说欲取立旨之功，更图入相之计"。这条理由出自传闻，大概冤枉了张说，没有材料说明张说是支持立武惠妃的。但泰山封禅刚结束，中外百官都对张说不满，宇文融等人刚刚把他攻下台，把立惠妃和下台宰相张说联系在一起，可以煽动人们对武惠妃的不满。三是"太子非惠妃所生，惠妃复自有子，若登宸极，太子必危"。玄宗在开元二年十二月二十八日立次子嗣谦（瑛）为皇太子。长子嗣直（琮）是刘华妃所生，年轻时为野兽所伤，脸部破相，有失体面，自然不能继承大统。次子嗣谦为赵丽妃生。赵丽妃"本伎人，有才貌，善歌舞"，当时很受玄宗宠爱，她的儿子因此被立为太子。现在，武惠妃还没有当皇后，她的儿子寿王瑁已深受钟爱。惠妃当了皇后，太子的地位就一定保不住了。这个判断不幸而言中，惠妃虽然没有当皇后，太子的性命却被她断送了。

朝臣中弥漫的反对立惠妃为后的情绪，玄宗敏锐地觉察到了，作为政治家，他要审时度势，适可而止，他不愿因立惠妃而引起朝野内外的动荡，或者，他认为当时立武惠妃为后的条件尚未成熟，所以在"废王"之后，没有再坚持"立武"。他对惠妃的宠遇并没有因此改变，规定"宫中礼秩，一如皇后"，直到开元二十五年十二月惠妃去世，她始终是一个没有皇后名分的皇后。

惠妃没有当上正式的皇后，便把希望寄托在儿子身上，希望寿王瑁能取太子瑛而代之。这种潜在的威胁，太子瑛必然感到了。玄宗一共有30个儿子，其中第五子鄂王瑶为皇甫德仪所生，第八子光王琚为刘才人所生。这两个儿子在"皇子中有学尚才识，同居内宅，最相爱狎"①。光王琚有才力，善骑射，颇为玄宗喜爱。他们的母亲皇甫德仪、刘才人及太子瑛的母亲赵丽妃都是在玄宗为临淄王时受宠爱的。自从玄宗宠幸武惠妃之后，和她们的关系日渐疏远。母亲失宠，儿子的地位也受影响。尤其是太子瑛的感受深切。共同的境遇，使这三个年龄相近的皇子关系亲密。武惠妃则派亲信暗中监视他们。开元二十四年十一月，"太子与瑶、琚会于内第，各以母失职有怨望语"。此事被惠妃的女婿、驸马都尉杨洄探知，惠妃因此向玄宗泣诉："太子阴结党与，将害妾母子，亦指斥至尊。"玄宗大怒，召宰相来商议，要废掉太子及鄂王、光王。

当时的宰相是中书令张九龄、侍中裴耀卿和礼部尚书、同平章事李林甫，张九龄断然反对，他说：

> 陛下践阼垂三十年，太子诸王不离深宫，日受圣训，天下之人皆庆陛下享国长久，子孙蕃昌。今三子皆已成人，不闻大过，陛下奈何一旦以无根之语，喜怒之际，尽废之乎！且太子天下之本，不可轻摇。……陛下必欲为此，臣不敢奉诏。

张九龄言之成理，措辞尖锐，态度明确，尤其是他还列

---

① 《旧唐书》卷一〇七《光王琚》。

举了历史上晋献公、汉武帝、晋惠帝、隋文帝更易太子所造成的三世大乱、京城流血、中原涂炭乃至丧失天下的严重后果，玄宗听了，大为不快，但也无可奈何。裴耀卿态度如何？史无所载。从后来他因与张九龄为阿党，同时被罢相，推想他是不赞成废太子的。

李林甫在玄宗面前，沉默无言，没有表态。退朝之后，私下里对玄宗的亲信宦官说："此主上家事，何必问外人"，表明他同意废太子。李林甫的态度是有缘由的。他在被宇文融援引为御史中丞之后，又历刑、吏二部侍郎。李林甫平时注意交结宦官，通过他们了解玄宗的动静，因此，说话办事多能符合玄宗的意图，取得玄宗的信任。他知道玄宗宠爱惠妃及寿王瑁，对太子日益疏远，"乃因宦者言于惠妃，愿尽力保护寿王"。惠妃想让自己的儿子成为太子，需要得到朝中大臣的支持，对李林甫甚为感激，常在玄宗面前说他的好话。李林甫能登上相位，惠妃"阴为内助"，出力不少。因此，他赞成废太子瑛。但他的资历和声望都远不如张九龄，张九龄反对废太子，李林甫不敢反驳，只好保持沉默。

在废太子的问题上，玄宗和宰相之间没有取得一致。退朝之后，惠妃秘密派宫奴牛贵儿去张九龄处疏通。对他说："有废必有兴，公为之援，宰相可长处。"张九龄严词叱责，并报告玄宗。玄宗为之色动，似乎也觉察到点什么。由于张九龄的抵制，在他罢相之前，太子瑛暂时稳定了。

开元二十五年四月，驸马都尉杨洄再次状告太子瑛、鄂王瑶、光王琚与太子妃兄、驸马薛锈秘密勾结，图谋不轨。

玄宗召见宰相商议，这时，张九龄、裴耀卿都已因事罢相，首席宰相是李林甫，另一个是刚任命的工部尚书、同中书门下平章事牛仙客。李林甫还是那句老话，"此陛下家事，非臣等所宜豫"。宰相不反对，玄宗便肆意而行，下令废瑛、瑶、琚为庶人。流薛锈于襄州，不久，并将瑛等四人赐死。瑛舅家赵氏、妃家薛氏、瑶舅家皇甫氏坐流贬者数十人。玄宗一下杀掉了三个儿子，这血腥的悲剧，表露出玄宗滥用权力、生杀予夺残暴的一面。

除掉太子瑛之后，寿王成为太子似乎指日可待了。十一二月间，武惠妃突然发病，"数见三庶人为祟，怖而成疾。巫者祈请弥月，不痊而殒"①。大约是在紧张的宫廷斗争中，精神负担太重，心力交瘁，患疾而卒。玄宗悲痛异常，下制赠惠妃为"贞顺皇后"，葬于敬陵，并为之立庙于京城昊天观之南。

死后的惠妃终于戴上了一顶皇后的桂冠，活着的寿王是否可以立为太子呢？如果在废太子瑛时，玄宗曾属意于寿王，是因为他宠爱惠妃，就像当年他立瑛为太子的原因一样。现在惠妃已经去世，玄宗可以从感情的困惑中解脱出来，政治家的冷静促使他认真地考虑立太子的问题。李林甫再三建议立寿王为太子，玄宗觉得还是立忠王玙更为合适。

忠王为玄宗第三子，杨氏所生。初名嗣升，开元十五年正月封忠王。改名浚，二十三年改名玙。二十七年改名绍，

---

① 《旧唐书》卷一〇七《废太子瑛传》。

又改名亨。忠王生于景云二年二月，其时玄宗为太子，正受太平公主的威胁，史载杨氏怀孕时，"太子密谓张说曰：'用事者不欲吾多息胤，恐祸及此妇人，其如之何？'密令说怀去胎药而入。太子于曲室躬自煮药，醺然似寐，梦神人覆鼎，既寤如梦，如是者三，太子异之，告说，说曰：'天命也，无宜他虑。'"①于是忠王得以出生。这段故事显然是后来史官们杜撰出来的。当时太平专权用事，太子的处境不算好，但也不致不敢生育。开元二年玄宗在立太子时，忠王的负有"天命"，丝毫没有起作用，大约未必真有其事。忠王出生后，由王皇后抚育，"慈甚所生"。到玄宗想立他为太子时，已经28岁了。废太子瑛死后，除长子庆王琮外，以他最为年长。

玄宗想立忠王为太子，是因为他"年长，且仁孝恭谨，又好学"。寿王"宠冠诸子"，毕竟是以母亲而得宠，他本人并无特殊才能，而且排行十八。惠妃去世了，一切都变了，寿王失去了成为太子的一个最重要的因素。宰相李林甫的推荐，不仅起不到好的作用，反而起消极作用。从玄宗的心理来看，他既然将朝政大权交给李林甫，当然不希望这位权相再去拥立一个太子，因为太子和权相的结合将会构成对皇位的威胁。而忠王则多年来一直处于不受重视的地位，在宫中和外朝都没有形成个人势力，易于控制。也正因为如此，玄宗担心忠王是否能为以李林甫为代表的拥护寿王的外朝势力

---

① 《旧唐书》卷五二《玄宗元献皇后杨氏传》。

所接受，他犹豫再三，不能决断。这些考虑，体现了玄宗作为政治家的精明与审慎。

玄宗立忠王为太子的决心，最后是由亲信宦官高力士的一句话促成的。力士看到玄宗为立太子的事"忽忽不乐，寝膳为之减"，便劝玄宗："大家何必如此虚劳圣心，但推长而立，谁敢复争！"这真是旁观者清。玄宗考虑太多，反而陷入困境。力士认为年长是立忠王为太子最过硬的理由，谁也无法反对。要言不烦，一语中的，把玄宗从困境中引导出来。玄宗连声称赞："汝言是也！汝言是也！"立太子的问题就这样解决了。

开元二十六年（738）六月初三，忠王均被正式立为太子，他就是日后的肃宗。

第十三章 / 运粮关中，久住长安

开元二十一年秋天，关中地区淫雨连绵，成熟了的庄稼烂在地里。农业歉收，粮食匮乏，谷价飞涨，玄宗只好准备带领百官到东都就食。

就食东都是唐廷缓解关中地区缺粮的传统办法。关中缺粮从高宗时起，就是困扰李唐皇室的难题。高宗曾七次行幸洛阳，离开长安的时间都是在冬末春初、青黄不接的时候，显然缺粮是重要原因。有时仓促出走，狼狈不堪。永淳元年（682）四月，"上以关中饥馑，米斗三百，将幸东都。……时出幸仓猝，扈从之士有饿死于中道者"。高宗在位期间，几乎有一半时间住在洛阳。高宗之后，武则天执政和称帝的二十余年中，除大足元年（701）十月至长安三年（703）十月在长安居住近三年，其余时间都住在洛阳。中宗景龙三年"关中饥，米斗百钱，运山东、江、淮谷输京师，牛死什八九。群臣多请车驾复幸东都。韦后家本杜陵，不乐东迁，乃使巫觋彭君卿等说上云：'今岁不利东行。'后复有言者，上怒曰：'岂有逐粮天子邪！'乃止"。中宗因惧内而硬着头皮不承认有"逐粮天子"，其实他的父亲高宗就是逐粮天子。

在观念上，就食东都有体念百姓困苦的意思，不是一件不光彩的事。中宗和韦后就连这也做不到，他们硬留在长安，自然不会缺粮，老百姓怎么办他们不管。

玄宗即位之后，也不可避免地当逐粮天子。开元初就曾准备去东都，后因政治形势不稳未成行。开元五年正月，他第一次动身到东都之前，朝廷中曾有一场争论。当时，恰巧太庙的房屋塌坏，宰相宋璟、苏颋认为，这是天意告诫不宜东行，因为玄宗为睿宗守三年之制还没有结束。姚崇却认为："陛下以关中不甚丰熟，转运又有劳费，所以为人行幸，岂是无事烦劳？东都百司已作供拟，不可失信于天下。"①玄宗听了很高兴，下决心东行，可见还是出于经济的原因。玄宗第二次东行在开元十年正月，到洛阳住一年零两个月。第三次在开元十二年十一月。住了将近三年。第四次在开元十九年（731），住了一年。在即将第五次东行之前，玄宗感到不能再当"逐粮天子"了，他下决心解决关中和长安的粮食问题。促使玄宗下决心的原因是长安缺粮的压力愈来愈大，不仅遇到水旱天灾粮食不够，即使平时粮食供应也很紧张。

关中粮食紧张的原因，除自然灾害造成的减产外，最主要的是粮食消费量大幅度地增加。刺激粮食消费量增长的因素主要有：

1.官僚队伍及机构的扩大。唐初的百余年间，中央政府机构简单，官员数少，长安的粮食需求量有限，"往者贞观、

---

① 《旧唐书》卷九六《姚崇传》。

永徽之际，禄廪数少，每年转运不过一二十万石，所用便足"①。武则天当政时，大开仕途之门，"不问贤愚，选集者多收之。职员不足，乃令吏部大置试官以处之，故当时有车载斗量之谣"②。中宗朝，斜封官、员外官等名目繁多，官僚队伍畸形膨胀。景龙中，卢怀慎上疏说："今京诸司员外官数十倍，近古未有。""奉禀之费，岁巨亿万，徒竭府藏，……河渭广漕，不给京师。"③指明官员数量的增加，给国库和京师造成粮食紧张。玄宗时，虽然裁减了斜封、员外等官，但官员队伍仍然庞大，"贞观六年，大省内官，凡文武定员六百四十有三而已"④。开元年间，内外文武官员18805人，其中内官（即京官）2621人⑤，也就是说，京师官员比贞观时增加了三倍。

在京诸司官府内还有上番服役的人员，随着社会经济的发展，数量大为增加。开元时色役名目繁多，有掌闲、幕士、乐人、杂户、官户、音声人、防阁、庶仆、仗身等等。在长安服役者总数虽然缺载，但玄宗在开元二十三年曾下敕："以为今天下无事，百姓徭役，务从减省。遂减诸司色役一十二万二百九十四人。"⑥从减省的数字中可以想见服役

---

① 《旧唐书》卷九八《裴耀卿传》。

② 《通典》卷一五《选举三》。

③ 《新唐书》卷一二六《卢怀慎传》。

④ 《通典》卷一九《职官一》。

⑤ 同上。

⑥ 《唐会要》卷八三《租税上》。

人员的总数是巨大的。这些人的口粮全由官府供给，消费量是惊人的。

2.王室贵族的消费量增加。玄宗为了安定皇位，不允许诸王干预政治，在生活上给他们优厚的待遇，使他们能够尽情玩乐挥霍。玄宗自己多子多孙，对他们也采取不让出阁的办法，建立十王宅、百孙院，把他们关起来，养起来，集中居住在禁苑附近。 王宅每院配置四百宫人，百孙院每院宫人也不少于三四十人。玄宗时的宫嫔总共有四万多人，宦官增至四千多人。为了维持这个庞大的王室贵族群体，在禁中设立了一个专门的仓库——维城库，以供应他们的生活资料。

3.军粮需求量加大。实行府兵制时，府兵自备资粮。改行募兵制后，募兵的给养全由国家负担，军粮的需求量也就大为增加。在长安和关中驻扎的军队主要是禁军。"夫所谓天子禁军者，南、北衙兵也，南衙，诸卫兵是也；北衙者，禁军也。"[1]张说建议行募兵制后，南衙兵为招募的彍骑，"京兆彍骑六万六千，华州六千，同州九千，……岐州六千"[2]。长安和关中一共87000。北衙禁军为左右羽林军和左右龙武军四军，约3万人[3]。南北衙12万禁军及其马匹的用粮，全靠官府供应。

---

① 《新唐书》卷五〇《兵志》。

② 同上。

③ 《唐会要》卷七二《京城诸军》。

4.长安及关中人口的增长。人口增长是粮食消费量增加的一个重要因素。京兆府（包括长安城内及郊区县），贞观十三年（639）有户207650，口923320，到天宝元年（742）有户362921，口1960188，户增加了十五万五千多，口增加了一百零三万三千多。开元二十一年，玄宗置十五道采访使，其中京畿道采访使治所在长安城内。所辖有京兆府（京兆郡）、华州（华阴郡）、同州（冯翊郡）、商州（上洛郡）、岐州（扶风郡）、邠州（新平郡），其畛域大致相当于关中地区。这一地区在贞观十三年时，有户327505，口1438359；到天宝元年，有户547425，口3151299，户增加了约22万，口增加了260万。

在上述因素的作用下，长安的粮食消费数量远远超过了关中地区可以供给长安的粮食数量，造成了粮食的短缺和紧张。有的学者认为，当时关中地区一般每年只能向长安提供二百三十几万石粮食，长安每年短缺的粮食达一百多万石[①]。

除了粮食紧张的压力增大外，玄宗感到不能总是"就食东都"，还有两方面的原因。

一方面，唐廷一贯以关中为根本，所谓"国家帝业，本在京师，万国朝宗，百代不易之所"[②]。关中的物资粮食不充足，皇帝和中央政府常常处于移动之中，在政治和军事上

---

① 王朝中：《唐朝漕粮定量分析》，《中国史研究》，1988年第3期。

② 《旧唐书》卷九八《裴耀卿传》。

都会产生不良的影响，特别是从开元中叶以来，吐蕃、突厥不断侵扰，西北边境战事增多。开元十五年十月，玄宗从东都匆匆回到长安，就是因为在九月间，吐蕃大将悉诺逻恭禄及烛龙莽布支攻陷瓜州，河西节度使王君㚟为回纥人护输所杀，"河、陇震骇"，西北形势吃紧。玄宗到京后的第三天，就任命信安王祎为朔方节度等副大使，朔方节度使萧嵩改任河西节度等副大使，指挥部署西北战事。所以，玄宗要集中精力解决西北边境的问题，就必须长驻长安。

另一方面，皇帝率领庞大的宫廷官僚队伍频繁地往来于长安与洛阳之间，八百里行程，最快也要二十多天，而且一般在冬季行走，毕竟不是很轻松的事情。沿途负责后勤供应的州县负担沉重。皇帝及其随从也要受风霜寒冻、鞍马劳顿之苦。玄宗曾经对大臣们说过："朕亲主六合二十余年，两都往来，甚觉劳弊，欲久住关中。"①玄宗已经年逾半百，不再适应这频繁的长途跋涉了。

为解决长安的粮食问题，玄宗在第五次赴东都之前，召见京兆尹裴耀卿商讨对策。裴耀卿"少聪敏，数岁解属文，童子举"②，既富于文学，也颇具干才。曾任相王府典签、国子主簿，并历任长安令，济、宣、冀诸州刺史等地方官。开元十二年，他在济州（今山东茌平）任上，适逢玄宗东行，途经济州，那里地广人稀，经济萧条，接待工作却搞得

①《高力士外传》。
②《旧唐书》卷九八《裴耀卿传》。

井井有条，"时大驾所历凡十余州，耀卿称为知顿之最"。①。他还向玄宗进谏说："人或重扰，即不足以告成。"②玄宗对他一定留有深刻的印象。裴耀卿在任地方官时，能够体察民情，兴利除弊，政绩很好。

开元十八年，耀卿为定州刺史朝集京师，就曾向玄宗上疏，提出解决关中粮食问题的对策。他认为："江南户口稍广，仓库所资，唯出租庸，更无征防。缘水陆遥远，转运艰辛，功力虽劳，仓储不益。"③也就是说，解决国家"仓储不益"，关中缺粮的办法，是改进漕运，使江南的粮食能运往关中。这一见解的重要性，在于裴耀卿最先看出了江南经济在整个唐王朝社会经济中占有愈来愈重要的地位。这和当时社会经济重心南移以及经济重心和政治重心分离的客观形势是相符合的。因此，裴耀卿加强漕运的建议，不仅对解决关中粮食问题，而且对稳定唐中央政权都具有战略意义。这一点，已为中、晚唐的历史所证明。

关于如何改进漕运，裴耀卿认为关键在于废除过去那种旷年长运的办法，改行节级转运。因为从江南至洛阳的漕运，航道漫长，各段水势不同，江南漕船正月二月上道，途中"停滞日多，得行日少"，到洛阳已是冬季，运费昂贵，粮食损耗也大。节级运输的方法是：沿河设仓，分段运送。

---

① 《旧唐书》卷九八《裴耀卿传》。

② 《新唐书》卷一二七《裴耀卿传》。

③ 《通典》卷一〇《漕运》。

"水通则随近运转，不通即且纳在仓，不滞远船，不忧久耗。"①

　　裴耀卿的建议，"疏奏不省"，《新唐书》写作"玄宗初不省"，似乎没有引起玄宗的足够重视，其实不然。因为在上疏之后不久，裴耀卿便入为户部侍郎，成为中央主管财政经济（包括漕运）的主要官员，而且，玄宗在考虑解决关中粮食问题时，首先单独召见裴耀卿，说明他对裴耀卿的建议是重视的。只是当时还在考虑，没有立即实行。

　　裴耀卿在回答玄宗的询问时，首先指出，在遭逢天灾、粮食短缺的情况下，率领百官到东都就食，或者向百姓发放救济粮，都是救灾的办法。但这些办法是消极的、应急的措施，不解决根本问题。紧接着，裴耀卿分析了长安缺粮的原因。他说："但为秦中地狭，收粟不多，倘遇水旱，便即匮乏。……今升平日久，国用渐广，每年陕洛漕运数倍于前，支犹不给。"②也就是说：关中缺粮既有自然条件的影响，如耕地面积小，产量不多，水旱天灾；也有社会经济的因素，即"升平日久，国用渐广"。解决长安缺粮的根本措施，在于改进漕运，扩大漕运量。"若能更广陕运，支粟入京，仓廪常有三二年粮，即无忧水旱。"③关于改革漕运、扩大漕运量的具体办法，裴耀卿进一步阐述了他在开元十八年提出的

----

① 《通典》卷一○《漕运》。
② 《通典》卷十《漕运》。
③ 《旧唐书》卷九八《裴耀卿传》。

节级转运法:一是在汴水与黄河交汇的河口设仓,江南漕船至河口将粮纳入仓中,即可返回。二是从河口入黄河和洛水西运时,由政府出资雇船节级转运。三是从河口至陕州(今河南陕县)的三百余里黄河河道,航行甚为困难,这段运道称为"北运",原为陆运,要改为水运。

关于漕运改革的经费,裴耀卿提出两点建议:

一是征收输丁代役庸钱。他说:"今日天下输丁约有四百万人,每丁支出钱百文,充陕洛运脚,五十文充营窖等用。贮纳司农及河南府、陕州,以充其费。"①

二是利用前代旧仓。他说:"臣尝任济、定(应为宣)、冀等三州刺史,询访故事,前汉都关内,年月稍久,及隋亦在京师,缘河皆有旧仓,所以国用常赡。若依此行用,利便实深。"②由此可知,裴耀卿在做地方官时,就留心漕事,经过长期的观察、调查和思考,才能在漕运问题上提出有真知灼见的建议。

裴耀卿这番有情况、有分析、有具体措施的见解,正符合玄宗的想法,玄宗听后大为高兴。马上任命他为黄门侍郎并同平章事。次年五月,任命他为侍中。七月,命他兼任主管漕运的江淮河南转运使,又以郑州刺史崔希逸和河南少尹萧炅为副,协助他改革漕运。和宇文融任覆田劝农使一样,裴耀卿的转运使也是一个临时性的使职差遣,但裴耀卿是以

① 《通典》卷十《漕运》。

② 《册府元龟》卷四九八《邦计部·漕运》。

宰相的身份兼领使职，原来尚书省户部度支司管理漕运的权力也全由转运使掌管，其权任更为重大，反映出玄宗对经济问题越来越重视。

裴耀卿主持漕运后，把节级转运的计划付诸实行。其中，最困难的是北运改陆运为水运。北运水运要走黄河，黄河水情险恶，航行困难。尤其是三门砥柱的险滩，自西汉以来，历代王朝多次修凿，收效甚微。这个险滩"水流迅急，势同三峡，破害舟船，自古为患"①，船只至此常为风波覆溺，几乎无法通行。高宗武后时，曾经设法改善北运，显庆年间（656—661），苑西监褚朗调发六千余人，在三门山凿石开山，修山路以通牛车，使三门砥柱一段改为陆运，但没有成功。后来将作大匠杨务廉在三门山开凿栈道，以便纤夫拉船过滩，栈道危险，纤夫往往绳断坠崖，死亡甚多，也不成功。北运全部改为陆运，运量有限，运费昂贵，由洛阳运米至陕州（今河南三门峡市西旧陕县），"率两斛计庸钱千"②。开元二年，河南尹李杰为陆运使，改革陆运办法，"从含嘉仓至太原仓，置八递场，相去每长四十里，每岁冬初起运八十万石，后至一百万石。每递用车八百乘，分为前后交两月而毕，其后渐加"③。分段陆运法的特点是合理地组织车辆与人力，把三百余里的陆运路线分为八段，有起有

---

① 《水经注》卷四《河水》。

② 《新唐书》卷五三《食货志》。

③ 《通典》卷一〇《漕运》。

落，使运输困难减轻，结果运费没有降低，运量有所增加，每年多至一百万石。即使这样，仍然满足不了关中的需要。裴耀卿主持漕运之前，北运一直采取陆运，李杰的办法，给裴耀卿一些有益的启示。

裴耀卿将北运改陆运为水运的办法是沿河设仓，逐级转运，水通即运，水细便止。他在三门砥柱东面置集津仓，西置三门仓，又于三门北山开山路18里，漕粮运至集津仓后，改陆运，绕过三门险滩，至盐仓，再用船运往太原仓，然后由黄河入渭水，运至京师。经过裴耀卿的努力，"凡三岁，漕七百万石，省陆运庸钱三十万缗"①每年运往长安的漕粮近二百四十万石，基本上解决了关中缺粮的问题。

玄宗通过漕运改革，把作为唐朝政治中心的长安和日益成为经济中心的江南更加紧密地联系起来，长安政权因此建立在更为坚实的经济基础之上。玄宗也因此能够久住长安，不要再像他的先辈那样，每遇关中灾年，便风尘仆仆地去当"逐粮天子"；但在裴耀卿主持漕运改革期间，玄宗从开元二十二年（734）离开长安后，一直住在东都洛阳。

---

① 《旧唐书》卷九八《裴耀卿传》。

第十四章 / 张九龄与李林甫

开元二十四年（736）十月初二，京师长安发生了震级不算很高的地震，似乎是在轻轻召唤已经离开它两年零十个月的游子归来。也实在是巧合，就在这一天，玄宗改变了来年二月西返的决定，提前离开了洛阳。不想这一去竟是永别东都。尽管开元二十六年玄宗还下过在西京、东都往来之路上作行宫的诏令，想为来往于两都之间做好准备，但事实上，玄宗再也没有来过东都。由于关中粮食问题已经解决，玄宗可以久居长安，不用再当"逐粮天子"了。除华清宫和长安城郊的苑圃，他甚至连长安城也没有远离过。

十月二十一日，玄宗回到长安。回到长安不到一个月，他对宰相人事作了重大的变动。十一月二十七日，侍中裴耀卿为尚书左丞相（左仆射），中书令张九龄为尚书右丞相，并罢知政事，解除了他们的宰相职务。兵部尚书李林甫兼中书令，殿中监牛仙客为工部尚书、同中书门下三品。从此，李林甫掌握中枢大权达16年之久。

张九龄的下台和李林甫的上台都不是偶然的。

张九龄是韶州曲江（今广东韶关市）人，进士出身，又

张九龄

应制举登第。

　　以文学为张说所亲重，张说常对人说："后来词人称首也。"曾不止一次向玄宗推荐他堪为集贤院学士，以备顾问。张说死后，张九龄服母丧尚未期满，开元二十一年十二月，就被重新任命为中书侍郎，并同平章事。第二年四月，迁中书令，成为朝政的主要执掌者，首席宰相。

　　玄宗欣赏张九龄的器识、文辞和风度，曾经对侍臣说："张九龄文章自有唐名公，皆弗如也。朕终身师之，不得其一二，此人真文场之元帅也。"①早朝时玄宗见张九龄风威秀

————————

　　①《开元天宝遗事》卷下《文帅》。

整，异于百官，对左右说："朕每见九龄，使我精神顿生。"[1]后来用人时也常问："风度得如九龄否？"但对九龄事事固执己见，却是越来越不耐烦了，玄宗要以李林甫为宰相，张九龄薄其无文，对玄宗说："宰相系国安危，陛下相林甫，臣恐异日为庙社之忧。"

张守珪调任幽州节度使后，大破契丹，斩契丹王屈烈及可突干，迅速扭转了东北边的紧张形势。玄宗欣赏张守珪的才干，欲任为宰相。张九龄谏曰："宰相者，代天理物，非赏功之官也。"不同意玄宗的意见。玄宗退而求其次，欲"假以其名而不使任其职"。张九龄也以"惟名与器不可以假人"而加以反对。

在讨击奚、契丹时，安禄山恃勇轻进，为敌人所败。玄宗惜安禄山之才，免其死罪，"敕令免官，以白衣将领"。张九龄也以"禄山失律丧师，于法不可不诛。且臣观其貌有反相，不杀必为后患"而固争。

玄宗欲废太子瑛，张九龄对玄宗说得就更难听了，使玄宗表现了明显的不快。

在玄宗和张九龄君臣的冲突中，除了太子问题外，都是围绕着奖励军功、重用吏干之士进行的。随着边疆形势的变化和社会矛盾的发展，玄宗的注意力越来越转移到边事和现实问题的解决上。张九龄的意见虽然不是每次都被玄宗拒绝，但他们在政事上的共同语言越来越少了。

---

[1] 《开元天宝遗事》卷下《精神顿生》。

　　这样的争论，一次比一次激烈，随着争论的逐步升级，张九龄作为首席宰相中书令的权力也在逐步滑失。张九龄以其文人的敏感，深深感到自己地位的不稳。开元二十四年夏他借玄宗赐宰相白羽扇的机会，作《白羽扇赋》献给玄宗，最后写道："纵秋气之移夺，终感恩于箧中。"①玄宗看到后，敕报曰："朕顷赐扇，聊以涤暑。……佳彼劲翮，方资利用，与夫弃捐箧笥，义不当也。"表示对张九龄没有弃而不用，要他不要多心。八月初五玄宗过生日，群臣皆献宝镜，张九龄独献《千秋金镜录》五卷，要玄宗以历代兴亡为鉴，玄宗也赐书褒美。玄宗对张九龄老是反对他的意见虽然有些厌烦，对李林甫的信任也在迅速地增加，但还没有把张九龄一脚踢开的意思。他还是想把开元九年召回张说后同时任用文学之士张说和吏干之士宇文融这样两套人马的格局保持下去。

　　开元二十四年十月回到长安后，玄宗欲以曾在河西颇有建树的朔方节度使牛仙客为尚书。牛仙客，泾州鹑觚（今甘肃灵台）人，初为县小吏，后以军功吏干，由州司马而节度判官，萧嵩为相时荐为河西节度使。仙客在军，清勤不倦，仓库盈满，器械精良。玄宗派人核查后，对他甚为赞赏，欲任命为尚书，张九龄反对；欲加实封，张九龄还是反对。李林甫乘机对玄宗说："仙客，宰相才也，何有于尚书！九龄书生，不达大体。"玄宗听后很高兴，第二天又对张九龄提

----

① 《新唐书》卷一二六《张九龄传》。

及要给牛仙客加实封。张九龄固执如初。玄宗大为恼怒，变色道："事总由卿？"（什么事情都要依着你吗？）并责问说："卿以仙客无门籍耶？卿有何门阀？"张九龄慌忙回答说："臣荒徼微贱，仙客中华之士。然陛下擢臣践台阁，掌纶诰；仙客本河湟一使典，目不识文字，若大任之，臣恐非宜。"下朝后，李林甫对玄宗说："但有材识，何必辞学，天子用人，何有不可。"①经李林甫这么一说，玄宗不顾张九龄的反对，于十一月二十三日，赐牛仙客爵陕西县公，食封三百户。四天后，二十七日以牛仙客为工部尚书、同中书门下平章事，裴耀卿、张九龄同时罢相。

这次人事上的变动和开元十四年四月崔隐甫、宇文融、李林甫共同奏弹张说，把张说拉下中书令的位置颇有一些类似。不同的是那一次是双方各为朋党的结果，玄宗对两派全都斥而不用。而这一次，李林甫立即被任命为中书令，执掌了政府大权。这是文学和吏治两派大臣长期斗争的结果，也是当时政治形势发展的必然结果。

所谓文学，如前所述，指进士和其他科举出身，长于文学之士；吏治，指长于吏干，富有解决实际问题能力的人才。他们之间的斗争经历了一个相当长的过程。玄宗即位后姚崇和张说之间的矛盾虽然是围绕着稳定皇位展开的，但已隐藏着文学、吏治之争的萌芽。在以前，两派的斗争中，大多是围绕某一具体政策或政治措施如括户之类进行的，皇帝

---

① 《旧唐书》卷一〇六《李林甫传》。

还凌驾于两派之上，处于超然的地位。而这一次，斗争不仅在李林甫和张九龄之间进行，而且皇帝也直接成为冲突的一方。斗争的内容也不仅和人事安排有关，而且直接和用人标准联系起来。在是否提拔和重用牛仙客的争论中，玄宗提出了"有无门阀"这个南北朝沿袭下来的传统的用人标准。这主要是为了堵张九龄的口，在实际用人中他并没有按这个标准行事。张九龄提出文学，李林甫提出材识，其实是正在发展的才学标准的两个方面，本来是不矛盾的，而张、李却各执一端，恰恰反映了当时官吏素质上的缺陷和官僚队伍中的一些内在矛盾。

张说、张九龄虽然由文学、科举出身，但由于他们是在武则天时期培养和选拔出来的，而当时仅有文学而无政事是很难挤进高级官僚队伍的。因此，他们除了具有卓越的文学才能，同时也具有经世治国的政治才能。张说不仅是一代文宗，而且出将入相，对政事和军事都很熟悉。张九龄虽然在总体素质上已不如张说那样能文能武，但还是具有独立的政治见解。而开元时期科举出身的文学之士，由于玄宗粉饰文治，再加上张说提拔文士，其中一些人即以文学才能而做到中书舍人一类的高官。因而"掌纶诰"，替皇帝起草诏敕，便成为文士最大的荣耀和最后的归宿。开元二十三年孙逖掌贡举，"拔李华、萧颖士、赵骅登上第。逖谓人曰：此三人便堪掌纶诰"。[1]张九龄也是以"践台阁，掌纶诰"来作为自

---

① 《旧唐书》卷一九〇中《孙逖传》。

己担任宰相的同义语。在这样的风气下，一般文士虽然具有文学才能，但是他们"以声律为学，多昧古今"；"六经则未尝开卷，三史则皆同挂壁"①，不学习儒家经典，历史知识也很贫乏，对于政事就更不那么内行了。而开元中期以后，政事日益纷繁，边疆形势日益紧张，制度需要不断调整，许多问题需要进一步解决。这些又是大多数文学之士不愿也无力解决的。这不仅是由于他们的素质，而且是因为他们代表了那些在唐朝兴起、并已取得了政治经济权势的上层地主官僚。他们不仅要求在农村继续实行高宗、武则天以来的放纵政策，而且反对一切损害他们政治经济利益的政策和措施。张说反对过括户，张九龄曾请不禁私铸钱，而对一切具有变革旧制意义的措施，他们也都采取消极态度。这样，把开元中年开始的各项变革继续下去并加以总结、规范的任务便历史地落到了以李林甫为代表的吏治派官吏身上。

李林甫是李唐宗室，门荫出身。开元初先后为太子中允（正五品下）、太子谕德（正四品下），后为国子司业。开元十四年宇文融引为御史中丞，共同倾倒了中书令张说。正是在文学和吏治两派官吏的斗争日益激化的情况下，李林甫开始了他的政治生涯。

开元二十年前后，李林甫由刑部侍郎迁吏部侍郎②，协

---

① 《唐会要》卷七五《帖经条例》；《旧唐书》卷一一九《杨绾传》。

② 严耕望《唐仆尚丞郎表》卷一〇。

助宰相兼吏部尚书裴光庭行用循资格。当时通过流外入流和各种途经获得做官资格的达二千余人，而每年需要补充的官吏在六百人上下，因此，得到一个官职是很不容易的，有出身二十余年而不获禄者。即使做了官，升迁也很困难，很多人老于下位。针对这种情况，裴光庭奏用循资格，规定各级官任职期满后，需过一定年限才能再到吏部应选，一般都可获得官职并按年资逐步升级。这对于才俊之士固然是一种限制，但对长期得不到官职或沉滞下位的一般官吏，却是一种福音。因此李林甫继续行用循资格[①]，自然得到广大中下级官吏的支持，这就奠定了他日后大展宏图的基础。

在吏部侍郎任期内，李林甫"每奏对，常称旨，上悦之"，玄宗把他提升为黄门侍郎。开元二十一年五月，又任命他为礼部尚书、同中书门下三品，与侍中裴耀卿、中书令张九龄并为宰相。李林甫担任宰相职务后，在由东都返回西京、太子废立，特别是奖励军功、重用吏干官吏等一系列重大政治问题上都支持了玄宗。因而最后玄宗抛弃了张九龄而选中了李林甫去继续进行各项制度的变革，并将之稳定下来。

李林甫担任中书令后，《旧唐书》说他"每事过慎，条

----

① 《资治通鉴》卷二一三玄宗开元二十一年夏六月癸亥条。《新唐书》卷二二三上《李林甫传》："然练文法，其用人非诣附者一以格令持之。"

李林甫

理众务，增修纲纪。中外迁除，皆有恒度"。①司马光也说，李林甫引牛仙客为相，牛仙客"唯诺而已。然二人皆谨守格式，百官迁除，各有常度"②。在财政、军事、政治制度、选举制度以及法律制度等方面，他协助玄宗采取了一系列措施：

一、财政上，简化度支旨符；把地税、户税新的征收办法从法律上肯定下来；进一步推行折纳制度。

唐初以来，每年的租税杂支均由户部度支司造为旨符，即当年的征税办法，发到州县及诸司，仅纸张即需50万张。百司抄写，事甚劳烦，而且轻重不等，又没有定额，地方官

① 《旧唐书》卷一〇六《李林甫传》。

② 《资治通鉴》卷二一四玄宗开元二十四年冬十月朔方节度使牛仙客条。

也很容易从中捣乱。开元二十四年，李林甫在与诸道采访使和各州朝集使商量后，奏请取消了一些不稳便于民、非当地所出的项目，将各州每年应支物数修为长行旨条五卷。这样尚书省有关部门每年只要根据旨条规定的数额颁行，每州只需一两纸，大大简化了手续。玄宗批准了这个建议。

地税、户税唐初即开始征收。地税原来是作为义仓用，亩纳二升，后来改为按户等征收，上上户也只收五石。户税主要用于官吏禄钱和官府开支，还没有成为定制。随着土地集中和地主经济的发展，为了增加国家收入，开元二十五年确定，王公以下每年按照所种土地，亩税二升，狭乡按户籍上登记的土地征收，宽乡根据登记每户实际耕种土地的青苗簿征收；商贾及无田户仍按户等征收①。这样不仅扩大了地税的负担面，而且也增加了地主向国家交纳地税的数量，从而增加了国家粟米的收入。按户税钱也同时确定下来，三年一大税，共约150万贯，每年一小税，共约40万贯，以供军国、传驿及邮递之用。每年又别税80万贯，以供州县官之月料及地方政府的开支②。

折纳制度南北朝时期就实行过。唐朝在武则天时期也在江南实行纳布代租。中宗以后，又把义仓之粟变米纳京师，叫作变造。开元二十五年，根据关中地区农业生产有所提高以及各地区经济发展的实际情况，唐政府进一步调整各地折

---

① 《唐六典》卷三《尚书户部》；《通典》卷一二四《轻重》。

② 《唐六典》卷三《尚书户部》。

纳的实物，规定：江南诸州租，并回造纳布。关内各州庸调
资课所收绢、钱，根据时价变粟取米送京，路远的则就地收
贮以充随近军粮。河南、河北有不通水运州，折租造绢，以
代关中调课。唐初以来，实行于江淮一带的折纳制度，进一
步在关中、河南和河北部分州县推广。

二、军事上，最后完成了由府兵制到募兵制的转变。

开元十年，张说建议改革兵制。当时，只完成了京师的
卫戍由府兵改为募兵的工作。到李林甫为相时，开元二十五
年五月，玄宗"令中书门下与诸道节度使，各量军镇闲剧审
利害，计兵防健儿等作定额，委节度使放（于）诸色征行人
内及客户中召募，取丁壮情愿充健儿长任边军者，每岁加于
常例，给田地屋宅。务加优恤，使得存济。每年逐季本使具
数报中书门下，至年终一时录奏"①。这样就开始了边防戍
兵由府兵轮番担任向募兵充任的转变。根据敕令要求，这项
工作，一是确定各军镇的兵员；二是在原有的镇兵和边地的
客户中招募壮丁长期充当边兵。对于征行人来说，主要是由
他们自己决定自己的去留，对于客户来说，则是通过从军寻
找一条新的谋生之路。

经过不到八个月的工作，开元二十六年正月诏："朕每
念黎甿，弊于征戍……所以别遣召募，以实边军，赐其厚
赏，便令长往。今诸军所召人数向足，在于中夏，自可罢
兵，既无金革之事，足保农桑之业。自今已后，诸军兵健并

_____

① 《册府元龟》卷一二四《帝王部·修武备》。

宜停遣，其现镇兵并一切放还。"①边镇兵由府兵转变为募兵的工作告一段落。从开元十一年招募长从宿卫充禁军开始的由征兵制向募兵制的过渡，至此基本完成。

根据这上述诏书，内地不再向边地遣送镇兵。同年编撰完成的《唐六典》卷五《尚书兵部》兵部郎中条注中也说："是后，州郡之间永无征发之役矣。"这只是制度初定时的一种理想罢了。此后，安西、河西、幽州、朔方等镇的兵健确是就地招募，其中包括相当数量的胡人。但陇右等边镇地区人口稀少而兵额甚多，因此仍需从山东地区征派。二十九年诏中就提到，"诸军行人，皆远离乡贯"。《天宝八载册尊号赦》更明确提到，"其百姓有频经征镇者，已后差点之次，不在取限"。杜甫《兵车行》："或从十五北防河，便至四十西营田，去时里正与裹头，归来头白还戍边"，则形象地说明直到天宝后期，从内地遣人戍边还在继续进行，并且是强制性的。

《资治通鉴》卷一二五天宝四载记载："旧制，戍边者免其租庸，六岁而更。时边将耻败，士卒死者皆不申牒，贯籍不除。王鉷志在聚敛，以有籍无人者皆为避课，按籍戍边六岁之外，悉征其租庸，有并征三十年者，民无所诉。"《资治通鉴》所说的旧制，不是唐初府兵征行时的旧制，而是开元二十六年诸军兵健并宜停遣以后实行的制度。戍边者六年一更，免其租调，这与唐初府兵戍边有很大不同，他们不再需

---

① 《册府元龟》卷一三五《帝王部·愍征役》。

要自备兵甲衣粮，而由国家发给粮饷。因此，从兵役制度来说，这是从征兵制转变为募兵制的重要环节。从军人的身份来说，他们虽然是由征发而来，还不能算是募兵，但多少已具有职业兵意味。这种转变，无论是从军队性质的变化，还是粮饷全部由国库支出，其影响都是深远的。

府兵制到天宝年间，"日益堕坏，死及逃亡者，有司不复点补，其六驮马牛、器械、糗粮，耗散略尽"。"应为府兵者皆逃匿，至是无兵可交"，折冲府已变成有名无实的空架子。募兵制在京师宿卫和戍边中已推行完成。所以，李林甫于天宝八载（749）五月初十，"奏停折冲府上下鱼书"。虽然折冲、果毅等府兵的官吏还存在了一段时间，但府兵的活动至此结束。可以说，兵制的改革，始于张说而终于李林甫。

三、法律上，完成律令格式的修订。

律令格式的修订完成是开元二十五年的又一件大事。开元以来制度上的各项变化次第完成，玄宗急于从制度上把这些变革固定下来，把秩序安定下来。当他听说京城囚徒只有58人，"怡然有喜色"。大理少卿徐峤上奏："今岁天下断死刑五十八，大理狱院，由来相传杀气太盛，鸟雀不栖，今有鹊巢其树。"玄宗以宰相燮理，法官平允之功，封李林甫为晋国公，牛仙客为邠国公，刑部、大理官赐绢二千匹。这是一个非同寻常的举动，反映了玄宗当时的理想和追求。九月，律令格式修订完成。

唐朝的律令格式自武德七年（624）三月颁行后，除了格式或令格式的修订外，律令格式同时修订先后有贞观十一年（637）、永徽二年（651）、垂拱元年（685）和开元七年（719）四次。开元二十五年这一次，由李林甫、牛仙客共加删辑，总7026条，其中1234条于事非要，并删之；2180条随文损益，3594条仍旧不变，总成律十二卷，律疏三十卷，式二十卷，开元新格十卷。又撰《格式律令事类》四十卷。变动是相当大的，说明还是力图使律令格式适应社会的变化。

按唐律原为500条，唐令原为1590条，这次删改的共为3504条。修订后，律仍为500条，修订的仅少数几条。令也没有太大的变动。删改的大多为格、式。值得注意的是，有的令已经不能完全适应社会的变化，如赋役令；有的令已经完全和实际情况脱节，如田令、宫卫令、军防令，但在开元二十五年修订完成的令中却没有反映出来，令文基本是一仍其旧。这样，就给唐的律令体系造成一个巨大的内在矛盾，令文与现实脱节，令文不能严格执行。这也势必造成令的重要性越来越低，而格式的重要性越来越大。唐朝令以设范立制，是规定各项国家基本制度的，轻易不作变动。作为各部门办事规程和工作条例的格、式，则是可以随时修改的。对令不作大的修改表明，尽管此后制度的变化仍在继续，但是，抛弃旧制度、建立新制度的做法至此已告一段落。表明玄宗甚至宁可使某些制度成为具文，也不愿实行更加彻底的变革。

事实上，有些制度基本已经到头了，如兵役制度。有些制度，如赋税制度，尽管从发展趋势来看，还需要继续前进，但从当时情况来看，它已经达到了地主官僚们所能接受的最大限度，再前进，就会超出他们的承受能力。而原来的租庸调制，也还没有超出农民的最大承受能力。通过唐政府每乡根据具体情况免除三十丁的租庸，以及农民逃亡成为客户或自行开荒等方法的调节，一时间也不至于闹出大乱子。开元、天宝之际社会是相当安定的。这是玄宗上述做法的客观基础。

四、政治制度上，集权和分权都有了进一步的发展。

开元十一年张说为中书令，奏改政事堂为中书门下，列吏、枢机、兵、户、刑礼五房于其后，分掌庶政。宰相制度发生了重大变化。决策权和行政权都集中到中书门下，三省制的格局被彻底破坏，执政事笔的中书令的地位进一步提高。但是，由于新的中枢制度尚不完善，加上传统的影响，文学、吏治并用的用人格局，中书令并没有大权独掌，宰相共掌朝政的局面迄张九龄下台，一直没有改变。而到李林甫任中书今后，宰相减为两人，权力集中到侍中和中书令，主要是作为中书令的李林甫手中。开元二十七年（739），以牛仙客为兵部尚书兼侍中，李林甫为吏部尚书兼中书令，总文武选事。文武官吏的任免大权都集中到宰相手中。这是前所未有的，也从一个侧面反映集权达到了前所未有的高度。

相反，在地方上，却给予开元二十二年设置的采访处置使以越来越大的行政权力。采访处置使不仅有权与刺史商定开仓赈给等事务，不需事先奏报，而且对于犯有贪赃等罪的刺史可以停止其职务，并派人代理①。这对于加强对地方官吏的监督和管理，及时解决地方事务都有积极意义。

李林甫走上权力之巅后，为巩固自己的地位，排斥打击那些受到玄宗赏识并有可能入相的人，并利用玄宗疑忌太子的心理，兴起了几次大狱。他为了自专大权，蔽塞皇帝耳目，打击上书言事者。谏官补阙杜琎上书言事，被出为县令。据说他还曾召集谏官们谈话："今明主在上，群臣将顺之不暇，乌用多言！诸君不见立仗马乎？食三品料，一鸣辄斥去。悔之何及？"他还大大加强了宰相的威势。过去宰相随从不过数人，士民不需要避道，李林甫为相后，出则步骑百余人为左右翼，前面还有金吾卫的将士在数百步外静街，路上的公卿、行人都需要走避。

李林甫任中书令达16年之久，由于处处顺从玄宗的意旨办事，因此深得玄宗信任，"悉以政事委林甫"。而林甫在政务的处理上，也能做到"每事过慎，条理众务，增修纲纪"；"动循格令，衣冠士子，非常调无仕进之门"。②就连把李林甫列入《奸臣传》的《新唐书》也不得不承认他"练文法，其用人非谄附者一以格令持之，故小小纲目不甚乱，而人惮其威权"③。他死后，杨国忠诬陷李林甫与突厥阿布思谋反，《旧唐书》说："天下以为冤。"④说明当时不仅是"朝野侧

①《唐会要》卷七八《采访处置使》。

②《旧唐书》卷一〇六《李林甫传》。

③《新唐书》卷二二三上《李林甫传》。

④《旧唐书》卷一〇六《李林甫传》。

目，惮其威权"，而且因其业绩，确实享有相当高的威望。

　　总之，在玄宗重用李林甫主持朝政期间，对各项制度继续进行调整。经济持续发展，边防得到加强，唐王朝的繁荣昌盛达到了顶点。玄宗和李林甫把中枢机关和宰相的权力集中到那样的高度，这在一个时期内固然可以提高效率，但是，若是换一个无力驾驭这套机构的人，或者形势突然发生变化，都可以使整个统治机构失灵。而闭塞言路，独断专行，改变了唐初以来兼听纳谏、广开言路、集思广益的决策机制，更使得决策发生重大失误成为必然。后来为了加强边防，又不断扩大边地节度使的权力，改变了内重外轻的军事布局，而又失于措置，没有采取任何防范措施。这又在统一王朝的基础下埋下了一颗巨大的定时炸弹。只要碰到合适的条件，立即就会炸毁统一王朝的大厦。天宝时期繁荣昌盛的背后隐伏着的这三个巨大的危机，终于导致了唐王朝的中衰。

第十五章 / 忠诚的高力士

玄宗时代发生的许多重大事件，像太子废立、李林甫出任宰相等，都和宦官高力士有直接或间接的关系。高力士是玄宗身边声名显赫、炙手可热的人物。

高力士原名冯元一，广东潘州（今高州县）人。他的父亲冯君衡为潘州刺史。长寿二年（692）武则天派司刑评事万国俊摄监察御史前往广州查岭南流人谋反的问题，万国俊罗织罪名，滥杀流人数千，冯君衡也"因以矫诬罪成，裂冠毁冕，籍没其家"①。年仅十岁的力士因之受阉割。圣历元年由岭南讨击使李千里带至长安，送入宫中。武则天"嘉其黠惠，总角修整，令给事左右"②。后因小有过失，被鞭笞逐出，为宦官高延福收养，改姓高。高延福出自武三思家，他和武家的联系多命力士前往，力士得以经常出入于武三思

① 参见《考古与文物》1983年第二期所载1981年陕西蒲城县出土的《大唐故开府仪同三司赠扬州大都督高公神道碑》，简称《高力士碑》。

② 《旧唐书》卷一八四《高力士传》。

家。一年之后，武则天再度将力士召入宫中。力士成年后，身高六尺五寸（约合今1.82米），相貌堂堂，口齿清晰，办事谨慎而细致，深受武则天赏识，授宫闱丞，负责传达诏敕。中宗景龙时，力士投在临淄王隆基门下，"倾心奉之"，成为隆基的心腹。力士和另一个宦官杨思勖参与了诛杀韦后及太平公主两次宫廷斗争，立有大功。玄宗即位后，授杨思勖右监门卫将军，常派他持节外出，将兵征讨。杨思勖残忍好杀，治军极严，屡立战功。高力士则留在身边，任右监门卫将军，知内侍省事。内侍省由清一色的宦官组成，为皇宫中日常生活提供服务。其长官为内侍，共四人。部属有内常侍六人，内谒者监六人，内给事八人，谒者十二人，典引十八人，寺伯二人，寺人六人，下设掖廷、宫闱、奚官、内仆、内府五局。高力士成为宫中宦官的首领。

高力士对玄宗是忠心耿耿的。在开元末，他曾向玄宗表白说："臣生于夷狄之国，长自升平之代，一承恩渥，三十余年。尝愿粉骨碎身以裨玄化，竭诚尽节，上答皇慈。"①这一席话，出自肺腑，满腔真诚。力士年长玄宗一岁，从青年时代起就追随玄宗左右，五十多年来，形影不离，在长期的接触中，力士揣摸透了玄宗的性格爱憎、思想意图，他说话、办事完全以玄宗的利益、意志为准则，忠贞不贰。《资治通鉴》说力士"性和谨少过，善观时俯仰，不敢骄横，故天子终亲任之，士大夫亦不疾恶也"。《高力士墓碑》说他

① 《高力士外传》。

"中立而不倚，得君而不骄，顺而不谀，谏而不犯，传王言而有度，持国柄而无权，近无闲言，远无横议"。这些评论，大体如实地反映了高力士为人行事的特点：他不居功自傲，态度谦和，处事谨慎公平，善于表达自己的见解和传达玄宗的旨意，处于显要地位，并不专权独断，既受皇帝的信任，也不为朝臣反感。安史之乱结束后，力士随玄宗回到长安。宦官李辅国利用玄宗、肃宗父子间的矛盾，上元元年（760）将力士贬往巫州。三年之后，宝应元年（763）遇赦放还，八月，行至郎州，住开元寺西院，听说玄宗已去世，力士"北望号恸，呕血而卒"①，表现了对玄宗的深厚感情。明代进步思想家李贽在论及高力士时，写道："（力士）真忠臣也！谁谓阉宦无人！"②

玄宗对高力士则特别的眷顾和信任，常说："力士当上，我寝则稳。"所以力士常住宫中，很少外出，一般人难以见到他，"徼幸者愿一见如天人然"③。玄宗视力士为头号心腹，把他放在自己与外界联系的关键环节上，"每四方进奏文表，必先呈力士，然后进御，小事便决之"，高力士地位特殊，自然身价百倍。在宫内，太子称他为"二兄"，诸王公主称他"阿翁"，驸马辈称他"爷"，都对他敬重不怠。在外朝，投机钻营的文臣武将纷纷与之交结。力士曾于长安来

---

① 《旧唐书》卷一八四《高力士传》。

② 李贽《藏书》卷六五《近臣传》。

③ 《新唐书》卷二〇七《高力士传》。

廷坊造宝寿寺，大钟铸成，满朝文武都来祝贺，凡击钟一下，要捐献钱百千（百缗）。有人为了巴结力士，击钟至二十下。金吾大将军程伯献、少府监冯绍正等和力士结为兄弟，力士的母亲麦氏去世，程伯献等人披麻戴孝，充当孝子，在灵前擗踊痛哭。开元初，力士娶吕玄晤之女为妻，玄晤马上由京师小吏晋升为少卿，刺史，吕氏的兄弟亲戚也沾光不少。后来吕氏去世，葬城东，"葬礼甚盛，中外争致祭赠，充溢衢路，自第至墓，车马不绝"①。由于玄宗的信任，高力士的官位不断升高。天宝初，加冠军大将军，右监门卫大将军。天宝七载，加骠骑大将军。安史之乱中，随玄宗至成都，进封齐国公。从成都回到长安，加开府仪同三司，赐实封五百户。随着官职的晋升，财富也相应地增长，其资产的殷厚，非王侯可以比拟。

高力士身上一切闪光锃亮的东西：显赫的名声、特殊的地位、巨额的财富，都是玄宗给予的。如果玄宗不信任他，这一切都会失去。如果他不对玄宗忠诚，这一切都不会得到。玄宗和高力士之间的主奴关系，不会因为高力士的红得发紫而有所改变。

玄宗信任高力士，在和朝官的联系中，一些不便于亲自出面的时候，往往由力士代行其事，有利于了解情况，协调君臣之间的关系。前已述及，姚崇初为相时，曾经奏请序进郎吏，玄宗不理睬，姚崇感到恐惧，是高力士转达了玄宗的

---

① 《旧唐书》卷一八四《高力士传》。

意图，使姚崇转忧为喜，大胆任事。张说被宇文融、李林甫弹劾下狱，玄宗派力士前往探视，是力士从中斡旋，使张说得以从轻发落，维持了玄宗与张说之间的友谊。天宝后期，哥舒翰与安禄山之间积怨颇深，玄宗为他们和解，派力士于城东代为设宴，宴席上，两人又起口角，安禄山大骂哥舒翰。"翰欲应之，力士目翰，翰乃止。佯醉而散，自是为怨愈深。"天宝十三载三月，安禄山由长安返范阳。玄宗派力士为他饯行并观察安的意向。回宫后，玄宗问力士："禄山慰意否？"力士回答："观其意怏怏。"这是安禄山起兵之前最后一次离开长安。

高力士虽然为人谨慎，但出于维护玄宗的利益和对玄宗的忠诚，在重大问题上，他是敢讲真话，能提出自己的见解的。特别是在玄宗晚年，年事已高，思想僵化，能在他面前讲真话的人很少，高力士的作用就难能可贵了。天宝末年，有一次，玄宗对高力士说："朕今老矣，朝事付之宰相，边事付之诸将，夫复何忧。"颇有心满意足之意。力士回答说："臣闻云南数丧师，又边将拥兵太盛，陛下何以制之，臣恐一旦祸发，不可复救，何得谓无忧也！"力士说的"云南丧师"，是指天宝十载，杨国忠支持的剑南节度使鲜于仲通出兵南诏，大败于泸南，八万多人，全军覆没。天宝十三载，剑南留后李宓出兵南诏，又大败于大和城北，全军覆没。两次进攻南诏，"凡举二十万众，弃之死地，只轮不还"①，大

① 《旧唐书》卷一〇六《杨国忠传》。

量的征兵和浩繁的军费，搞得天下骚然，杨国忠却隐瞒失败情况，向玄宗报捷。朝野上下，慑于他的淫威，没有人敢讲真实情况。力士讲的"边将拥兵太盛"，是指安禄山一人兼平卢、范阳、河东三镇节度使，手握重兵，势力雄厚，正在东北秣马厉兵，准备举事。云南的失败和安禄山的强大，使唐王朝面临着暴发动乱而无法收拾的危险，力士出于对形势的正确认识，向玄宗如实地反映情况，表示了深刻的忧虑。玄宗对此，不会全然无知，但也所知甚少，只好回答："卿勿言，朕徐思之。"天宝十三载九月，秋雨不断，连年水旱，使关中严重缺粮。宰相杨国忠禁止有关部门向玄宗报告灾情，他拿着长得较好的庄稼，对玄宗说："雨虽多，不害稼也。"玄宗将信将疑，在身边无人时，单独询问高力士，力士说："自陛下以权假宰相，赏罚无章，阴阳失度。臣何敢言？"寥寥数语，不仅讲明了灾情，也指陈了宰相专权、群臣缄口的政情，然而积弊已深，回天无力，玄宗听后，只能默然无语。在玄宗晚年，只有力士能在他耳边讲几句真话，吹一点清风，但无济于事。

　　玄宗的私生活也全靠力士协助安排。从力士与武家的历史渊源来看，玄宗在开元年间宠爱武惠妃，力士在其间未始不起促进作用，虽然还没有直接的材料证明。武惠妃去世之后，玄宗要物色新的伴侣，"诏力士潜搜外宫，得弘农杨玄琰女于寿邸"①，即许配给玄宗儿子寿王瑁的杨玉环。玄宗

----

① 《长恨歌传》。

和杨贵妃的际遇，是力士居间起了牵线搭桥的作用。天宝五载七月和天宝九载，贵妃两次因过被送出宫外，玄宗饮食无味，坐卧不安，又是力士设法从中调停，排解矛盾，请回贵妃。力士在玄宗生活中所起的作用是重要的。作为宦官，为玄宗安排好家庭生活是应尽之责，不能算过分。

玄宗信任高力士，依靠他办理各种事务。高力士常在玄宗身边，可以对玄宗发生影响，这就是高力士的权势所在。力士负责内侍省，宦官担任出使郡县、监军、入蕃、管理教坊等工作，"皆在力士可否"，这是他的职权。外朝的文武大臣要想向玄宗进言，或者在职务上晋升迁移，由于力士所处的地位，可以发生一定的作用，但这种作用不可过分夸大。

高力士墓志盖拓片

史称"自李林甫、安禄山辈皆引之以取将相",与史实不尽相符。

安禄山的崛起和高力士有没有什么关系,后文还要述及。李林甫做宰相,高力士起过一点作用。侍中裴光庭的妻子武氏是武三思的女儿,和李林甫私通。光庭去世后,武氏求力士推荐林甫为侍中,力士觉得此事不妥,没敢在玄宗面前说。经中书令萧嵩推荐,玄宗同意任命韩休为侍中,发诏书之前,力士把这个消息透露给武氏,李林甫得以事先告诉韩休,韩休因此对林甫颇为感激,韩休任宰相后,推荐林甫任黄门侍郎。这一任命,对日后林甫登上相位是有重要意义的。但林甫之所以能在开元二十二年四月出任礼部尚书、同中书门下三品,首先是因为他有一定的才干,又善于迎合玄宗的心理,奏对及任事都能使玄宗满意,玄宗对他有很好的印象。其次,有武惠妃"阴为之助"。再次是宰相韩休的推荐。高力士只是在李林甫取得韩休的好感上起过一点间接的作用,而且,是给武氏卖个人情,没有同李林甫直接接触。所以,说李林甫是依靠力士的力量出任宰相,显然不符合当时的实际情况。

高力士对李林甫的专擅朝政是不满意的。天宝三年,有一次在闲谈中,玄宗对力士说:"朕不出长安近十年,天下无事,朕能高居无为,悉以政事委林甫,何如?"力士回答说:"天子巡狩,古之制也,且天下大柄,不可假人。彼威势既成,谁敢复议之者。"力士不赞成玄宗把大权完全交给李林甫,担心相权太盛而妨碍皇权。这里包含有劝玄宗勤于政事的意思。但玄宗其时正宠信李林甫，对力士的进言深为不快，力士只好叩头请罪，说："臣狂疾，发妄言，罪当死。"在力士是本着"谏而不犯"的原则，但也说明他对李林甫是有看法的。在太子问题上，高力士和李林甫更是针锋相对的。由于最初李林甫竭力主张立武惠妃之子寿王瑁为太子。忠王玙立为太子之后，李林甫深感于己不利，担心新太子对自己报复。玄宗立忠王为太子，其中的一个考虑是忠王在外朝没有个人势力，易于控制。玄宗继续任用与太子有矛盾的李林甫为宰相，用意也在于使他们互相制约。正由于玄宗对太子怀有戒心，李林甫才得以屡起大狱，将太子妃兄韦坚、与太子关系密切的将领皇甫惟明、王忠嗣、太子良娣杜氏的父亲杜有邻、姐夫柳勣等人，或贬或杀，大加剪除，其目的是想动摇太子。在李林甫攻击太子时，高力士总是在玄宗面前为太子说话，竭力维护太子的地位。

　　玄宗对待高力士的态度和他对待宦官的态度是一致的。在即位前的宫廷斗争中，玄宗依靠的力量由三部分人构成：一是追随他的文臣武将；二是忠于他的王室成员及外戚；三是他身边的家奴、宦官。玄宗即位之后，第一、二部分人和一些家奴，如王毛仲、李宜德，都因功获得高官厚禄，成为新贵。这些功臣虽然帮助玄宗取得皇位，但玄宗对他们是持有戒备心理的，总认为这些人"可与之定祸乱，难与之守承平"，采取各种措施防范他们反过来再危及自己的皇位。而宦官由于卑贱的出身和地位，以及特殊的生理状况，较宗室和功臣更易于控制和支使，这是玄宗宠信宦官的缘由。

宦官的地位和势力在玄宗时有了显著的提高。贞观中，唐太宗汲取历史上宦官干政的经验教训，规定内侍省不置三品官，内侍省长官，阶四品。宦官的职责只是阁门守御、黄衣廪食而已。武则天时期，宦官数量增多。中宗神龙中，宦官有三千余人，其中七品以上员外官者千余人，但能够身穿朱紫服色的高品官依然很少。到玄宗时，"尊重宫闱，中官稍称旨，即授三品将军，门施棨戟"①。大约品官黄衣以上三千人，衣朱紫者千余人。像高力士、杨思勖一样受宠信的宦官有黎敬仁、林招隐、尹凤祥等，此外，孙六、韩庄、杨八、牛仙童、刘奉廷、王承恩、张道斌、李大宜、朱光辉、郭全、边令诚等都是颇有权势的宦官。玄宗交付宦官各种任务，让他们出使各地，了解情况，处理问题。他们"监军则权过节度，出使则列郡辟易"②。宦官所至之处，当地官吏奉赐丰厚，最少的不少于千缗。宦官的地位越高，财富越多，他们的经济力量迅速增长，以至"帝城中甲第，畿甸上田，果园池沼，中官参半于其间矣"③。

由于玄宗的宠任，宦官开始走出宫廷，进入政治生活，发挥一定作用。但玄宗只是使用宦官完成各种具体任务，无意用宦官的力量钳制外朝的势力，所以宦官对朝政一般不起干扰和破坏的作用，内朝和外朝的关系大体上是正常的。在

---

① 《旧唐书》卷一八四《高力士传》。

② 同上。

③ 同上。

宫闱之内，宦官还没有形成一股特殊的政治力量，还不构成对皇权的威胁，玄宗依然握有绝对的支配权。玄宗和宦官的关系，也和玄宗与高力士的关系一样，玄宗对高力士信任，高力士对玄宗忠诚。所以，玄宗时代并不存在宦官专权干政的问题。玄宗以后，中晚唐时朝出现的宦官专政的局面，有着更为复杂的政治背景和原因，应另当别论。

第十六章 / 广运潭盛会

天宝二年（743）暮春，三月二十六日，玄宗兴致勃勃地登上了长安城东禁苑内的望春楼，面对碧波浩渺的广运潭，准备检阅陈列着各郡珍宝特产的宝船。

广运潭是一年前韦坚受命掌管漕运，担任江淮转运使后开挖的。韦坚受命后，征发丁夫工匠，对从江淮到长安的运河全线进行了一次疏通，同时引浐水东流，注入广运潭。如今，广运潭已注满了一池春水，在等待那历史性的时刻到来。

为了这次检阅，韦坚预先从洛阳和开封调来新船二三百艘。船上立牌标明郡名，船中装满大米，船背上则陈列着各郡的珍货特产。船队连接达数里之长。驾船人都头戴大斗笠，身着宽袖衫，脚穿草鞋，一身吴楚之地的打扮。在第一艘船上，陕县尉崔成甫穿着绿色短衫和锦制短袖衣，袒露着一只胳膊，额头上抹成红色，站在船头领唱《得宝歌》：

得宝弘农野，弘农得宝耶？

潭里舟船闹，扬州铜器多。

三郎当殿坐，听唱得宝歌。

"得宝弘农野"是指在陕州桃林县得宝符事，三郎指玄宗。崔成甫引吭高歌，美女百人盛装而和。韦坚则跪进诸郡轻货。

进呈给玄宗的轻货，不是各地的土贡，而是全国各地，主要是扬州和江南各郡的特产，如：

广陵郡（今扬州）：锦、镜、铜器、海味；

丹阳郡（今镇江）：京口绫衫段；

晋陵郡（今常州）：折造官端绫绣；

会稽郡（今绍兴）：铜器、罗、吴绫、绛纱；

南海郡（今广州）：玳瑁、真珠、象牙、沉香；

豫章郡（今南昌）：名瓷、酒器、茶釜、茶铛，茶碗；

宣城郡（今宣州）：空青石、纸笔、黄连；

始安郡（今桂林）：蕉葛、蚺蛇胆、翡翠；

吴郡（今苏州）：三破糯米、方文绫。①

进呈的共有数十郡，这里所举的只是被记载下来的几个郡。仅这些材料，也足以反映开元、天宝之际南方丝织业、制瓷业、文具制造业、茶叶生产和对外贸易等方面的巨大发展。

这些物品，是以当地的租或庸调变市或折纳而来。因

---

① 《旧唐书》卷一〇五《韦坚传》。

此，这又是开元二十五年租庸调征纳制度变革成果的检阅。

这是一次别具一格的物资博览会，盛况空前。除了王公大臣，长安市民也都拥来观看。只在曲江池中见过游船的长安市民，当他们第一次看见船上高大的桅杆时，"人人骇视"，个个都睁大了惊异的眼睛。

广运潭盛会是热烈、欢快、令人兴奋的，玄宗和他的臣民都沉浸在节日般的气氛中。这次盛会是开元天宝时期社会经济繁荣的集中反映，显示了大唐王朝鼎盛时期的风采。

如果说广运潭盛会是开天盛世的一个特写镜头，那么，史籍中的下列记载则为这一时代描绘出全景式的壮丽画卷：

> 至（开元）十三年封泰山，米斗至十三文，青齐谷斗至五文。自后天下无贵物，两京米斗不至二十文，面三十二文，绢一匹二百一十文。东至宋、汴，西至岐州，夹路列店肆待客，酒馔丰溢，每店皆有驴赁客乘，倏忽数十里，谓之驿驴。南诣荆、襄，北至太原、范阳，西至蜀川、凉府，皆有店肆，以供商旅。远适数千里，不持寸刃①。
>
> 开元初，上留心理道，革去弊讹。不六七年间，天下大理。河清海晏，物殷俗阜。安西诸国，悉平为郡县。置开远门，亘地万余里。入河湟之赋税满右藏，东纳河北诸道租庸，充满左藏。财宝山积，不可胜计。四方丰

---

① 《通典》卷七《历代盛衰户口》。

稔，百姓乐业。户计一千余万，米每斗三钱。丁壮之夫，
不识兵器。路不拾遗，行不赍粮。奇瑞叠委，重译麇至。
人物欣然。①

如果说，上述记载是开天盛世全景式的、宏观的描绘，
那么，贞元十七年（801）淮南节度使杜佑向德宗皇帝献上
的名著《通典》二百卷中，详细地记录了天宝年间唐中央政
府的财政收支。由于财政状况是社会经济的反映，因此，杜
佑以大政治家的远见卓识，为开天盛世的繁荣富庶提供了具
体的、计量的精确资料，他写道：

天宝中，天下计帐，户约有八百九十余万，其税钱
约得二百余万贯。（大约高等少，下等多，今一例为八等
以下户计之，其八等户所税四百五十二，九等户则二百
二十二。今通以二百五十为率。自七载至十四载六七年
间，与此大数，或多少加减不同，所以言约，他皆类
此。）其地税约得千二百四十余万石，（两汉每户所垦田
不过七十亩，今亦准此约计数。）课丁八百二十余万，其
庸调租等，约出丝绵郡县计三百七十余万丁，庸调输绢
约七百四十余万匹（每丁计两匹），绵则百八十五万余屯
（每丁三两，六两为屯，则两丁合成一屯），租粟则七百

_____

① 《唐语林》卷三。

四十余万石（每丁两石），约出布郡县计四百五十余万丁，庸调输布，约千三十五万余端（每丁两端一丈五尺，十丁则二十三端也），其租：约百九十余万丁江南郡县，折纳布约五百七十余万端，（大约八等以下户计之，八等折租，每丁三端一丈，九等则二端二丈，今通以三端为率。）二百六十余万丁江北郡县，纳粟约五百二十余万石。大凡都计租税庸调，每岁钱粟绢绵布，约得五千二百三十余万端匹屯贯石。诸色资课，及勾剥所获，不在其中。（据天宝中度支每岁所入端屯匹贯石都五千七百余万，计税钱，地税，庸调折租得五千三百四十余万端匹屯，其资课及勾剥等当合得四百七十余万。）

其度支岁计，粟则二千五百余万石。（三百万折充绢布，添入两京库。三百万回充米豆，供尚食及诸司官厨等料，并入京仓。四百万江淮回造米，转入京，充官禄及诸司粮料。五百万留当州官禄及递粮。一千万诸道节度军粮，及贮备当州仓。）布绢绵则二千七百余万端屯匹，（千三百万入西京，一百万入东京，千三百万诸道兵赐及和籴，并远小州使充官料邮驿等费。）钱则二百余万贯。（百四十万诸道州官课料及市驿马，六十万余添充诸军州和籴军粮。）

自开元中及于天宝，开拓边境，多立功勋，每岁军用日增，其费籴米粟则三百六十万匹段。（朔方河西各八十万，陇右百万，伊西北庭八万，安西十二万，河东节

度及群牧使各四十万。）给衣则五百二十万，（朔方百二
十万，陇右百五十万，河西百万，伊西、北庭四十万，
安西五十万，河东节度四十万，群牧二十万。）别支计则
二百一十万，（河东五十万，幽州、剑南各八十万。）馈
军食则百九十万石，（河东五十万，幽州、剑南各七十
万。）大凡一千二百六十万。（开元以前，每岁边夷戎所
用不过二百万贯，自后经费日广，以至于此。）而赐赉之
费，此不与焉。其时钱谷之司，唯务割剥，回残剩利，
名目万端，府藏虽丰，间阎困矣。

在这篇珍贵的资料中，杜佑记录了唐中央财政收入的总
账以及和收入关系最密切的各地区课丁的数字。在支出部
分，则不但记录了总账，也记录了细账。从总的收支情况
看，岁入为五千七百余万端屯匹贯石，岁出为五千四百余
万，岁入一方多出的三百万上下之数，应该是纳入内库的[1]。
天宝年间这样庞大的开支是建立在巨额收入的基础之上的。
尽管军费开支增加了五六倍，宫廷开支和对臣下的赏赐也没
有极限，而政府仓库中的粮食和府库里的钱帛还是不断增
加，大有取之不尽、用之不竭之势。赋税制度的调整和财政
制度的改变，与政府财政收入的增加有直接的关系，而财政
收入之所以能够不断增加，其根本原因还是开元、天宝时期
社会经济的巨大发展。

---

[1]参阅《汪篯隋唐史论稿》，中国社会科学出版社，1981年，第
60页。

杜甫《忆昔》诗云：

忆昔开元全盛日，小邑犹藏万家室。

稻米流脂粟米白，公私仓廪俱丰实。

九州道路无豺狼，远行不劳吉日出。

齐纨鲁缟车班班，男耕女桑不相失。

这完全不是诗人的艺术夸张，而是当时实际情况的具体写照。

开元年间，人口一直保持着增长的势头。中宗神龙元年（705），户部奏天下户615万，口3714万。玄宗开元十四年（726），户部奏今岁户706.9万，口4141.9万。20年间政府控制的户口增长了近92万户，428万口，这个数字与宇文融括户所说82万户大体相当，因而不反映人口自然增殖的趋势。而开元十四年以后，唐朝政府没有进行过大规模的括户，政府控制的户口仍然不断增加：

年份	户数	人口
开元十四年（726）	706.9万户	4141.9万口
开元二十年（732）	786.1万户	4543.1万口
开元二十四年（736）	801.8万户	
天宝元年（742）	852.5万户	4890.9万口
天宝十三载（754）	906.9万户	5288万口

这些反映这个时期人口迅速增长的数字说明："小邑犹

藏万家室"不是一句空话。

"公私仓廪俱丰实"也是有具体数字可查的。元结曾指出过，开元、天宝时，"人家粮储皆及数岁，太仓委积，陈腐不可校量"。①国家太仓及各地仓储的粮食，天宝八载（749）时，"凡天下诸色米都九千六百六万二千二百二十石"几近一亿石之多，相当于国家四年的粮食收入。其中，和籴1139530石，诸色仓粮总2656620石，正仓总42126184石，义仓总63177660石，常平仓总4602220石。②

耕地进一步开垦出来。在荒地多、人口少的地区，地主"潜停"逃亡农民进行开垦。由于土地兼并或人口增长，失去土地或少地的农民也逃亡到户口稀疏、统治力量相对薄弱的地区去进行开垦。经过六七十年的努力，江淮地区和南方各地，特别是山区和沿海地区的土地开垦出来，出现了许多新的居民区。为了加强对这些地区的控制，开元二十四年（736）玄宗遣使分巡天下，诏曰：

> 其浮寄逃户等，亦频处分，顷来招携，未有长策。又江淮之间，有深居山洞，多不属州县，自谓莫徭。何得因循，致使如此，并与州县商量处置，一时录奏③。

---

① 《元次山集》卷七《问进士第三》。

② 《通典》卷一二《轻重》。

③ 《全唐文》卷三一《遣使分巡天下诏》。

　　招携逃户之所以成效不大，未有长策，概因内地大部分逃户均为豪富"潜停"，成为他们的佃户，而其他农民则多逃到统治力量相对薄弱的地区。这个诏令便是在总结前一阶段情况的基础上，要求各级官吏提出解决的方案。结果，武则天统治时期就已开始的析州县、开山洞，便成为一股潮流。从开元二十三四年开始，陆续设立了一批州县：

　　开元二十三年（735），合州（今四川合州）割石镜之南、铜梁之东置巴川县。壁州（今四川通江）置太平县，天宝元年改为巴东县。

　　开元二十四年（736），开福、抚二州山洞置汀州（今福建长汀），所属长汀、龙化、宁化并开山洞置。分静州广平县置恭州，所属博恭、烈山二县，皆并广平县。

　　开元二十五年（737）于越州鄮县置明州（今浙江宁波），其中奉化、慈溪、翁山三县皆由鄮县析置。

　　开元二十八年（740），歙州（今安徽歙县）增置婺源县。

　　开元二十九年（741），福州开山洞置尤溪县、古田县。

　　天宝元年（742），池州（今安徽贵池）分泾、南陵、秋浦三县地置青阳县。

　　天宝二年（743），鄂州（今湖北武昌）开山洞置唐年县。

　　天宝十一载（752），宣州（今安徽宣城）析泾县置太平县。

天宝十三载（754），婺州（今浙江金华）分义乌县北界置浦阳县。

至德二年（757），池州析置至德县。

渝州置璧山县。"本江津、万寿、巴三县地，四面高山，中央平田，周回约二百里。天宝中，诸州逃户多投此营种。"①

安史之乱以后，继有析置，时间虽然稍晚，但与璧山一样，其发展恰在开元、天宝年间。

从上述析置州县的不完全记录可以看到福建、浙江、皖南、湖北、四川等地区的发展。与此同时，江南的苏、湖、润、常等州（今苏州、吴兴、镇江、常州），即三吴地区的经济也有了长足的发展。唐初，每县的平均户数为 4029.83 户，到天宝元年增长为 16875.5 户，而人口密度也达到了每平方公里 60 人左右，与经济发达的关中和河北地区不相上下，成为全国人口密度最高的地区之一。②这也从一个侧面反映了江南土地开垦的程度和生产发展的水平。正是在农业发展的基础上，江南的手工业才有了巨大的发展，进宝船上才能有那样丰富的物资。

---

① 《元和郡县图志》卷三三《剑南道下》。

② 参吴宗国《唐代三吴与运河》，《运河访古》，上海人民出版社，1986 年。

长安西市　谢振瓯绘

　　人口的增殖，耕地面积的扩大和单位面积产量的提高，产生了一个惊人的结果，那就是天宝年间的人均粮食达到700市斤①，相当于1982年的中国人均粮食水平②。这是一个伟大的成就，是农民几千年来辛勤劳动的丰硕成果。这在中国古代社会，是史无前例的。汉代人口、垦田数字和唐朝相近，但生产力低于唐朝，没有能达到这个水平。

　　唐朝人均粮食很高的这种情况，虽然在天宝以后乃至唐朝以后还可以持续一个时期，但终究是要下降的。因为决定人均粮食水平的生产力水平、耕地多少和人口数量等三个因素，都是不断变动的。而这三个因素在不同的条件下，对人均粮食水平所起的作用也是不同的。在耕地可以随着人口增

———————————

　　① 胡戟《从耕三余一说起》，《中国农史》1983年第4期。

　　② 见《中国统计摘要1986》，中国统计出版社。

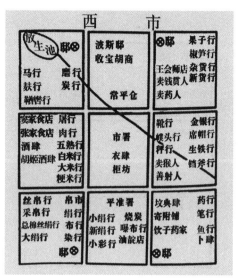

西市

长而不断扩大的条件下，生产力的发展是主要的。但在古代
社会，生产力的发展是缓慢的，亩产量提高几十斤，往往需
要用去几个世纪，因此，这是一个漫长的过程。在耕地扩大
低于人口增长速度的情况下，只有在生产力有可能大幅度提
高时，才有可能保持较高的人均粮食水平。而这种情况在历
史上并不是经常出现的。耕地面积的扩大，受到自然条件本
身和生产力水平的限制。中国大地山地占33％，高原占
26％，可垦地比起许多国家要少得多。而且其中一些山林草
莱地带的土地，只有当生产力发展到一定程度时，才有可能
去进行开垦。因此，耕地面积不仅有其自身的限度，而且，
在每一个时期，也都有一定的限度。而人口，只要人均粮食

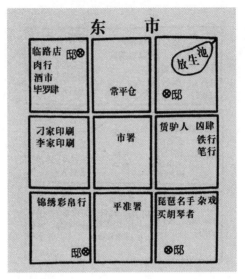

东市

保持在能够保证统治阶级的剥削和维持劳动者最低限度生活水平之上，生产力和耕地面积即使不变或略有升降，仍可迅速增长。唐宋以后，人口一直维持着增长的势头，明清时期，增长得更加迅速。而在此期间，生产力的提高和耕地面积的扩大都是有限的，远远跟不上人口增长的速度。因此，人均粮食数量是不断下降的。到1949年，人均粮食已下降到只有460市斤（未计入大豆）。经过三十多年的努力，尽管粮食总产量提高了三倍，但人口却增加了近一倍。因此，直到1982年，人均粮食才重新提高到700市斤。

唐朝开元、天宝年间，人口、耕地和单位面积产量能保持这样好的比例，使人均粮食达到700市斤，实在是唐朝，也是唐玄宗时期得天独厚的地方。公私仓廪的丰实和开元、天宝时期社会的安定和经济的繁荣，就是建立在这样一个雄厚的物质基础之上的。

地主经济的迅速发展和自耕农的大量存在，以及适应这种情况对赋税制度的调整，是开元、天宝时期经济持续繁荣的基本条件。

武则天统治时期土地兼并日益加剧，玄宗时继续发展。玄宗对农民逃亡一直是非常注意的，对地主官僚兼并土地和把逃亡农民变成自己的佃户也是反感的。他企图制止这种趋势的蔓延和滋长，屡次下诏不许买卖、典贴口分、永业田，但这些诏令并没有收到具体的成效。

开元二十三年九月，玄宗下诏：

> 天下百姓，口分、永业田，频有处分，不许买卖、典贴，如闻尚未能断。贫人失业，豪富兼并，宜更申明处分，切令禁止。若有违犯，科违敕罪。①

诏令明确提出了豪富兼并问题，并规定违犯者按违敕律处罪。按《唐律·户婚律》：

> 诸卖口分田者，一亩笞十，二十亩加一等，罪止杖一百。地还本主，财没不追。

---

① 《册府元龟》卷四九五《邦计部·田制》。

> 诸占田过限者，一亩笞十，十亩加一等，过杖六十，
> 二十亩加一等，罪止徒一年。

而《唐律·职制律》：

> 诸被制书，有所施行而违者，徒二年，失错者杖一
> 百。

违法买卖口分、永业田，本应按《户婚律》有关条文处理，卖者最多杖一百，买者如买过分，也顶多徒一年。而玄宗在开元二十三年敕中却临时处分科违敕罪，要受徒二年的刑罚，处罚是大大加重了，就是想用重刑来制止这种倾向。

开元二十五年在颁行新修订的律、令、格、式时，也重新颁布了田令。但正如杜佑所说："虽有此制，开元之季，天宝以来，法令弛坏，兼并之弊，有逾于汉成哀之间。"[1]君主的法令，无法改变经济规律的客观运行。有关土地问题的律、令都成为一纸具文，按违敕律科罪自然也不可能实行。此后，土地兼并愈演愈烈，玄宗在天宝十一载（751）十一月的诏书中，对当时土地兼并的情况作了全面的分析：

> 如闻王公百官及富豪之家，比置庄田，恣行吞并，

---

① 《通典》卷二《田制下》。

莫惧章程。借荒者皆有熟田，因之侵夺；置牧者唯指山谷，不限多少；爰及口分、永业，违法买卖，或改籍书，或云典贴。致令百姓无处安置，乃别停客户，使其佃食，既夺居人之业，实生浮惰之端。远近皆然，因循亦久，不有厘革，为弊虑深。①

在这个诏令中，玄宗首先肯定了地主、官僚和贵族对土地"恣行吞并，莫惧章程"的事实，并且指出这种情况"远近皆然，因循亦久"，长期以来就是一种普遍现象。武则天以来在诏令中始终以"农民逃亡"和"租赋颇减"等词句掩盖起来的土地兼并的事实，终于被彻底揭开了。

玄宗在诏令中概括了当时土地兼并的几种形式：一是以借荒为借口，侵夺农民的熟田；二是用置牧的名义，指占或霸占山谷间的大片良田；三是以典贴的方式贱买或掠取农民的土地；四是乘农民逃亡之机，用"破除"农民的产业或买卖的形式，霸占农民的土地。

诏令还指出了农民土地被兼并后的出路，就是由地主"别停客户，使其佃食"，成为地主的佃户。

对于土地兼并和别停客户，玄宗只是说："不有厘革，为弊虑深。"他并没有采取什么厘革的具体措施。玄宗的明智，就在于不横加干涉。

唐代佃户和汉魏以来的佃客、部曲不同。从身份上来

_____
①《册府元龟》卷四九五《邦计部·田制》。

说，他们是"良民"，不是"贱民"，不能以任何借口杀死，也不能以各种名义买卖或赏赐。从地租来说，主要交纳实物，无偿劳役包括为地主护院作战相对减少。从生产来说，地主一般不再进行组织和统筹安排，对生产的干预和监督也都减少了。

佃户大多是逃亡农民被地主"阿隐相容"而成。所以又叫"客户"。他们不属州县户籍，不向封建国家纳税服役，所以，从封建国家来看，他们是地主"潜停"的"私属"。

佃户要向地主"贷其种食，赁其田庐"①。也就是说，他们除了要向地主租种土地，还要向地主租赁房屋、借贷种子粮食。因此，在经济上同时为地主的高利贷所牢牢束缚。他们虽然和南北朝的部曲、佃客不同，人身地位不具有世袭的性质，但这只是地主控制农民形式的变化。过去地主对部曲、佃客是赤裸裸的人身奴役。唐代地主则通过典贴和高利贷来世代束缚农民。农民借贷种食，"罄输所假，常患不充"。结果是年年借债，年年还不清，只有祖祖辈辈受地主奴役。敦煌所发现的唐代借契上，不仅写有借贷者的姓名，同时还要写上他的妻子、子女的姓名。就是说，丈夫去世，妻子还；父母故去，子女还。农民还不起，就只有世代受地主的奴役。

但是，地主对他们"潜停"的客户首先必须保证他们最低限度的生活条件和生产条件，才能保证剥削的持续进行。

————————
① 《陆宣公翰苑集》卷二二《均节赋税恤百姓第六条》。

同时，由于佃户一般不向国家申报户口，不需要负担国家的赋役，因此，他们比一般自耕农具有更加稳定的生产条件。而地主向农民主要是征收实物，对生产的干扰相对减少。这样，农民就可以比较自由地支配自己的劳动时间，安排自己的生产活动。在这样的条件下，农民可以通过增加土地上的投资，增加劳动时间，改进生产技术等各种方式来发展自己的生产，力争在地租、种子和口粮之外，再生产出一部分剩余生产物，用来扩大自己的经济。这就给生产的发展提供了可能性。

因此，伴随着土地兼并、土地集中而发展起来的佃户制，是有利于生产力发展的。

土地集中对生产发展的影响不仅限于农业上。由于土地集中，使财富的积累成为可能，从而为社会分工的进一步扩大提供了条件。农民生产出来的财富通过地租集中到地主手中后，地主不可能全部用于直接消费。他们需要把粮食和各种物资投入市场以换取货币，同时从市场购入他们所需要的各种日用必需品和奢侈用品。这样，就提供了数量可观的商品粮，使得更多的人可以从事经济作物的种植，从事手工业生产和商业运输活动，提供了大量的原料和广阔的市场，从而使手工业、商业得到迅速的发展。开元、天宝时期社会经济空前繁荣的局面，在很大程度上，就是建立在这样一个基础之上的。

自耕农经济对于开元、天宝的经济繁荣也起了重要的作用。尽管由于土地兼并日益加剧，使自耕农在农户总数中的比重有所下降，但从政府控制户口的不断增加及其在实际户口中的比例达65%至70%来看，直到天宝年间，自耕农还是大量存在的。

农民自己占有土地，自然是使生产发展的有利条件，而开元年间赋税制度和兵役制度改革后，农民的赋役负担比较平稳，也使农民有可能安心地从事生产。天宝年间国家所征收的粮食和绢布，相当大的一部分就是由他们生产出来的。

自耕农的大量存在不仅使国家有一个比较坚实的、稳定的财政基础，而且可以保证地主经济能够比较正常地发展。由于自耕农是赋税的主要承担者，因而国家对于地主"潜停"的客户即佃户采取放任的态度，地主就不必把很重的赋税负担转嫁到佃户身上，租种地主土地的农民也就有可能更加积极地去发展自己的生产。

农民、佃农和自耕农，是开天盛世的创造者。

第十七章 / 盛唐气象

开元天宝是唐代，乃至整个中国封建社会经济发展的鼎盛时期之一，随着经济的发展，社会的安定，接踵而来的是文化的繁荣。促进文化的繁荣有各种因素，其中统治者对文化的重视和倡导就是重要的一条。开天时代的文化——那是需要洋洋大观的专著去论述的。这里只讲玄宗个人对文化的兴趣以及由此而给这个时代增添的奇光异彩。

一、尊贤尚文

玄宗从小受过良好的教育。他当太子的时候，文坛领袖张说是他的侍读，另一个侍读是当时著名的学者褚无量。褚无量是杭州盐官人，明经出身。家贫好学，知识非常渊博，尤其精通"三礼"和《史记》。玄宗即位之后，在百废待兴、日理万机的紧张日子里，仍然勤奋好学，抓紧时间读书。他认为读书和治理国家是一致的，他说："朕听政之暇，常览史籍，事关理道，实所留心。"①当时张说已经外放出去当地

---

① 《旧唐书》卷八《玄宗上》。

方官了，为了便于在读书时请教和讨论疑难问题，玄宗又请光禄卿马怀素与褚无量共同充任侍读。马怀素是润州丹徒人，幼年贫苦，刻苦攻读，博览经史，尤其富有文学才华。武则天时，举进士，又应制举，登文学优赡科。曾任县尉、监察御史、礼部员外郎、户部侍郎等职，为官清正，处事平恕，"虽居吏职而笃学，手不释卷，谦恭谨慎，深为玄宗所礼"①。褚、马二位都是当时德高望重的饱学之士，玄宗对他们优礼有加，十分尊敬。每次入宫，都令乘肩舆而进，在宫中则命乘马。褚无量年纪大了，特地为他造了一副舒适的腰舆。他们进宫侍读，玄宗总是亲自迎送，谨执弟子礼。他们指陈时政得失，玄宗也虚心听取，尽量采纳。

在名师的指导下，通过刻苦的学习，玄宗具有深厚的文化修养，《新唐书·艺文志》所载玄宗的著作有：

玄宗周易大衍论三卷

御刊定礼记月令一卷　集贤院学士李林甫、陈希烈、徐安贞、直学士刘光谦、齐光乂、陆善经、修撰官史玄晏、待制官梁令瓒等注解。

玄宗金风乐一卷

今上孝经制旨一卷　玄宗

玄宗开元文字音义三十卷

玄宗韵英五卷　天宝十四载撰，诏集贤院写付诸道

---

① 《旧唐书》卷一〇二《马怀素传》。

采访使传布天下

明皇制诏录一卷

玄宗注道德经二卷，又疏八卷

玄宗注金刚般若经一卷

开元御集诫子书一卷

玄宗开元广济方五卷

这些书虽然不会全部出自玄宗之手，但从这个目录可看出玄宗的兴趣广泛，知识是极为渊博的。

玄宗在文学上颇有才能。他爱好诗歌，也创作诗歌，留传至今的作品有六十余首。《唐诗三百首》中入选的唯一的唐代帝王的诗篇，就是玄宗的《经鲁祭孔子而叹之》。玄宗的诗歌虽非唐诗中的珍品，但也气度不凡，颇具功力。玄宗和太宗、高宗、武后一样，不仅爱好诗歌，而且竭力提倡。唐代的科举，进士科最先只考试策论。高宗调露二年（680）加试帖经与杂文，杂文即为士子所熟悉的箴、表、铭、赋之类。在录取进士时仍以对策为主。到开元年间，玄宗注意文治，提倡文学，杂文逐渐以试诗赋为主。一代文宗张说为中书令，文学之士进士及第的也逐渐增多。自开元十一年至二十一年，崔颢、祖咏、储光羲、崔国辅、綦毋潜、王昌龄、常建、贺兰进明、王维、薛据、刘长卿、元德秀等先后及第。文学之士在及第的进士总数中虽然不占很大的比例，但在一个时期内有这么多的诗人及第，却是空前的。到开元、天宝之际，杂文开始专用诗赋，并且逐渐成为录取进士的主

石台孝经　唐玄宗手书

要标准。诗歌的写作和知识分子的前程联系起来，成为他们入仕的条件，必然鼓励人们重视诗歌的写作，形成群众性的写诗、诵诗、重视文学的社会风尚。唐代帝王对诗歌的重视和倡导，是唐诗繁荣的主要原因之一。正如胡震亨所说："有唐吟业之盛，导源有自。文皇英姿间出，表丽缛于先程，玄宗材艺兼该，通风婉于时格。……朝野景从，谣习寖广，上好下甚，风偃化移。"①

唐诗是唐代文化高度发展的结晶，也是我国古典诗歌发

① 《唐音癸言》卷二七《丛谈三》。

展中不可逾越的高峰，而开元天宝的诗歌，即所谓盛唐时期的诗，是唐诗发展中最为光彩夺目的时代。开天诗坛上空群星璀璨，有李白、杜甫、王维、王昌龄、高适、岑参、孟浩然等一大批光照千古的诗人，他们才华横溢、情文并茂的作品，形象、生动地展示了雄壮浑厚的盛唐气象。盛唐诗歌的巨大成就，是诗歌本身发展的成果。六朝诗歌已为律诗的形成奠定了基础，梁陈诗歌中绮丽萎靡、雕琢僵化的缺点，经初唐诗人，如"四杰"王勃、杨炯、卢照邻、骆宾王等的努力扫荡，已经涤除干净，尤其是陈子昂改革诗风的大声疾呼，更对唐诗的走向成熟，从理论和实践上都发生了重要的作用。唐诗经过一百多年的发展，便出现了绚烂辉煌的局面。盛唐诗歌的巨大成就，同时是以这个时代富庶的社会经济和丰富的社会生活为依托的，当然也和这个时代的最高统治者玄宗密切相关。

玄宗和盛唐诗人有广泛的交往，他十分爱惜、尊重有才华的诗人。在他身边聚集了一大批文人学士、知名诗人，如吴筠、李白、崔国辅、綦毋潜等都曾先后在集贤院或翰林院待诏。玄宗在从政余暇，常常和他们游宴唱和、评诗论文，奖励和重用优胜者。天宝初，玄宗至温泉宫，登朝元阁赋诗，群臣属和。玄宗认为"以词藻见称"的检校礼部尚书席豫所作最佳，赞扬他说："览卿所进，实诗人之首出，作者之冠冕也。"[1]

---

① 《旧唐书》卷一九〇中《席豫传》。

　　对于著名的诗人，玄宗常慕名召见。天宝元年（742）经道士吴筠推荐，大诗人李白被召入京，玄宗"降辇步迎，如见绮皓，以七宝床赐食，御手调羹以饭之，谓曰：卿是布衣，名为朕知，非素畜道义，何以及此"①。给李白翰林供奉的名义留在身边。玄宗纡尊降贵、热情谦恭地迎接布衣诗人，表现出爱才若渴的大家风范。雄才大略的皇帝和傲岸不羁的诗人这番颇有浪漫意味的际遇，演化出"力士脱靴""醉草退蛮"等有名的故事。但玄宗对李白，仅是欣赏他的诗才，并不欣赏他的干才，认为李白"非庙廊之器"。玄宗没有看错，像李白这样感情奔放的诗人大约也确非从政人才。然而，李白自许甚高，自认为有宰相之才，他写道："如逢渭川猎，犹可帝王师。"玄宗仅把李白作为文学侍从，这与李白的抱负大相径庭，他的巨大失望可以想见。他终于愤然离去。从此，宫廷里少了一位文学侍从，人世间却有了一位名垂千古的大诗人。

　　女道士李季兰，名冶，以字行。姿容秀美，禀赋聪慧，善弹琴，尤工格律，常与陆羽、皎然、刘长卿等唱和往还，名重一时。"天宝间，玄宗闻其诗才，诏赴阙，留宫中月余，优赐甚厚，遣归故山。"②

　　玄宗在和诗人交往中，有时会放下皇帝的威严，显露人情味和文人气息。徐安贞能文工诗，尤善五言诗，深为玄宗

---

　　① 李阳冰《草堂集序》。

　　② 《唐才子传》卷二。

赏识。开元中为中书舍人、集贤院学士，"上每属文及作手诏，多命安贞视草，甚承恩顾"①。"视草"就是玄宗让徐安贞给自己的文稿提意见，有互相切磋之意。

天宝三载，秘书监贺知章因病请求告老致仕，回故乡会稽。知章号"四明狂客"，曾经给皇太子李亨当过侍读，是当时著名的诗人、书法家。他笃信道教，"性放旷，善谈笑，当时贤达皆倾慕之"②，玄宗批准了他的请求，并任命其子典设郎贺曾为会稽司马，以便就近侍养，"诏赐镜湖剡溪一曲以给渔樵"③。正月五日，知章离京时，玄宗命皇太子以下百官前往送行，自己亲自写诗《送贺知章归四明》：

> 遗荣期入道，辞老竟抽簪；
> 岂不惜贤达，其如高尚心。
> 寰中得秘要，方外散幽襟。
> 独有青门饯，群僚怅别深。

诗中表达了深沉的惜别之情。玄宗对知章的礼遇和关照都是十分隆重和细致的。

名士郑虔好琴酒篇咏，善图山水及书法。曾集掇当代事件，著书八十余篇，有人以"私撰国史"的罪名告发他，郑

---

① 《旧唐书》卷一九〇中《徐安贞传》。

② 《旧唐书》卷一九〇中《贺知章传》。

③ 《唐才子传》卷三。

唐玄宗李隆基书法墨迹的传世孤本《鹡
鸰颂》，现收藏于台北故官博物院

虔被贬谪十年，"还京师，玄宗爱其才，欲置左右，以不事
事，更为置广文馆，以虔为博士"①。广文馆及广文博士都
是玄宗为郑虔一人特设的。郑虔曾自写其诗并画呈献给玄
宗，玄宗在他的诗画后亲笔题署"郑虔三绝"，并任命他为
著作郎。但是，并非所有际遇玄宗的诗人都能得到优待。孟
浩然长期隐居在鹿门山，40岁时至长安，曾在太学赋诗，在
座的人都为之折服，张九龄、王维等大诗人都很推崇他。有

---

① 《新唐书》卷二〇二《郑虔传》。

一次，王维在宫内待诏，私邀浩然入宫讨论诗词，谈兴正浓时，"玄宗至，浩然匿床下，维以实对。帝喜曰：朕闻其人而未见也，何惧而匿？诏浩然出。帝问其诗，浩然再拜，自诵所为，至'不才明主弃'之句，帝曰：卿不求仕，而朕未尝弃卿，奈何诬我？因放还"。①在这个故事里，玄宗遇见浩然时的喜悦，表现了他礼贤重士的心情，后来因一个"不才明主弃"的诗句便赶走了一位有才华的诗人，又流露出他欠缺一点豁达大度的胸怀。

唐代的另一位伟大诗人杜甫，也曾受玄宗赏识。天宝十三载二月，玄宗朝献太清宫，享太庙，杜甫曾奏赋三篇，"帝奇之，使待制集贤院，命宰相试文章。擢河西尉，不拜。改右卫率府胄曹参军"②。当时的权相是杨国忠，他既没有能力判别文章的好坏，也不会以文章的好坏来任用才俊。杜甫只得到了一个从八品下的管理军械的小官。这时大唐王朝正处于危机四伏的时刻，玄宗无暇再顾及他赏识过的诗人。唐代两位最伟大的诗人李白和杜甫，都和玄宗有过程度不同的际遇，并非偶然，这个时代充满了诗的气氛，才使皇帝和诗人如此的接近。

玄宗爱好文学，也热衷于倡导整理图书，编纂典籍。开元五年，侍读马怀素鉴于秘书省图书流失，分类杂乱，因而向玄宗建议重新编订图书目录。秘书省图书流失由来已久，

---

① 《新唐书》卷二〇三《孟浩然传》。

② 《新唐书》卷二〇一《杜甫传》。

由于隋末的动乱，至唐初，图书典籍的散失已经非常严重。
"隋嘉则殿书三十七万卷，至武德初，有书八万卷，重复相
糅"①，损失已很多。武德五年（622），平定王世充之后，
在洛阳得隋书八千余卷，由太府卿宋遵贵负责运往长安，船
行至三门砥柱，"多被漂没，其所存者，十不一二，其《目
录》亦为所渐濡，时有残缺"②，在令狐德棻的建议下，唐
高祖曾下令重金收购和募集失散的图书，并专门置吏补录。
贞观二年（628），唐太宗命秘书监魏征整理宫中典籍，校写
四部群书，贮之内库。魏征等人在修《隋书·经籍志》时，
创立了经、史、子、集四部的图书分类法，唐代秘书省"掌
邦国经籍图书之事"，省中存放的图书就是按照四部分类设
库的。唐太宗时，图书典籍事业有所起色，但从高宗显庆之
后，宫中图书管理日趋混乱，散失日趋严重。所以，马怀素
说："南齐以前坟籍，旧编王俭《七志》已后著述，其数盈
多。隋志所书，亦未详悉；或古书近出，前志阙而未编，或
近人相传，浮词鄙而犹记。若无编录，难辨淄渑，望括检近
书篇目，并前志所遗者，续王俭《七志》，藏之秘府。"③马
怀素的建议是要在王俭《七志》和《隋书·经籍志》等前代
目录学著作的基础上，刊正其错误，补充其疏漏，广搜近代
新出现的古籍，编著一部完备的图书目录。玄宗接受建议，

---

① 《新唐书》卷五七《艺文志》。

② 《隋书》卷三二《经籍志》。

③ 《旧唐书》卷一○二《马怀素传》。

命国子博士尹知章等协助马怀素编撰图书目录。

　　关于这件事，《资治通鉴》写道："秘书监马怀素奏：'省中书散乱讹缺，请选学术之士二十人整比校补'，从之。于是搜访逸书，选吏缮写，命国子博士尹知章、桑泉尉韦述等二十人同刊正，以左散骑常侍褚无量为之使，于乾元殿前编校群书。"《资治通鉴》所述，并不准确。事实上，褚无量曾"以内库旧书，自高宗代即藏在宫中，渐致遗逸，奏请缮写刊校，以弘经籍之道"①。玄宗遂命无量为使，以卢馔、陆去泰、王择从、徐楚璧等为助手，在东都乾元殿前施架排次，广采天下异本，进行校刊补阙，不数年，便初见成效，四部充备，玄宗很高兴，命公卿以下入乾元殿参观修书情况。

　　所以，马怀素主持的是编纂图书目录，褚无量主持的是校刊补正典籍，任务不同，他们分别有自己的工作班子。《旧唐书·元行冲传》说："先是，秘书监马怀素，集学者续王俭《今书七志》，左散骑常侍褚无量于丽正殿校写四部书，事未就而怀素、无量卒，诏行冲总代其职。"马怀素卒于开元六年七月，由元行冲接任工作。行冲的学识未必如怀素，但他的组织能力却强多了。在他主持下，重组人力，以殷践猷、王惬编甲部（经部），韦述、余钦编乙部（史部），毋煚、刘彦直编丙部（子部），王湾、刘仲丘编丁部（集部），又由行冲率毋煚、韦述、余钦三人总其成。开元八年正月，

----

　　① 《旧唐书》卷一○二《褚无量传》。

编成《群书四录》二百卷，收书48169卷，是一部大型的目录学著作，惜今已散佚。开元六年，玄宗由东都回到长安，褚无量主持的修书工作便由洛阳乾元殿迁至长安的丽正殿。开元八年，无量去世，临终遗言以丽正写书未毕为恨。他的工作由元行冲接任。

开元十一年七月，元行冲年老致仕，玄宗命中书令张说任丽正院修书使。这个任命，表明玄宗对丽正院工作的重视。张说主持丽正院后，广聚文学之士，秘书监徐坚、太常博士贺知章、监察御史赵冬曦等著名文士，或修书，或侍讲，十分活跃。玄宗给他们的待遇也格外优厚。中书舍人陆坚① "以为此属无益于国，徒为靡费，欲悉奏罢之。张说曰：自古帝王于国家无事之时，莫不崇宫室，广声色，今天子独延礼文儒。发挥典籍，所益者大，所损者微，陆子之言，何不达也"。张说完全理解玄宗尊贤尚文的用意，是要通过大兴文治，粉饰太平，造成盛世的恢弘气概。所以，在张说与陆坚的不同看法中，玄宗当然是"重说而薄坚"。

在整理编订图书典籍的时候，玄宗特别重视《大唐六典》和《大唐开元礼》的编撰，这是玄宗时代的两部皇皇巨著。

开元十年，玄宗在白麻纸上写了六条，即"理、教、

---

① 《旧唐书》卷九七《张说传》为徐坚，误。此处从《资治通鉴》所记。

礼、政、刑、事典，令以类相从，撰录以进"①，把修撰
《六典》的任务交给丽正书院。玄宗的意图是要编一部内容
丰富、条理清晰、带有总汇性质的关于唐代典章制度的大
书。张说主持书院后，就把这件事委托给他的副手徐坚承
办。徐坚是博学之士，又善于文章著述，但对修《六典》却
束手无策，"沉吟岁余，谓人曰：坚承乏已曾七度修书，有
凭准，皆似不难，惟《六典》历年措思，未知所从"②。修
《六典》的困难在于内容庞杂，体例难定，不易找到一个内
容与形式相协调的办法。后来，直学士韦述提出模仿周礼六
官来叙现行职官，将令格式按内容分类系于有关职官之下，
而职官本身的沿革变化则在注文中叙述。这样虽给人以强行
比附、削足适履之感，但总算找到一个下笔之处。《六典》
先后经张说、萧嵩、张九龄、韦述等四人负责总管修撰事
宜，由徐坚、韦述等十几个人执笔，经过十多年的努力，于
开元二十六年③完成，全书共30卷。书成时适逢李林甫为相，
按照惯例，由他领衔奏上。《六典》修成后，在唐代是否行
用？是否具有法典的性质？学术界历来有所争论，这里不拟
详述。从有关史料如《唐会要》等记载的情况看，《六典》
在唐后期讨论典章制度时已被广泛征引，是处理实际问题的
重要依据。由于《六典》记录了唐代大量的令格式，对唐官

---

① 陈振孙《直斋书录解题》六。

② 《大唐新语》卷九《著述》。

③ 一说为开元二十七年二月。见《唐会要》卷三六《修撰》，
《册府元龟》卷六〇七《撰集》。

制的流源演变有详细而比较准确的叙述，因而，对研究唐代政治、经济各方面的问题，具有很高的史料价值。

开元十四年，通事舍人王岩上疏，请改写《礼记》，删去不适用的部分，增添新的内容。玄宗命集贤院学士详议。张说认为：《礼记》是经典，不宜改动，但"今之五礼仪注，贞观、显庆两度所修，前后颇有不同，其中或未折衷。望与学士等更讨论古今，删改行用"。①玄宗认为张说言之有理，命集贤院学士、右散骑常侍徐坚等撰写新的仪注。这部书经历数年，在萧嵩为集贤院学士时，由起居舍人王仲丘完成，名曰《大唐开元礼》，共150卷，开元二十年九月，颁所司行用。后来，杜佑撰写《通典》时，礼典部分共100卷，其中后35卷，即摘抄《大唐开元礼》而成。

玄宗对文人学士是颇为敬重的，把他们当作治理国家的重要力量。开元十三年四月，泰山封禅大典的准备工作正在紧张进行，玄宗在东都洛阳与中书门下及礼官学士宴于集仙殿。酒宴之中，玄宗说："仙者凭虚之论，朕所不取，贤者济理之具，朕今与卿曹合宴，宜更名集贤殿。"一个字的改动，体现了玄宗尊贤礼贤的热忱。玄宗还下令将丽正书院改为集贤殿书院，扩充了书院的建制，凡在书院的官员，五品以上为学士，六品以上为直学士，宰相张说知院事，右散骑常侍徐坚为副知院事。玄宗还想任命张说为大学士，但张说认为"儒以道相高，不以官阀为先后"，再三辞谢，不受大

---

① 《旧唐书》卷二一《礼仪志一》。

学士称号。

　　玄宗不仅和文人学士赋诗唱和，依靠他们整理图书，撰述典籍，大兴文治，而且在政治上也颇为倚重他们。唐初以来，文人学士就常被皇帝请入宫中，参与机务。唐太宗曾"精选天下贤良文学之士"，"以本官兼学士，令更宿直。听朝之隙，引入内殿，讲论文义，商量政事，或至夜分方罢"①。他们显然起着智囊或咨询的作用。高宗武后时，刘懿之、刘祎之兄弟、周思茂、元万顷、范履冰等著名文士，常在禁中，他们不仅秉承武则天的旨意，撰写《烈女传》《臣轨》《百僚新戒》《乐书》等著作，"至朝廷疑议表疏，皆密使参处，以分宰相权"。他们已不单纯起参谋、咨询作用，而是皇帝用来抗衡相权的一支政治力量。他们常在北门候进止，时人称为"北门学士"，但没有给他们设专门机构。玄宗身边也有一批文人学士，如张说、陆坚、张九龄、徐安贞、张垍等，玄宗正式给他们以"翰林待诏"或"翰林供奉"的名义，让他们负责写作应和文章和四方表疏的批答。"开元二十六年，又改翰林供奉为学士，别置学士院，专掌内命，凡拜免将相，号令征伐，皆用白麻。"②本来起草诏敕之权在中书省，翰林学士出现后，专掌内命，于是诏书被分为内制和外制，翰林学士所撰，是直接从禁中发出，称"内制"，中书舍人或他官知制诰所撰，为外朝发出，称"外

---

① 《唐会要》卷六四《弘文馆》。

② 《新唐书》卷四六《百官志一》。

宫乐图

制"。在玄宗时代，翰林学士的职责主要是起草诏制，以备顾问，权任还不算太重。但翰林院作为协助皇帝草诏的专门机构出现，部分地改变了过去皇帝出旨、中书草诏的旧制。玄宗在加强相权的同时，皇权也进一步加强。使职差遣的出现，表明皇帝干预行政事务的权力加强了。翰林院的出现，则表明皇帝干预决策的权力加强了。这对唐后期中央政体的格局有很重要的影响。

二、提倡乐舞①

玄宗在音乐上的天赋远高于文学上的才能，他深通音律，会作曲，能演奏各种乐器，如胡琴、琵琶、笛子、羯鼓等，其中，尤其长于羯鼓。羯鼓一般横放在木座上，用两根鼓杖敲击，又名"两杖鼓"，是龟兹乐队的特性乐器之一，其"声焦杀，特异众乐"，在乐队中可起指挥的作用。大约玄宗常用羯鼓指挥、训练乐队，击羯鼓的技术很高。乐人花奴是著名的羯鼓演奏家，"御前羯鼓透春空，笑觉花奴手未工"②的诗句，就是说花奴击鼓的技艺尚不如玄宗。

玄宗对音乐舞蹈的特别爱好和大力提倡，是开元天宝时期乐舞艺术迅速发展并取得巨大成就的重要原因之一。

"就音乐舞蹈而言，在中国封建时代的历史上，唐代是最为繁盛的。"③隋唐两代皇帝，大多重视音乐舞蹈。"隋文帝家世士人，锐兴礼乐，践祚之始，诏太常卿牛弘、祭酒辛彦之增修雅乐"④，把南北两方的乐舞加以融会、整理，修订成《七部乐》，即《国伎》《清商伎》《天竺伎》《高丽伎》《龟兹伎》《安国伎》《文康伎》。隋炀帝是位多才多艺的皇帝，他好大喜功，又爱好音乐舞蹈。在他的倡导下，乐舞有

---

① 本节写作曾参阅吴钊、刘东升：《中国音乐史略》，欧阳予倩：《唐代舞蹈》，杨荫浏：《中国古代音乐史稿》（上册）。

② 《石湖居士诗集》卷三。

③ 欧阳予倩：《唐代舞蹈》。上海文艺出版社，1980年。

④ 《旧唐书》卷二八《音乐一》。

更大的发展。他把《七部乐》加上《疏勒》《康国》两部，发展为九部乐（其中《国伎》改为《西凉乐》，《文康伎》改为《礼毕》）。每部乐中包括好多乐曲和舞蹈。隋炀帝还加强了音乐机构和专业队伍的建设。大业二年（606），"太常少卿裴蕴希旨，奏括天下周齐梁陈乐家子弟皆为乐户，其六品以下至庶人，有善音乐者，皆直太常。"太常置博士弟子，传授技艺，乐人增至三万余人。隋炀帝曾于洛阳端门外大陈百戏，通宵达旦，戏场连绵八里，参加演出的艺人有一万八千多人，规模盛大。

唐朝建立之后，把隋代集中的艺人全部接收过来，音乐舞蹈进一步发展。中国古代的音乐历来有雅、俗之分：雅乐是庙堂祭祀或朝廷举行大典时所奏之乐，俗乐（也称燕乐、宴乐）是在宴会上供娱乐、欣赏的乐舞。唐太宗重视雅乐，曾命著名的雅乐专家祖孝孙修订雅乐。祖孝孙认为："陈梁旧乐，杂用吴楚之音，周齐旧乐，多涉胡戎之伎，于是斟酌

周昉《调琴啜茗图》又名《弹琴仕女图》

南北，考以古音，作为大唐雅乐。"①在贞观年间，创作了许多新的乐舞，如《景云乐》《庆善乐》《破阵乐》《承天乐》等，其中尤以歌颂李世民武功业绩的《秦王破阵乐》最为著名，流传极广。《破阵乐》原为李世民作战时用的音乐。他很喜欢这部威武雄壮、激奋人心的乐曲。后来，命魏征、虞世南、李百药改制歌词，更名为《七德舞》。配合歌曲，增添舞蹈，由120个人披甲执戟而舞，进退击刺，都符合战阵之法。整个乐舞，气势雄浑，十分动人。贞观十六年，太宗将唐乐定为十部，包括《燕乐》《清乐》《西凉乐》《天竺乐》《高丽乐》《龟兹乐》《安国乐》《疏勒乐》《康国乐》和《高昌乐》。除《燕乐》和《清乐》是汉族的传统乐舞外，其余都是周边少数民族和外国乐舞。唐朝是当时世界上最强盛繁荣的国家，唐朝的统治者在政治上充满自信心，在处理中外关系和民族关系上都采取开明、平等的政策，唐太宗曾说："自古皆贵中华，贱夷狄，朕独爱之如一，故其种落皆依朕为父母。"在这种政策思想指导下，对文化、艺术、宗教都采取了兼收并蓄的方针，广泛地吸收和借鉴东西方国家和周边诸民族的音乐舞蹈是唐乐舞繁荣的重要原因。

　　玄宗对唐乐舞的贡献，在于他提倡俗乐，使活泼欢快的燕乐有很大的发展，音乐舞蹈和生活的联系更加密切。燕乐发展的客观原因是玄宗时代经济繁荣，社会各阶层的生活都安定富裕，统治阶级积累了大量财富，可以寄情声色，整个

---

　　① 《旧唐书》卷二八《音乐一》。

社会呈现出一派欣欣向荣的景象。

为了适应和促进俗乐的发展，玄宗对音乐机构进行了调整和充实。"以太常礼乐之司，不应典倡优杂伎"为理由，把俗乐的管理从太府寺太乐署划归教坊。教坊原来是管理音乐教育的机构。武德年间开始有内教坊，归太常寺管辖。玄宗除内教坊外，又增设四个教坊。两个在长安，两个在洛阳。长安的两个教坊，一个设在延政坊，名为左教坊，以工舞见长；一个设在光宅坊，名右教坊，以善歌取胜。洛阳的两个教坊都设在明义坊。内外教坊都由玄宗派宦官为使管理，直属宫廷，不再归太常寺管辖。

玄宗还设了三个梨园。一个在长安宫中，一个在长安太常寺里，称太常梨园。还有一个在洛阳的太常寺，称梨园新院。梨园是专习法曲的机构，唐代由多段曲子组成的大型歌舞曲称"大曲"，其中，曲调和配器比较幽雅，接近汉族清乐系统，称"法曲"。法曲在作曲、声乐、器乐及舞蹈方面都有较高的技术要求。宫中梨园由玄宗亲自指导。"玄宗既知音律，又酷爱法曲，选坐部伎子弟三百教于梨园，声有误者，帝必觉而正之。号皇帝梨园弟子。"①玄宗还选拔了数百名宫女，居住在宜春院，由他来训练，这些宫女也称为皇帝梨园弟子。宫中梨园附设一个小部音声，由三十几个十五岁以下的孩子组成。宫中梨园集中了当时技艺最高的音乐舞蹈人才，玄宗则充当他们的作曲、指挥和导演，它是皇帝亲自

---

① 《新唐书》卷二二《礼乐十二》。

领导的歌舞团。

玄宗对唐初的《十部乐》作了进一步的改进。他根据表演方式的不同，区分为"立部伎"和"坐部伎"。在堂上坐奏的叫"坐部伎"，包括八部乐，即《安乐》《太平乐》《破阵乐》《庆善乐》《大定乐》《上元乐》《圣寿乐》《光圣乐》。堂下立奏的叫"立部伎"，包括六部乐，即《燕乐》《长寿乐》《天授乐》《鸟歌万岁乐》《龙池乐》和《小破阵乐》。坐、立两部伎不像隋代的九部乐和贞观的十部乐那样以国名、地名来分乐部，而是以曲名来分乐部，说明以汉族为主体的音乐已经和外来音乐及周边诸民族音乐进一步融合。在促进中外及诸民族音乐的交流和融合中，玄宗起了重要的作用。他曾专门颁布"道调、法曲与胡部新声合奏"[1]的诏令。在他自己创作的乐曲中也吸收了大量天竺乐、西凉乐、龟兹乐等外来的音乐成分。

玄宗善于作曲编舞，他主持改编和创作了不少新的乐舞，直接丰富了唐乐的内容。

玄宗主持改编的乐舞有《破阵乐》《上元乐》《圣寿乐》等。太宗时创作的《秦王破阵乐》是唐宫廷中的保留节目，常常演奏，不断有改动。高宗显庆元年（656）改名为《神功破阵乐》，舞蹈队伍由原来的120人减为64人。玄宗也改编了《破阵乐》，他只用四人，身穿金甲来舞蹈，表演灵活，内容还是表现战斗生活，因此，又名《小破阵乐》。玄宗还

———————————

[1] 《新唐书》卷二二《礼乐十二》。

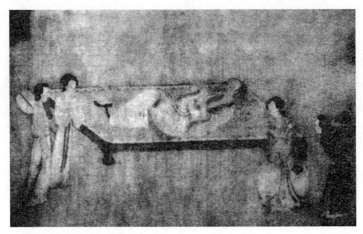

明皇合乐图

曾用数百名宫女来表演《破阵乐》，演出效果很好，连太常寺专门表演这个节目的都不如他们。《上元乐》是高宗时创作的，舞蹈者180人，穿五色云衣，富有道教色彩，多用于郊庙祭祀。玄宗把这个舞改编为娱乐性的乐舞，用宫女来表演。《圣寿乐》是武则天时创作的字舞，由140人表演，每变一次队形，组成一个字，总共摆成"圣超千古，道泰百王，皇帝万年，宝祚弥昌"[1]16个字。玄宗对这个字舞加以改编，增添了"回身换衣"等舞蹈技巧。在每件舞衣上绣上花朵，外加一件短衫，舞到第二段时，巧妙地回身脱去短衫，忽然现出绣衣，使人耳目一新，大为惊叹，经过改编的《圣寿乐》更为绚烂华丽。

---

① 《旧唐书》卷二九《音乐二》。

官乐图

玄宗新创作的乐舞有《光圣乐》《龙池乐》及《霓裳羽衣曲》。《光圣乐》用80人戴鸟冠，穿五彩画衣表演。主题是歌颂玄宗平定韦后的功绩。玄宗为临淄王时，住在兴庆里，宅中忽然地陷泉涌，形成一个大水池，据说其上郁郁有帝王气。玄宗即位后，称之为"龙池"（或兴庆池），为此写了《龙池乐》以纪念，由12个人头戴莲花冠，手执莲花而舞，舞蹈极其优美动人。

玄宗创作的乐舞，最为著名的是《霓裳羽衣曲》，由于杨贵妃的舞蹈和白居易的赞扬，更使这一作品名扬千古。

《霓裳羽衣曲》的创作缘起，有一个带有神秘色彩的传说。据说道士罗公远在中秋之夜，带玄宗遨游月宫，看到仙女数百人，素练霓裳舞于廷，音乐优美，精妙无比，曲名《霓裳羽衣》，玄宗默记了一半。回来后，恰逢西凉节度使杨敬述进《婆罗门曲》，声调与月宫仙乐相符。玄宗把默记的仙乐谱为散序，与杨敬述所进曲子合在一起，改编为《霓裳羽衣曲》。还有一个传说是玄宗登三乡驿，望女儿山，深有所感而作。刘禹锡的诗写道："开元天子万事足，惟惜当时光景促。三乡陌上望仙山，归作《霓裳羽衣曲》。"①玄宗游月宫的传说，带有神奇虚幻的色彩，不可置信，但它反映了这个曲子的创作过程，玄宗在构思时吸收了《婆罗门曲》的音乐素材、曲调，优美如仙乐。这个曲子创作的缘起，还是以玄宗遥望云雾缭绕的女儿山②，浮想联翩，感慨人生的短暂，羡慕神仙的永恒，形成创作的冲动，可能更为实在些。

《霓裳羽衣曲》久已失传，流传至今的宋人姜夔的《霓裳中序第一》已面目全非。所幸白居易在《霓裳羽衣舞歌》③一诗中对这个舞蹈的音乐、服饰、动作、节奏、神态，都有细致的描写，可以从中知其概貌。

《霓裳羽衣曲》全曲分36编（段），由散序（6编）、中序（18编）、曲破（12编）三部分组成。演员作仙女打扮："案前舞者颜如玉，不着人家俗衣服，虹裳霞帔步摇冠，钿璎累累佩珊珊。"伴奏的乐器有磬、箫、筝、笛等，开始是散序，"磬箫筝笛递相搀，击擫弹吹声逦迤。散序六奏未动衣，阳台宿云慵不飞"。散序只有音乐，没有舞蹈，转入中序后，

①《全唐诗》卷三五六。刘禹锡《三乡驿楼伏睹玄宗望女儿山，诗小臣斐然有感》。

②女儿山在唐河南府福昌县（今河南宜阳县）南洛河南岸。

③《全唐诗》卷四四〇。

有歌有舞，"中序擘騞初入拍，秋竹竿裂春冰拆。飘然转旋
回雪轻，嫣然纵送游龙惊。小垂手后柳无力，斜曳裾时云欲
生。烟蛾敛略不胜态，风袖低昂如有情。上元点鬟招萼绿，
王母挥袂别飞琼"。到结尾的入破时，"繁音急节十二遍，跳
珠撼玉何铿铮。翔鸾舞了却收翅，唳鹤曲终长引声"。整个
乐舞，音乐优美，旋律时缓时急，舞姿新颖雅丽，十分动
人。

　　《霓裳羽衣曲》是有很高艺术成就的乐舞，也是玄宗的
得意之作。据说杨贵妃初入宫，"进见之日，奏霓裳羽衣以
导之"①。后来，杨贵妃在宫中常常为玄宗表演这个舞蹈。
"缓歌慢舞凝丝竹，尽日君王看不足。渔阳鼙鼓动地来，惊
破《霓裳羽衣曲》。"玄宗与贵妃之间的爱情，他们的命运，
以至大唐王朝的兴衰，似乎都和这个乐舞息息相关。

　　由于玄宗对音乐舞蹈的爱好和提倡，当时的时尚是重视
乐舞的。除宫廷中有数万乐工外，王公贵族之家普遍都有自
己的舞乐队伍。唐初，地方府、县已有"县内声音"。玄宗
整顿和扩充了府县的"衙前乐"。每逢节假日，如正月的元
宵节、八月的千秋节，宫中宴饮，民间喜庆，都要表演乐
舞，使节日充满欢乐的气氛。

　　玄宗还组织大规模的乐舞会演竞赛。开元二十三年正
月，他在洛阳皇宫五凤楼酺宴，命三日里内刺史县令，各率
所部音乐队伍会集在楼下，轮流演出，以决胜负。怀州（今

————————

　　① 陈鸿《长恨歌传》。

河南沁阳）刺史用车载乐工数百人，身穿华丽的彩服，驾车的牛都装饰成虎豹犀象的样子。鲁山（今河南鲁山）县令元德秀则只派乐工数人，演唱他自己谱写的歌曲《于蔿》。怀州的乐队由于过分奢华受到玄宗的批评，刺史被贬官。元德秀却受到赞扬，不仅因为他清廉，也因为他的创作和乐工的表演都很精彩。比赛连续进行了三天，热闹非凡，"观者喧隘，乐不得奏"。不得不由执法严明的河南府丞严安之出面维持秩序，以使比赛正常进行。

玄宗时期见于记载的另一次群众性的音乐歌舞大会，就是天宝二年的广运潭盛会，那也是十分壮观的。

由于社会各阶层都喜爱音乐舞蹈，乐舞既有庞大的专业队伍，也具有广泛的群众基础，不仅使乐舞本身的发展在玄宗时代进入繁荣、兴旺的阶段，而且使整个社会的风貌呈现出活泼、开朗、欢乐的景象。

三、"三教"并用

儒学和佛教、道教都是中国传统文化的有机成分，并称"三教"。在政治上，他们都是为维护封建统治服务的。"三教"各有发展，他们之间，有异有同，有矛盾斗争，也有联系合作，融汇沟通。唐代的皇帝大多是儒、佛、道三教并用的，但也时有偏重。大体说来，历朝都尊儒，而于佛、道则不能一视同仁。唐高祖李渊为了自高门第，和老子李聃认本家。唐太宗自称"朕之本系，起自柱下"①，以老子为始祖，当然要把道教放在佛教之上。下诏说："自今以后，斋供行法，至于称谓，道士女冠，可在僧尼之前。"②高宗对佛道先后采取折中的办法，于上元元年（674）下诏说："公私斋会，及参集之处，道士、女冠在东，僧尼在西，不须更为先后。"③把佛、道的地位摆平。武则天要改李唐为武周，和尚们出了一把力，东魏国寺僧法明等撰《大云经疏》四卷献上。《大云经》原有黑河女主之事，薛怀义、僧法明等进《大云经》，说武则天是弥勒佛化身，"当代唐为阎浮提主"。给武则天称帝提供了神圣的根据。武则天称帝后，天授二年（691）四月，"令释教在道法之上，僧尼处道士女冠之前"④，还下令诸州各置大云寺，大云寺一直修建到安西、疏勒等偏远地区。武则天当政时，广建寺院，普度僧尼，大兴佛法，佛教迅速发展，地位在道教之上。中宗在位，佛教仍占领先地位。到睿宗时，道教开始抬头。睿宗也像他的父亲高宗一样，把佛、道两教摆平，不过具体形式稍有不同。景云二年（711）规定："自今每缘法事集会僧尼、道士、女冠等，宜齐行并进"⑤，不分先后，并排行走。玄宗时，道教便走在佛教之前了。玄宗对三教的基本态度是：尊儒、崇

① 《唐大诏令集》卷一一三《道士女冠在僧尼之上诏》。
② 同上。
③ 《唐会要》卷四九《僧道立位》。
④ 《旧唐书》卷六《武则天本纪》。
⑤ 《唐大诏令集》卷一一三《僧道齐行并进制》。

道、不抑佛。

先说尊儒。

儒家学说宣扬的君君、臣臣、父父、子子的封建等级观念和忠孝节义的伦理道德观念是维护封建统治的最有力的思想武器，所以，从西汉以来，历代都把儒学当作正统思想，加以倡导。玄宗对儒学的"教化"作用有深刻的认识。开元十九年，吐蕃派使者至唐廷，以金城公主的名义，要求取得《毛诗》《春秋》《礼记》等儒家经典，引起朝臣的一场争论。秘书省正字于休烈上疏，反对给吐蕃儒家典籍，主张愚民政策，他说："今资之以书，使知用兵权略，愈生变诈，非中国之利也。"玄宗让宰相们讨论这一意见，侍中裴光庭等认为："赐以诗书，庶使之渐陶声教，化流无外。休烈徒知书有权略变诈之语，不知忠、信、礼、义，皆从书中出也。"玄宗同意宰相们的意见，把诗书赠给吐蕃。开元二十七年，玄宗在追谥孔子为文宣王的诏书中，这样评价孔子的学说："美政教，移风俗，君君、臣臣、父父、子子，民到于今受其赐。"[1]高度赞扬了儒学在化民成俗、巩固封建伦理道德上的作用。

玄宗尊儒，表现在不断地抬高儒家始祖孔子的地位上。乾封元年（666）正月，高宗在封禅泰山之后，到曲阜致祭孔子，赠以太师的头衔。武则天天授元年（690）封孔子为隆道公。玄宗在开元十三年泰山封禅完毕，也到曲阜孔子宅

_____

① 《唐会要》卷三五《褒崇先圣》。

致祭。开元二十七年八月，追谥孔子为文宣王，令西京国子监及天下诸州府学内，孔子均南面而坐，颜回、闵子骞、冉伯牛、仲弓、冉有、子路、宰我、端木子贡、子游、卜子夏等十哲东西侍列，都封赠公侯。西京及兖州旧宅的孔子像，由宫内出衮冕之服衣之。终唐一代，玄宗对孔子的礼遇是最高的。

玄宗很重视儒学的教育、普及工作。他在为皇太子时，曾亲到国子学释奠，并命太子侍读、名儒褚无量讲《孝经》《礼记》，无量"各随端立义，博而且辩，观者叹服焉"①。开元六年，皇太子瑛及郯王嗣直等五人，年近十岁，尚未就学。褚无量缮写《论语》《孝经》各五本献上，玄宗说："吾知无量意无量。"②他深知用儒学来教育皇室子弟的重要性，选择国子博士郗恒通、郭谦光、左拾遗潘元祚等学识渊博、德行高尚的学者，为太子、郯王等皇室子弟侍读。次年，又诏太子就国子监行齿胄之礼，由褚无量登坛解说儒家经典，朝中文武百官都去听讲观礼。

玄宗为皇太子入学举行隆重的典礼，说明他对学校教育的重视。唐代的学校教育制度是比较完备的。中央的教育机构主要是国子监。门下省的弘文馆、东宫的崇文馆及开元时期设置的崇玄馆等，都是官办学校。国子监所领官学有国子学、太学、四门馆、律学、书学、算学。律、书、算是培养

---

① 《旧唐书》卷一〇二《褚无量传》。

② 同上。

法律、文字训诂、算术等专门人才的学校。国子学、太学、四门馆的学生则主要研读儒家经典，"凡教授之经，以《周易》《尚书》《周礼》《仪礼》《礼记》《毛诗》《春秋左氏传》《公羊传》《穀梁传》各为一经。《孝经》《论语》兼习之"①。各州县也有学校，以学习儒家经典为主，各级各类学校根据不同的条件招收学生。国子学招收三品以上的贵族子弟，太学招收五品以上的高官子弟，四门学招收一般官僚子弟及有才能的平民子弟。国家设立的各级各类学校，既有传授文化知识的任务，也是用儒家思想教育和训练官僚后备队伍的地方。

开元二十一年，玄宗下敕"许百姓任立私学"。在中央、州县的官学之外，允许私人办学。五年之后，即开元二十六年正月，玄宗又下敕："古者乡有序，党有塾，将以弘长儒教，诱进学徒，化民成俗，率由于是。其天下州县，每乡之内，各里置一学，仍择师资，令其教授。"②玄宗命各乡各里都要办学，这就把学校教育普及社会的最基层。教育的普及，意味着"弘长儒教"，"化成民俗"。

玄宗特别重视《孝经》。开元十年六月二日，玄宗把自己亲自注解的《孝经》颁于天下及国子学。天宝二年五月二日，玄宗又把重注的《孝经》颁行于天下。天宝三载十二月敕令："自今已后，宜令天下家藏《孝经》一本，精勤教习。

---

① 《旧唐书》卷四〇《职官三》。

② 《唐会要》卷三五《学校》。

学校之中，倍加传授。州县官长，明申劝课焉。"①玄宗为《孝经》作序、注释并亲自书写刻碑，这通碑至今仍保存在西安碑林，就是著名的"石台孝经碑"。玄宗深知唐廷中央政局的不稳定，问题主要出在皇室的父子兄弟的矛盾之中，所以，他特别重视《孝经》，他要利用儒家思想，大讲孝道，以调节人与人的关系，维护自己的地位，巩固尊卑长幼各安其位的社会秩序。

老子像

总的来说，唐代尊儒有自己的特点，不同于两汉，也有别于宋明。唐人务实的风气浓厚，理论色彩较为淡薄，唐代没有出过像董仲舒、二程、朱熹那样的儒学大师，也不大讲"天人感应"之类的高深儒学理论。但对于像《孝经》这样于治世安民有用的典籍，则颇为重视。玄宗把尊儒和普及教育结合起来，也主要是着眼于儒学的社会效益。

再说崇道。

玄宗崇道在历史上是著名的，他把道教的地位放在儒、佛之上。玄宗给老子加的尊号是"大圣祖高上大道金阙玄元

①《唐会要》卷三五《经籍》。

"天皇大帝"，比孔子的文宣王封号高出许多。老子既然称
"皇帝"，祭祀老子的玄元庙也就升格为宫，老子之后的庄
子、文子、列子、庚桑子被封为"四真人"，其著作不再列
入子书而称"经"。开元二十五年，玄宗下令置玄学博士，
在科举中第一次出现了道举，考试办法依明经举。玄宗还在
中央设立崇玄学，置博士、助教各一人，学生一百人，作为
研究道学理论、培养道学人才的地方。后来，又将两京崇玄
学改为崇玄馆，博士改为学士。玄宗对道学颇有研究，他曾
自述："听政之暇，常读《道德经》《文》《列》《庄子》等
书。"开元二十三年，玄宗亲自注释《道德经》，颁示天下，
并今天下庶人家，每户必备《道德经》一部。玄宗还礼尊道
士。邓紫阳、司马承祯、赵法师、薛季昌等著名道士，都是
他的座上宾。玄宗所作诗歌赠送道士者颇多。玄宗与道士谈
论神仙方药，也谈治国之道，在追赠道士叶法善越州都督的
诏中就曾写道："朕当听政之暇，屡询至道。公以理国之法，
数奏昌言。谋参隐讽，事宣弘益。"①天宝之后，玄宗崇道的
心情更加迫切，每年举行郊祀典礼，首先到太清官朝拜老
子。次日，享太庙，祭祀李唐王室列祖列宗。再次日，合祀
天地于南郊。

　　玄宗崇道，有主、客观两方面的原因。玄宗的父亲睿
宗，在政治斗争中成功地运用了道家的主张，很尊崇道教，
这无疑会对玄宗发生影响。玄宗的个性豪爽乐观，积极奋

---

① 《旧唐书》卷一九一《叶法善传》。

进，多情多欲，多才多艺。他身为皇帝，拥有无限的权力，又生当盛世，国力富强，天下太平，府库丰盈，人间的一切享受他几乎都可以得到。道教宣扬的那套化金销玉，行符救水，奇妙方术，羽化飞天的光怪陆离的神仙境界和延年益寿的长生术，就对他具有格外强烈的刺激性和诱惑力。

在客观上，玄宗崇道是政治斗争的需要。一方面，武则天革唐命而建武周时，也革掉了老子"玄元皇帝"的称号，把佛教置于道教之上。在当时特定的政治环境下，佛、道高下实际反映了李武斗争。玄宗要振兴李唐，改革武周末年以来的弊政。但又不能直接指责祖母武则天。多年来，李武两家交错的血缘亲族关系，使李唐与武周的政治关系异常错综复杂，稍有不慎，就会发生错误。在这种情况下，玄宗选择崇道的旗号，用来掩饰政治上对武周的某些清算，是极其高明的政治斗争方式。另一方面，对医治武周末年以来久经动乱的社会，玄宗认为，道家思想是有效的救世良方。他在《命两京诸路各置玄元皇帝庙诏》中写道：

> 我烈祖玄元皇帝，禀大圣之德，蕴至道之精，著五千文（即《道德经》），用矫时弊，可以理国家；……朕有处分，令家习此书，庶乎人用向方，政成不宰①。

在《道德经疏释题词》中，他更简明地指出了《道德

---

① 《全唐文》卷三一。

经》的要旨：

> 而其要在乎理身理国。理国则绝矜尚华薄，以无为
> 不言为教。故经曰：道常无为而无不为。侯王若能守，
> 万物将自化。又曰：我无为而人自化，我无事而人自富，
> 我好静而人自正，我无欲而人自朴。理身则少私寡欲，
> 以虚心实腹为务。故经曰：常无欲以观其妙。又曰：不
> 贵难得之货。不见可欲。又曰：塞其兑，闭其门，挫其
> 锐，解其纷，而皆守之以柔弱雌静。故经曰：柔胜刚，
> 弱胜强。又曰：知其雄，守其雌。此其大旨也。及乎穷
> 理尽性，闭缘息想，处实行权，坐忘遗照，损之又损，
> 玄之又玄，此殆不可得而言传者矣①。

在玄宗看来，道家学说的重要性在于理身理国，理国的核心则是"无为"，"无为而无不为"，说明玄宗是深知道家治国之要的。

开元二年正月，玄宗在《简京官为都督刺史诏》中说："清净则不扰，不扰则和平，和平则不争，不争则知耻。爱费而与休息。除烦而从简易，自当农者归陇亩，蚕者勤纺织，既富而教，乃克有成。"②所以，开元前期，拨乱反正的一些措施、政策，如节欲戒奢、重本务农、废除烦苛、行宽

---

① 《全唐文》卷四一。

② 《唐大诏令集》卷一○○。

简之政、与民休息等，都是在道家清静无为的思想影响下实施的。这些政策收到了良好的效果，为开元盛世的到来奠定了基础。

以老子为代表的道家思想学派和以神仙方术、炉鼎丹药为特征的道教是既有区别、又互相融合，很难分开的。玄宗的崇道，既有对道家治国救世思想的尊重和运用，也有对道教神仙丹药的向往和追求。前者，运用适当，对社会国家会发生有益的影响，故名之"崇道"；后者，追求过分，则会带来巨大的消极作用，

唐代老君像

故名之"佞道"。玄宗自身有一个从崇道向佞道转化的过程，玄宗的佞道，在后文将要述及。

最后说不抑佛。

开元初年，玄宗曾下令沙汰僧尼，限制兴建佛寺，禁止铸像写经。这些抑佛措施，是在武则天末年以来，佛教势力过分膨胀，在政治上和经济上都危及李唐王室，损害国家利益的特定情况下实施的。从玄宗当政期间的全面情况看，道教地位在佛教之上，但玄宗并不抑佛。

玄宗对佛法也颇有研究。开元二十四年继颁布御注《道德经》后，又把《御注金刚般若经》颁行天下。张九龄等大

臣上表祝贺，玄宗诏复说："僧徒固请，欲以兴教，心有所得，辄复疏之，今请颁行，仍虑未惬。"①可见玄宗经常诵读、研习佛经，颁行这部御注的《金刚经》是应僧徒的请求，对兴教表示支持。事实上，除开元初期极短暂的"抑佛"外，玄宗并不限制佛教的发展。开元二十六年（738）曾诏敕天下诸郡立龙兴、开元两寺。次年，又敕天下僧尼遇国忌日就龙兴寺行香、散斋，千秋节就开元寺祝寿。

在僧道之间，玄宗也不特别歧视僧尼，往往一视同仁。开元二十七年正月，根据河南采访使、汴州刺史齐澣的奏请，玄宗批准僧尼、道士、女冠等犯有罪行的，应按教规处理，"所由州县官，不得擅行决罚。如有违越，请依法科罪"②。天宝三载夏四月，玄宗令两京、天下州郡取官物铸金铜天尊及佛各一躯，送开元观和开元寺。可见，玄宗是把佛、道两教摆平的。在开元时期，佛教中的密宗传入，并得到极大的发展。这期间，先后从印度来了三位梵僧，即善无畏、金刚智和不空，也就是佛教史上著名的"开元三大士"，中国的密宗就是由他们开创的。

善无畏（637—735）曾于那烂陀寺学习密教。开元四年来到长安，深受玄宗礼遇，被尊之为"教主"，居住在长安、洛阳两地寺院。在一行的协助下，翻译经典，译出密教经典多部，其中《大毗卢遮那成佛神变加持经》（七卷），即有名

---

① 《全唐文》卷三〇《答张九龄等贺御注〈金刚经〉手诏》。

② 《唐会要》卷五〇《尊崇道教》。

的《大日经》，是密宗最重要的经典。善无畏在死后被追赠为鸿胪卿。金刚智（669—741）是开元八年到长安的，他先后译出密宗经典多部。金刚智死后，玄宗敕赐"国师"称号。不空（705—774）自幼随父来中国，15岁时，拜金刚智为师，从学密教，协助译经，曾于开元二十五年赴五印度和狮子国（今斯里兰卡），寻求密藏梵本，天宝五载（746）返回中国。玄宗请不空住进鸿胪寺，优礼有加，并亲从不空受"五部灌顶法"。不空一生共译出密教经典110部，143卷①。他和罗什、真谛、玄奘并称中国佛教史上的"四大译师"。

密宗在开元年间的传入和发展，是和玄宗的支持分不开的。玄宗对密宗有兴趣，主要是因为密宗和佛教的其他派别不同，传统的佛教是禁欲的，讲究不近女色，刻苦修行。密宗则不然，它公开宣称："随诸众生种种性欲，令得欢喜"②，把女性当作"修学密法"的必要条件和不可缺少的伴侣。因而有佛母、明妃、欢喜金刚，各种"天女"等不同名目，这些做法使封建统治阶级找到了追求现世享乐、纵情声色的借口，给他们骄奢淫逸的生活披上一件神圣的外衣，当然也就会得到他们的青睐。

① 圆照《贞元释教录》卷一一。

② 《大日经》卷五，《大正藏》卷一八。

第十八章 / 纳妃、佞道、游乐

纳妃　开元二十五年，正当玄宗排除各种干扰，把变革进一步推向前进的时候，四月发生了废掉太子瑛，一日而杀三子的事件。接着，他所宠爱的武惠妃也在年底死去。玄宗的心情很不好。直到开元二十六年六月，确定立忠王李玙为太子，玄宗心中悬着的一块石头才落地。这时各项制度的调整已近尾声。经过对制度的调整和对边防的整顿，朝廷在财政上和军事上的力量增强了，政治上进入一个相对安定的时期，社会经济也继续发展。李林甫任中书令后，把大小事务包揽下来，处处迎合玄宗的意旨。因此，在政务上玄宗也不需像过去那样操心了。

精神松弛下来以后，玄宗反而感到了空虚和寂寞。武惠妃死后，在后宫就一直没找到一个可心的伴侣。正在这时，杨玉环闯进了玄宗的生活。

杨玉环的父亲杨玄琰位至蜀州司户参军，叔父杨玄璬时为河南府士曹参军，都不过是七品的官吏。但是，她的家族却有着显赫的历史，武则天的母亲杨氏即出自这个家族。因此，杨玉环在开元二十三年被选为玄宗与武惠妃所生的寿王李瑁的王妃。杨玉环不仅长得很美，而且善歌舞，通音律，琵琶弹得也很精妙。高力士到处为玄宗物色美女时，在寿王府发现她是合适的人选，便把她召入宫中。时间大概是在开元二十八年十月玄宗去骊山温泉期间。次年正月初二，是玄宗生母、睿宗昭仪窦后的忌日，便以杨玉环自请为太后追福为名，度为女道士。玄宗还堂而皇之地下了一道《度寿王妃为女道士敕》，解除了寿王瑁和杨玉环的婚姻关系。此后，杨玉环就住在宫中的太真观，号太真，公开成为玄宗的情人。

开元二十三年杨玉环被选为寿王妃时，才17岁，寿王瑁也不过十八九岁。对于一个爱好歌舞的姑娘来说，这时对异性的情感还不稳定。而寿王瑁也还只是一个不甚懂事的娃娃，自然也不会给她更多的柔情和体贴。而到开元二十八年玄宗见到她时，她已经成长为一个22岁的"姿质艳丽"的少女了。白居易在《长恨歌》中所云："杨家有女初长成"，恰当地描述了杨玉环的年龄特征。对这样一个少女来说，感情上的要求，也更加强烈了。寿王瑁能在多大程度上满足她的要求，史无明文，不敢妄加揣度。而年逾50，宠妃已死去几年，和大臣关系也日益疏远的李隆基，却能给她异乎寻常的爱抚和关怀。除了杨玉环的风姿外，她的素质和能力，也深为玄宗欣赏，这是两人结合的重要基础。

唐人陈鸿在《长恨歌传》中说：太真入宫后，与玄宗"行同辇、止同室、宴专席、寝专房。虽有三夫人、九嫔、二十七世妇、八十一御妻、暨后宫才人、乐府伎女，使天子无顾盼意。自是六宫无复进幸者。非徒殊艳尤态致是，盖才智明慧，善巧便佞，先意希旨，有不可形容者"。虽小说家言，但从《旧唐书》卷五十一《玄宗杨贵妃传》所记："不期岁，礼遇如惠妃。太真姿质丰艳，善歌舞，通音律，智算过人。每倩盼承迎，动移上意。宫中呼为'娘子'，礼数实同皇后。"可知陈鸿所言是有事实根据的，非文人夸大之词。

佞道 开元末年玄宗从崇道逐步转为佞道。前已述及，玄宗早年崇道，是把道家思想当作一种统治理论。开元九年，玄宗遣使迎天台山道士司马承祯入京，亲受法箓。虽然对神仙一类的事他也感兴趣，但正如《旧唐书·张果传》所记："玄宗初即位，亲访理道及神仙方药之事，及闻变化不

唐明皇秋夜梧桐雨

测而疑之。"对于那样超出常识范围之外、神乎其神的事他是并不相信的。然而玄宗的思想是在不断变化的。

开元二十二年（734），他把经常往来恒山中的道士张果迎到东都洛阳。张果运用气功、人体的特异功能、炼丹所积累的化学知识乃至幻术、魔术在玄宗面前表演了许多神奇灵异之事，玄宗经过多方验证，也未能找出破绽，因而深信不疑，"由是颇信神仙"。但当时各种问题亟待解决，玄宗还无暇去深究此事。

到开元末年，特别是杨玉环入宫后，重新给了玄宗生活的乐趣，使他从武惠妃之死和太子废立所引起的情绪低落中复苏过来。经过政治、经济、军事各方面的调整，开元全盛的局面终于出现了，使玄宗对前途充满了憧憬。因此，对神仙之事又热衷起来。开元二十七年（739）玄宗在为叶法善所写的《叶尊帅碑铭并序》中，就详细列举了叶法善的各种神奇怪异之事："或潜泳水府，或飞步火房，或剖腹涤肠，勿药自复，或刳肠割膜，投符有加；或聚合毒味，服之自若，或征召鬼物，使之立至；呵叱群鬼，奔走众神，若陪隶也。故海内称焉。千转万变，先朝宠焉。"①把这些在开元初年他颇为怀疑的现象，全部作为事实肯定下来。

由于对神仙怪异之事的相信，玄宗感到开元盛世出现的背后，有一种神奇的力量，希望它能给他带来新的功业和幸福。他自然地把这种力量和唐朝的老祖宗玄元皇帝联系起

---

① 《全唐文》卷四一。

杨贵妃

来，异想天开地盼望和老祖宗发生直接的联系。他更加虔诚地礼拜老祖宗，往往陷入冥想之中。杨玉环入宫后不久，开元二十九年四月一天的早晨，他四更起床，礼谒玄元真容后，便"端坐静意，有若假寐"。就在这会儿，玄元皇帝和他在梦中见了面，并且告诉他："汝当庆流万叶，享祚无穷。"保证他幸福万代，传国久远。正像玄宗在答宰相拜贺此事的手诏中所写："梦之正者，是谓通神，于惟圣容，果以诚应。"①日有所思，夜有所梦这样简单的事实，被说成是玄宗的精诚感动了老祖宗，终于实现了玄宗与老祖宗"通神"、直接联系的愿望。他还同时宣布梦中玄元皇帝告云："吾有像在京城西南百余里，汝遣人求之，吾当与汝兴庆宫相见。"玄宗派人寻找，果然在盩厔（今陕西周至）楼观山间寻得。四月，迎置兴庆宫。五月又命有关部门画玄元真容，分送诸州开元观安置，并要求所在道士女冠，皆具威仪法事迎候，还要设斋行道七昼夜。玄元皇帝像到底是谁放到楼观山间，无从考证，但玄宗梦见玄元皇帝是可能的。玄宗把这个荒诞的梦堂而皇之地化为行动，布告天下，反映了他已经从崇道转化为佞道了。

　　上有所好，下必甚焉。梦见玄元皇帝、看见玄元皇帝显灵的事，接踵而来。天宝元年正月，陈王府参军田同秀上言："见玄元皇帝于丹凤门之空中，告以'我藏灵符，在尹喜故宅'。"尹喜是周代函谷关令。玄宗派人到函谷故关尹喜

---

　　① 《册府元龟》卷五三《帝王部·尚黄老一》。

台西一百三十步，果然发现了不知何人，很可能就是田同秀一伙所藏的"灵符"。除了群臣表贺，皇帝答诏，着实热闹了一番外，玄宗又下令为玄元皇帝建新庙，追号庄子为南华真人，所著书为南华真经。天宝二年，又追尊玄元皇帝为大圣祖玄元皇帝。天宝三载三月又令两京及天下诸郡开元观以金铜铸天尊即玄元像。玄宗也更加醉心于炼丹、礼拜。他坚持每天四更起床，到大同殿对玄元皇帝像焚香顶礼，令道士和宦官在天下名山立灶炼丹，还在宫内设立了道坛。

天宝四载（745）正月初六，玄宗在内道场"为百姓祈福"，把亲自撰写的黄素文放在案上，忽然一阵风来，黄素冉冉升起，一会儿就飘得无影无踪。注视着迅即消逝在浩渺天际的黄素，玄宗的心里得到极大的满足，耳边恍惚响起了苍天的声音："圣寿延长！"几年的追求终于没有白费，对长生的追求得到了上天的保证。这对一个年届60的老翁来说，是意味深长的。而对于作为皇帝的玄宗来说，其意义就更加不同一般。开元二十九年，他在梦中想得到的还只是"庆流万叶，享祚无穷"，想到的还是国家和子孙后代。而天宝四载在恍惚中冒出来的却是"圣寿延长"。尽管这也包含了他还想成就更大的功业的思想，但也无可否认，"圣寿延长"意味着玄宗已经把养生享乐放到了更加重要的位置。

游乐　八月初五是玄宗的生日，开元十七年玄宗曾在这一天宴群臣于兴庆宫花萼楼下。百官表请每年八月五日为千秋节。此后，每年都要庆贺一番。但从《资治通鉴》等史籍的记载看，自从开元二十四年（736）千秋节群臣献宝镜后，

《杨贵妃上马图》局部

似乎就没有过特别的庆祝活动。而在天宝四载刚刚度过60周岁的生日后，他却采取了一个异乎寻常的行动，于八月十七日册杨太真为贵妃。二人同居了五年之后，终于正式结为夫妻。这除了是对他迈过了60岁的庆祝，也是玄宗对生活充满热情，对前途充满希望，对长寿满怀信心的表现。天宝三载玄宗对高力士所言，"朕不出长安近十年，天下无事，朕欲高居无为，悉以政事委林甫"，天宝四载后付诸实践。李林甫更加全面地承担起对各项政务的处理。在这以后，玄宗除了过问一些大事，更多的时间用于游乐。

事实上，自杨太真入宫后，玄宗的游乐活动就明显增加，冬天去温泉；春天去郊外春禊，宫中还有各种游乐活动。

今日华清池

冬：温泉

今西安附近临潼的骊山温泉，"汉魏以来相承能荡邪蠲疫"[1]，可治疗疾病，祛除风寒。贞观十八年（644），唐太宗命将作大匠阎立德在周、隋离宫的基础上营建宫殿，名汤泉宫。

玄宗即位后，只要未去东都，差不多每年都要去温泉一次，时间或在冬十至十二月间，或在春正二月间。在温泉玄宗曾即兴作诗："桂殿与山连，兰汤涌自然。阴崖含秀色，温谷吐潺湲。绩为蠲邪著，功因养正宣。愿言将亿兆，同此共昌延。"并序曰："惟此温泉，是称愈疾。岂予独受其福，

---

[1] 《大唐六典》卷一九《温泉汤》。

思与兆人共之。乘暇巡游，乃言其志。"①指出温泉有蠲邪养正之功，他作为皇帝，不愿一人独享其福，表示要与兆民共之。据《大唐六典》卷十九《温泉汤》监丞条："凡王公以下至于庶人，汤泉馆室有差，别其贵贱而禁其逾越。"唐代帝王很注意与民同乐，君臣同乐。汤泉的这些制度和设施，确是体现了"与兆民共之"的原则。至于到底有多少庶人能享受这种福分，那就不得而知了。

开元十一年玄宗改汤泉宫为温泉宫。十二年去东都。十五年冬十月回长安后，十二月就去了温泉宫。此后仍是每年去一次，时间则多在十二月。每次往返一共不超过半个月，目的主要是沐浴健身。

杨玉环入宫后，情况很快发生了变化。开元二十八年、二十九年，正月、十月各去一次。接着，去后就乐不思返了。天宝二年十月十三日去后，直到十一月二十日才返回长安，一共住了38天。三年正月去后，住了30天；十月去后又住了35天。天宝四载从十月住到十二月，整个冬天差不多都是在骊山温泉度过的。

隋唐皇帝本来就有不耐烦住在方方正正、枯燥无味的宫城里的传统。隋文帝时就营建了仁寿宫。隋炀帝在营建东都洛阳时，同时营造了西苑。唐初经济困难，太宗还是兴建了玉华宫和九成宫两座离宫，作为夏日避暑办公的夏宫。高宗时更是在长安城外东北方修建了规模宏大的大明宫。玄宗时

---

① 《全唐诗》卷三《明皇帝》。

也修建了兴庆宫。

玄宗对夏日避暑没有很大的兴趣，每次去温泉宫，也从没有长住。因此，温泉宫的一切设施都是按照皇帝临时行幸的要求安排的。现在，玄宗和太真一住就是两三个月，许多政务都需要在这里处理，原来的设施是远远不能满足需要了。因此，天宝三载十二月，分新丰、万年县地置会昌县于温泉宫下。天宝五载，命房琯扩建温泉宫，并兴建政府各部门的衙署。天宝六载，扩建工程基本完成，改名华清宫，并于各政府衙署所在地筑会昌城，与华清宫联为一个有机的整体。这样，就使华清宫不仅是行乐的离宫，而且成为一座名符其实的冬宫。

此后，每年冬天玄宗和杨贵妃都是在华清宫度过的。每年十月，王公百官及皇子、皇孙都跟随前来。华清宫侧有十王院、百孙院以居玄宗诸子、诸孙。百官也都有邸宅。杨贵妃的三个姐姐，韩国夫人、虢国夫人和秦国夫人以及贵妃堂兄殿中少监杨铦、驸马杨锜亦随从玄宗去华清宫，先会于杨国忠第。车马仆从，充溢数坊之地。穿戴着锦绣珠玉，鲜华夺目。每家各为一色衣以相区别，五家合队，灿若云锦。玄宗和杨贵妃的仪仗，更不必说。喧闹中，似乎整个长安都搬到了华清宫。

春：春禊

长安城东禁苑的望春楼，濒临浐水，每到春日，百花盛开，彩蝶飞舞，宫莺婉转。中宗从洛阳回到长安后，就把这里作为春游之所。玄宗即位后，也常在这里春禊。

春禊是一种古老的民间习俗，春时在水边举行祭祀，以消除不祥。东晋王羲之的《兰亭序》："永和九年，岁在癸丑，暮春之初，会于会稽山阴之兰亭，修禊事也。"记载的就是当时名士们的一次春禊活动，已经有聚会游乐的意味。到开元天宝之际，就完全成了一种春天的郊游饮宴活动。据王维奉和观禊侍宴诗三首，春禊的地点和参加人员也是不断变动的。一次是在兴庆宫的龙池，参加者有太子及诸王，基本上是一次皇室的家庭聚会。一次是在望春亭，从诗中"金貂列上公，清歌邀落日，妙舞向春风"等句可知，参加者除玄宗，还有王公大臣。君臣坐在画舫上，一面饮着美酒，一面欣赏着轻歌曼舞，直到黄昏落日后。天宝元年的一次，地点改在曲江，"千官喜豫游"，参加的官员也更多了，玄宗还宴群臣于此。此后，虽然这种郊外的饮宴减少了，却不止一次地于三月三日在兴庆宫的勤政楼宴请群臣，高兴时还奏几部乐助兴。至于郊外水边，就留给皇亲贵戚们去游宴了。

杜甫《丽人行》就描述了杨贵妃的两个姐姐和做了宰相的杨国忠三月三日游春豪宴的情景：

> 三月三日天气新，长安水边多丽人。态浓意远淑且真，肌理细腻骨肉匀。绣罗衣裳照暮春，蹙金孔雀银麒麟。头上何所有？翠为匎叶垂鬓唇。背后何所见？珠压腰衱稳称身。
>
> 就中云幕椒房亲，赐名大国虢与秦。紫驼之峰出翠

釜，水精之盘行素鳞。犀箸厌饫久未下，銮刀缕切空纷
纶。黄门飞鞚不动尘，御厨络绎送八珍。箫鼓哀吟感鬼
神，宾从杂遝实要津。

后来鞍马何逡巡，当轩下马入锦茵。杨花雪落覆白
苹，青鸟飞去衔红巾。炙手可热势绝伦，慎莫近前丞相
嗔。

三月三日天气晴朗，贵妇们穿着用金银绣着孔雀和麒麟
的罗衣，头上戴着翡翠做成的头饰，都拥到了曲江。杨氏姐
妹的云幕中正举行着豪华的宴会。箫鼓声中，案上放着从翠
绿釜中盛出的紫驼峰。水精盘中，是刚刚烧好的鲜鱼。来宾
都是占据着要津的大官，姗姗来迟的则是权势炙手可热的宰
相杨国忠。看来就缺玄宗和杨贵妃没有来了。但大唐天子并
没有忘记阿姨们的这次盛会，他指示御厨不断地送来各种美
味佳肴。

其他游乐活动，这里就不一一列举了。

第十九章 / 杨国忠其人

国富兵强历来是统治者追求的目标。唐初贞观君臣就曾用"甲兵强盛"和"府库丰溢"来赞美隋朝的强盛。

天宝二年玄宗在望春楼上检阅广运潭中的宝船，看到南方物资源源运到京师，自然是很高兴的。但是由于兵制改革，仅供边兵衣赐一项，就增加了1000万匹，相当于500万课丁一年的庸调。其他用度和宫廷开支也不断增加。玄宗多子多孙，并统统由朝廷养起来。14位成年王子居住的十王院和皇孙居住的百孙院，所用宫人即达8000人。宫中专门设立了维城库，供应诸王的开销①。因此，除了边防和军事外，财政一直是玄宗的注意所在。凡是理财有方的，如杨慎矜、韦坚、王鉷以及杨国忠（即杨钊）都受到特别的宠信。

按照唐朝原来的制度，财赋之事，总归户部，而国家财货粮食的出纳、贮存，则归太府寺和司农寺。户部又分四司，户部司负责户口、土地和赋税减免等有关政令，度支司负责财政收支和物资的调运等有关政令，金部司掌握全国库

①《旧唐书》卷一〇七《玄宗诸子·凉王璿传》。

藏钱币绢帛出纳之事，仓部司负责全国仓储出纳的政令。

虽然由于检括户口和漕运的需要，设立了劝农使、转运使等使职，但一直到开元末年户部各司基本上还是各司其职。杨慎矜从开元二十六年至天宝五载（738—746）先后以监察御史、御史中丞知太府出纳，"于诸州纳物者有水渍伤破及色下者，皆令本州征折估钱，转市轻货。州县征调，不绝于岁月矣"①，其职掌基本上没有超出太府寺的范围。王鉷开元二十九年（741）任户部员外郎兼侍御史，天宝二年（743）充京和市和籴使，迁户部郎中，其职权大体上也还在户部司的范围内。而到天宝四载二月加勾当户口色役使，情况就有了较大变化。他不仅处理有关赋役征敛的政令，如玄宗下令免除百姓赋税一年，王鉷即奏征其脚钱；又对戍边死亡而边将没有申牒除去贯籍的，按原来户籍追征戍边六年以外的全部租庸；而且直接负责征纳。输纳物有浸渍，折估皆下本郡征纳。正因为他直接负责征纳，因此钱帛不仅送入左藏库，而且"岁进钱宝百亿万，便贮于内库"，以供宫内宴赐。他怕玄宗不好接受，对玄宗说："此是常年额外物，非征税物。"玄宗在位30年，用度日侈，赏赐后宫无有节度，又觉得经常从左、右藏库额外支取不大合适。王鉷每年提供的这些钱物，正是迎合了玄宗的这种需要。因此，不仅不深加究问，而且"以为有富国之术，利于王用，益厚待之"。②

① 《旧唐书》卷一○五《杨慎矜传》。

② 《旧唐书》卷一○五《王鉷传》。

为了最大限度地增加国家财政收入，增加皇帝内库的私藏，玄宗把原来分别隶属于户部司、度支司和太府寺的职权全部交给了王鉷。但是，由于勾当户口色役的工作具有临时的性质，因此，王鉷的职权并没有固定下来。

天宝七载（748）六月，杨钊即杨国忠（天宝九年玄宗赐名国忠）迁给事中兼御史中丞，专判度支事。杨钊专判度支事表明理财之职进一步集于一人之身，夺本司职权也进一步制度化。

杨钊是张易之之甥，杨贵妃的从祖兄，与杨贵妃的二姐关系密切。天宝四载被剑南节度使（治今四川成都）章仇兼琼派到京师结纳杨贵妃姊妹。诸杨姊妹把他引见给玄宗，虽可出入禁中，但还只是一个正八品下阶的金吾兵曹参军，地位并不高。天宝七载迁给事中兼御史中丞，不到四年，就连升十二阶，升至正五品上阶，进入高级官吏的行列。三年后，又连升五阶，继王鉷为从三品的京兆尹，不久又加御史大夫，京畿关内采访等使，进入了三品亲贵的行列。一般人需要几十年，即使享有门荫特权的高官子弟至少也需要16年才能进入五品，25年才能进入三品。而杨国忠前后不过用了六七年时间，就从八品跃入三品。一般都认为杨钊能如此迅速地升迁，主要是借助于杨贵妃姊妹。没有杨贵妃姊妹，他根本就见不到玄宗。在几个关键性的时刻，贵妃姐妹也曾为他说过话。这都是事实。但是，被玄宗见过的人，并没有都受到重用。大诗人李白被玄宗召见后，做了翰林供奉，得以经常亲近玄宗。虽然得到玄宗的赏识，但玄宗并没有重用他。杨贵妃的堂兄杨铦被任为殿中少监，杨锜娶了公主，做了驸马都尉，但玄宗也没有重用他们。而杨钊却很快被委以重任。这里主要的原因就是因为他善于理财。诸杨就曾向玄宗鼓吹他"善樗蒲"。樗蒲是古代的一种博戏，以掷骰决胜负，玄宗时也盛于宫中。杨钊侍宴宫中，每每让他掌樗蒲文籍，钩校精密，玄宗非常赏识他的精明，称赞说："好度支郎。"但玄宗真正认识他的经济之才，他真正显示自己的理财能力，则是在他担任度支员外郎兼侍御史之后。《旧唐书·杨国忠传》说：

> 骤迁检校度支员外郎兼侍御史，监水陆运及司农、出纳钱物、内中市买、召募剑南健儿等使。以称职迁度支郎中，不期年，兼领十五余使，转给事中兼御史中丞，专判度支事。

《资治通鉴》卷二一六天宝七载六月：

> 度支郎中兼侍御史杨钊善窥上意所爱恶而迎之，以聚敛骤迁，岁中领十五余使。甲辰，迁给事中兼御史中丞，专判度支事。

由于杨钊兼领监水陆运及司农、出纳钱物等十五使，因此他"专判度支事"后，就不仅掌管财政收支的政令，而且兼管粮食钱帛的保管和出纳，取得了前所未有的总理财政的大权。

杨钊根据"是时州县殷富，仓库积粟帛，动以万计"，而随着兵制的变化和手工业、商业的发展，以及皇室、贵族奢侈之风日盛，国家货币支出不断增加的实际情况，"奏请所在粜变为轻货，及征丁租、地税皆变布帛输京师"。据《册府元龟》卷五二〇《邦计部·希旨》，"所在粜变为轻货"是指"贱贸天下义仓，易以布帛"。自从开元中改变了义仓征收办法后，义仓所储粮食迅速增加。裴耀卿改革漕运的一项重要内容，就是扩大转运江淮义仓粟米的规模。天宝元年韦坚又用江南义仓粟转市轻货运京师。而杨钊则是把全国各地的义仓粟转市布帛，纳入左藏，并且把丁租和地税都变市布帛输京师。这样，就使得中央政府的库藏空前丰富，贮存钱币绢帛的左藏库的库房增加了数百间。

玄宗听到帑藏充盈，超过了历史上任何时期的报告，除了想要向群臣夸耀国家库藏财富，自己也很想亲自去看一看。于是，天宝八载（749）二月十三日，玄宗率领百官参观左藏库，看到绢帛钱币山积，玄宗十分高兴，给随同参观的百官赏赐了数量不等的绢帛，面赐杨钊紫衣金鱼，并让他权兼太府卿事。此后，杨钊经常出入禁中，玄宗对他也日加亲幸。次年，玄宗赐其名国忠。

天宝八载初的这次参观，无论从政治上、经济上还是心理上对玄宗的影响都是巨大的。

首先是解除了开元以来玄宗思想上不断承受的财政上的

压力。从宇文融括户到开元二十五年前后赋税制度和财政制度上的某些变革；从重用杨慎矜、韦坚到重用王鉷，都是为了增加国家收入，解决用度不足的困难。开元时的措施取得了极大的成就，使财政收入猛增了几近二分之一。而天宝时期虽然经过杨慎矜、韦坚、王鉷的努力，也取得了使玄宗赞赏不已的成就。但他们都只是从某个方面去解决问题，一直没有取得进一步的进展。特别是地方仓库越来越丰衍，而中央仓库的储积却增加不快。因此，玄宗在财政问题上一直还是放心不下。

其次就是司马光在《资治通鉴》卷二一六天宝八载春二月戊申条所说："上以国用丰衍，故视金帛如粪壤，赏赐贵宠之家，无有限极。"皇室、贵族和官僚的豪奢之风，天宝以来即越扇越大，至此，就更加没有限制了。

再次，既然财政问题，特别是陇右、河西的衣赐绢已不再成为问题，因此，玄宗把注意力集中到边事上，要求边将采取进取的行动。

杨国忠所以能取得这样划时代的成就，固然是在前面几位理财家的基础上取得的，但是，无论是杨慎矜、韦坚，还是王鉷，都没有取得专判度支事这样一个可以全权处理全国财政收入、粜籴、折纳和转输等问题的职衔。他们所采取的粜籴市轻货、变市布帛等措施也都只是在局部地区施行过，而没有像杨国忠那样同时在全国推行。因此，杨国忠专判度支事，这是唐代财政制度上的又一转变，开后来度支使总理财政的先声。司马光引唐人苏冕论曰①：

> 设官分职，各有司存。政有恒而易守，事归本而难
> 失。经远之理，舍此奚据。洎奸臣广言利以邀恩，多立
> 使以示宠，刻下民以厚敛，张虚数以献状；上心荡而益
> 奢，人望怨而成祸；使天子有司守其位而无其事，受厚
> 禄而虚其用。宇文融首唱其端，杨慎矜、王鉷继遵其轨，
> 杨国忠终成其乱。

苏冕不加分析地把理财言利之臣都斥之为奸臣，是一种
古老的传统的偏见。但他说多立使以后，"使天子有司守其
位而无其事"，许多部门的职权被使职侵夺；以及"杨国忠
终成其乱"，彻底打乱了原来的理财系统，是说得很中肯的，
说明杨国忠全面执掌财权的过程也就是户部和太府、少府的
事权逐步为财政诸使所替代的过程。到杨国忠专判度支事，
则是这种变化的完成。

天宝七八载以后，玄宗对杨国忠日加亲幸。杨国忠自从
天宝四载到达长安后，虽然官运亨通，迅速上升，但始终是
依附于王鉷和李林甫的。一开始，李林甫以其"微才"，没
有把他放在眼里。后来他对李林甫也始终表现为恭敬谨慎，
并且在李林甫打击韦坚、杨慎矜、王鉷，排斥异己的斗争中
都充当了打手。而且当时财权是分掌在王鉷、杨国忠二人之

---

① 《资治通鉴》卷二一六天宝七载六月杨钊专判度支事。

手，李林甫可以分而治之。所以，两人的关系一直维持到天宝十一载（752）。其间杨国忠也搞了一些小动作，如天宝九载，杨国忠弹奏李林甫所厚御史大夫宋浑坐赃巨万，流潮阳，去掉了李林甫的一名心腹。但对李林甫没有造成很大损害。

天宝十一载（752），王鉷因其弟王銲所善邢縡举兵作乱事被赐死，杨国忠接代了王鉷原任的京兆尹、御史大夫、京畿关内采访使以及王鉷所领的二十余使，掌握了朝廷的全部财经大权。这样，杨国忠对李林甫权力和地位的威胁就非同一般了。杨国忠抓紧一切机会，企图倾倒李林甫。在参与审理邢縡案件时，杨国忠令引李林甫私交王鉷兄弟及突厥阿布思事状，并让哥舒翰、陈希烈作证。但这两件事本来不是什么大秘密，故玄宗没有进一步深究。倾倒李林甫的目的虽然没有达到，但毕竟引起了玄宗对李林甫的疏远。李林甫岂能善罢甘休，便乘南诏骚边，借口蜀人请杨国忠赴镇，奏请杨国忠赴蜀。按照李林甫的本意，是想借此把杨国忠赶出朝廷。但这时李林甫和杨国忠在玄宗心目中的分量已经发生了变化。因此，当杨国忠向玄宗辞别，谈到必为林甫所害时，玄宗对他说："卿暂时到蜀区处军事，朕屈指待卿。"并赋诗送别，末句喻以还朝当为宰相之意。李林甫任中书令后，宰相均为二人，其中担任侍中或平章事的，不论是牛仙客、李适之还是陈希烈，李林甫都把他们视为自己的陪衬。而这几位也确无李林甫那样的威势和才能。而这时的杨国忠就不一样了，一旦入相，就取得了与李林甫分庭抗礼的地位，进一

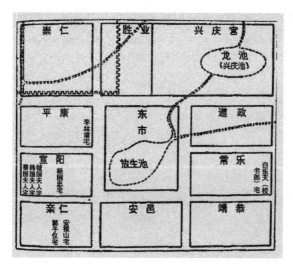

杨国忠、虢国夫人、安禄山邸宅图

步就可以取而代之了。李林甫确是到了生死存亡的关头。

　　已经病得起不了床的李林甫又气又急，他不甘心一脚被人踢开。善于揣摩人意的巫者说，一见皇帝可小愈，李林甫当然也希望借此看看玄宗对自己的态度。玄宗总算没有冷落这位辅佐他十几年的老臣，亲自登上骊山降圣阁，让李林甫站在院子里遥望，玄宗挥动红巾向他示意，皇帝虽未御驾亲临，但对李林甫来说，也算得上是关怀备至了。

　　天宝十一载（752）十一月十二日，自开元二十四年（736）十一月二十七日起一直以中书令或右相而专掌朝政达16年之久的李林甫死了。十七日，玄宗任命杨国忠为右相（即中书令）兼文部（即吏部）尚书并判使如故。据《唐大诏令集》卷四十五《杨国忠右相制》，任命为宰相前杨国忠所任官职差遣有：

散官：银青光禄大夫

职事官：御史大夫

使职差遣：判度支事、权知太府卿；

两京太府，司农出纳、监仓、祠祭、木炭、宫市、长春、九成宫等使；两京勾当租庸、铸钱等使；

蜀郡长史、持节剑南节度、支度、营田等副大使，本道兼山南西道采访处置使；

关内道及京畿采访处置使。

勋官：上柱国

爵：弘农县开国伯

命为右相时，又兼文部尚书、集贤殿学士、修国史、崇玄馆大学士、太清、太微宫使。

李林甫临终前的头衔是左仆射兼右相、吏部尚书、晋国公，尽管右相的权力是无所不包的，左仆射是政府首脑，但他具体负责的，只有官吏的铨选，财权仍由王鉷、杨国忠分掌。而杨国忠除了继承李林甫原来的权力外，他原来负责的和从王鉷那里接受来的财权和对关内道、京畿、剑南及山南西道的军政大权也全部保留下来。由于他还负责剑南的军事，因此，他还掌握了一部分兵权。这就是说，玄宗给予杨国忠的权力，比给李林甫的还要大，除了军权外，行政、财政、用人等大权，都集中到杨国忠手中。

玄宗把这么大的权力交给了杨国忠一人，除了对他的赏识和宠信，主要还是由于玄宗自恃承平，以为天下无复可忧，加之年近七十，对政务感到疲倦，正如他对高力士所说的："朕今老矣，朝事付之宰相，边事付之诸将，夫复何忧。"

杨国忠既掌握了这么大的权力，因而在朝廷大臣中无人能与之抗衡。唯一能与之抗衡并威胁其相权的，只有握有实权的边将。出将入相，原本是唐初以来的传统。尽管在武则天掌权时中断了一个时期，但到玄宗开元年间，随着边疆形势的变化，就又恢复了这种做法。开元九年张说以天兵军节度大使入相，或者还可以说成是起用开元初外贬的功臣。而开元十四年（726）以安西副大都护、碛西节度杜暹同平章事，十六年以河西节度副大使萧嵩为兵部尚书、同平章事，开元二十三年欲以幽州节度使张守珪为相，二十四年以朔方节度使牛仙客为工部尚书、同中书门下三品，那就是玄宗一种有意识的措施了。这种做法在天宝年间虽然没有继续下去，但是，玄宗赋予边将的权力却是越来越大。因而阻止边将入相也就成为朝廷内部权力之争的一个重要内容。李林甫所以"尤忌（王）忠嗣"①，对他倾陷，就是怕他入相。李林甫去世后，玄宗又曾与张垍兄弟和高力士议论过让安禄山为相。禄山节度三道，权力本来就很大。这么一来，就更成为对抗杨国忠的一个抗衡力量了。

① 《旧唐书》卷一〇三《王忠嗣传》。

第二十章 / 文士境遇的逆转

就在玄宗对李林甫、杨国忠等吏干之士和安禄山、哥舒翰等番将日益重用的同时，玄宗对文学之士的态度发生了深刻的变化。

开元九年（721）玄宗重新起用张说为相；十一年设立丽正书院，聚文儒之士，修书、侍讲；十三年改丽正书院为集贤殿书院；二十一年用张九龄为相，这些虽然主要是为了粉饰文治，但也确实显示了玄宗对文士的尊重和信用。一批科举出身的文士，也乘风而起，奠定了仕途的基础。

而从玄宗与张九龄关于是否重用牛仙客的争论后，随着张九龄的下台，玄宗对文士、对大臣的态度都发生了极大的变化。朝廷中"文学、政事，本自分离"的思潮占了优势，玄宗对"政事"的概念也发生了很大的变化。

开元初年，姚崇、宋璟为相，玄宗经常召他们到宫中商讨政事。来时玄宗起立迎接，离去时则亲自送到门口，礼遇是很高的。

开元九年至十二年，玄宗命宇文融括逃户，先是下敕命有关部门讨论招集流移、按诘巧伪之法以闻，后又下令召集百官于尚书省讨论。

开元二十一年，关中久雨谷贵，玄宗去东都前，曾召京兆尹裴耀卿商讨对策。同年，宰相韩休与萧嵩也几次在玄宗面前展开争论。

开元二十二年，宰相张九龄请不禁铸钱，玄宗也下敕令百官讨论。

这些事实说明，召集宰相或大臣对军国大事进行讨论，作出决策，对玄宗来说，虽不是政事的全部内容，但却是开元前期政事的主要内容和核心。虽然他也利用宇文融等吏干之士去解决实际问题，但有关问题还是要经过大臣们的讨论。而自从把文学、政事分提并论以后，政事就局限于具体问题的解决。有什么问题，玄宗很少再召集大臣商量，而是谁有某方面的才能，就重用谁去担任这方面的使职、差遣，赋予他全权去解决这方面的问题。

天宝年间玄宗在自己的身边也聚集了一批文士，这些人大都是在开元年间以文取士的影响下成长起来的。他们善诗能文，但多昧古今，"六经则未尝开卷，三史则皆同挂壁"①。不学习儒家经典，历史知识也极其贫乏；对现实的社会问题没有深切的了解，对政务更没有什么经验。比起高宗、武则天时期他们的先辈来，他们大多数缺乏政治才能。在玄宗注意粉饰文治时期，他们中的一些人仕途还比较顺利，可以做到给事中、中书舍人。但玄宗欣赏他们的，也无

---

① 《旧唐书》卷一一九《杨绾传》。

非是文学的才华。例如王维，开元十九年进士及第，早已诗画闻名，又得到张九龄的提拔，天宝元年（742）即由左补阙（从七品上）超升库部郎中（从五品上）。是年王维作有《三月三日曲江侍宴应制诗》，说明已取得了应制、奉和的资格。

而这时奉召入京的诗人李白情况就不一样了。李白满以为施展自己抱负的时机到来了，仰天大笑，离开了家门。到长安后，玄宗命他待诏翰林，不久，又侍从玄宗去温泉宫，"献赋有光辉"，"承恩赐御衣"[①]，玄宗对他可算得上是优礼有加了。可是，在翰林院的这些日子里，玄宗除让他写一些"云想衣裳花想容"[②]之类的诗歌，供帝妃欣赏外，就无事可做了。事实上他连奉和的资格也没有捞到，完全是一名皇帝的文学仆从。

稍晚于李白的杜甫，境遇更惨。他怀着"自谓颇挺出，立登要路津，致君尧舜上，再使风俗淳"[③]的抱负，参加开元二十三年的进士科考试。这年掌贡举的是文士孙逊，他取人的标准是文章的好坏，是要选拔"掌纶诰"即为皇帝起草诏敕的人才。而杜甫的文章远逊于其诗，因而落第。直到天宝十载（751）进三大礼赋，次年招试文章，才获得了做官的资格。又过了三年，安禄山叛乱前夕，才获得右卫率府胄

---

① 李白《温泉侍从归逢故人》。

② 李白《清平调词三首之一》。

③ 《杜工部集》卷一《奉赠韦左丞丈二十二韵》。

曹参军这样一个从八品的小官。

盛唐诗人之达者唯高适与岑参。岑参在《送李副使赴碛西官军》一诗中写道："功名只向马上取，真是英雄一丈夫。"①算是抓住了当时的潮流。也正是因为他认识了这种潮流，他才能满怀豪情，写出那样激动人心的边塞诗。岑参天宝三载（744）进士及第后，先后在安西、北庭任幕职。代宗广德二年（764），做到虞部郎中，虽也只有从五品，但终是厕身高官的行列。比起杜甫同年为剑南节度使严武表为节度参谋检校工部员外郎这样一个从六品或正七品的幕职来，要实际得多。高适开元二十三年到长安应制科举，没有及第。直到天宝八载，才举有道科中第，授封丘尉。天宝十二载（753）至陇右（今青海东部），入节度使哥舒翰幕府。天宝十四载（755）任绛郡长史，第二年，肃宗至德元年（756）即任淮南节度使。乾元二年（759）任彭州（今四川彭县）刺史，上元元年（760）转蜀州（今四川崇庆）刺史。在此期间，高适对杜甫多有接济。宝应二年（763），升任剑南西川节度使，摄东川节度使，比起岑参来，又要显赫得多。

儒生在天宝时更是一文不值，连摆设的作用也起不了。在《旧唐书·儒学传》中，就没有一个是天宝时期的。

天宝年间，朝廷大臣中没有既精通统治理论、历史典籍，又熟悉政治的人，玄宗身边也没有一个贴心的智囊班

---

① 《岑参集校注》卷二。

高力士为李白脱靴

子，延英议政几不见于记载。这样，遇有政事，玄宗只好在
宫廷里和高力士唠叨。李林甫、杨国忠就只有通过宦官、嫔
妃了解玄宗的意图。这样，就形成了一种不正常的政治空气
和决策机制。

第二十一章 / 开天边事

开元末年以来，边疆形势发生了几个意义重大的变化。

一是突骑施内乱。西突厥衰落后，唐一直任用西突厥贵族统辖西突厥的十姓部落。自垂拱（685—688）以后，十姓部落不断被东突厥侵扰，部众削弱。这时，突骑施逐渐强大，占据碎叶（今吉尔吉斯斯坦伊塞克湖以西托克马克附近）及其附近地区。突骑施系西突厥别种。开元初，突骑施可汗守忠之弟遮弩引突厥默啜反攻其兄，俘守忠而还。守忠、遮弩并为默啜所杀。突厥兵退后，守忠部将苏禄鸠集余众，自立为可汗。十姓部落渐归附之，众至20万，复称雄西域。苏禄不断遣使来唐。开元七年玄宗册拜苏禄为忠顺可汗。十年，以西突厥十姓可汗阿史那怀道女为交河公主，嫁给苏禄。苏禄虽然接受了唐的册封，但不纯臣于唐，又南通吐蕃，东附突厥，游离于三个势力之间。开元十四年，由于安西都护杜暹不受交河公主教（唐代亲王、公主对下的文书），留使者不遣，突骑施送来互市的一千匹马经雪死亡殆尽。苏禄大怒，发兵掠四镇，围安西（今库车）。二十三年，又寇北庭（今吉木萨尔北）及安西拨换城。虽然都是打了就走，未发展为大的战争，但始终是不安定的因素。

开元二十六年，突骑施内乱，酋长莫贺达干和都摩度连谋，袭杀可汗苏禄，继而都摩度立苏禄子为吐火仙可汗，与莫贺达干相攻。莫贺达干遣使告碛西节度使盖嘉运，玄宗命盖嘉运招集突骑施、拔汗那（今纳曼干）以西诸国。吐火仙与都摩度据碎叶城，黑姓可汗尔微特勒据怛逻斯（今哈萨克斯坦江布尔），联兵拒唐。二十七年（739）盖嘉运攻拔碎叶城，俘吐火仙。疏勒镇守使夫蒙灵詧与拔汗那王阿悉烂达干引兵突入怛逻斯城。西域处木昆、鼠尼施、弓月等原来隶属突骑施者，都率众内附于唐。唐立莫贺达干为可汗，使统突骑施之众。西域稳定下来。开元二十九年，玄宗分北庭、安西为二节度。安西节度使仍治龟兹，负责抚宁西域，统龟兹、焉耆、于阗、疏勒（今库车、焉耆、和田、喀什）四镇；北庭节度使治庭州（今新疆吉木萨尔北），负责防制突骑施、坚昆，统瀚海（在北庭城内）、天山（今吐鲁番之高昌城内）、伊吾（今哈密西北）三军。

二是南诏统一了六诏。云南境内民族众多，其中主要是乌蛮和白蛮。7世纪后期，乌蛮贵族建立了六诏，其中蒙舍诏居地最南，称为南诏。玄宗时，皮逻阁打败了洱河部，合并了其他五诏，又打败吐蕃，徙居大和城（大理南十五里）。开元二十六年（738）唐册南诏王皮逻阁为云南王。此后，南诏迅速强大起来。

三是东突厥灭亡。东突厥在高宗末年摆脱了唐的控制，重建了东突厥汗国。在骨咄禄、默啜统帅下，不断对唐发动进攻，是唐的巨大威胁。武则天圣历元年（698）突厥军曾深入到河北定州、赵州境内，杀掠之外，还俘走大批唐人。玄宗开元四年（716）骨咄禄之子毗伽可汗继位后，欲继续南进骚扰。其谋主暾欲谷分析说："唐主英武，人和年丰，未有间隙，不可动也。我众新集，犹尚疲羸，须且息养三数年，始可观变而举。"①毗伽可汗接受了他的意见，遣使请和。开元八年，唐朝朔方大总管王晙奏请西发拔悉密，东发奚、契丹，于秋天夹击毗伽牙帐。拔悉密发兵逼近突厥牙帐，而其他兵皆未至。拔悉密惧而引退。暾欲谷引兵跟踪。围拔悉密所居北庭，击溃拔悉密。还兵时，顺道掠甘、凉州（今甘肃张掖、武威）羊马，在删丹大败唐兵。九年，毗伽复遣使来求和。玄宗在赐书中说："曩昔国家与突厥和亲，华夷安逸，甲兵休息，国家买突厥羊马，突厥受国家缯帛，彼此丰给。"而数十年来默啜"数出盗兵，寇抄边鄙，人怨神怒，陨身丧元"，丢了性命。指出去年掩袭甘、凉，是重蹈默啜前迹。最后表示了国家"不追往咎"，若果有诚心，则共保遐福；如来侵边，亦有以待。当时唐朝统治巩固，又加强了北边的防御，突厥无机可乘。而和亲互市则有利可图，因此，突厥对唐保持和好关系。毗伽死后，登利可汗也继续这种政策。

从历史上看，突厥汗国曾经统治从东北到西域的广大地区。即从再建的东突厥来看，也是影响及于东北、漠南北、

① 《旧唐书》卷一九四上《突厥上》。

西北乃至吐蕃的一个强大的政治军事力量。因此，尽管毗伽可汗对唐采取和好的政策，玄宗仍然不敢掉以轻心，一直把突厥作为一个防御重点：

朔方，在今宁夏灵武西北，唐在这里一直驻有重兵。开元九年，朔方行军大总管改为朔方节度使，是捍御突厥的中坚力量。

开元十一年，罢天兵、大武等军，设立太原以北节度使，与朔方掎角以御突厥。

开元十四年四月，又于定、恒、莫、易、沧等五州置军，以备突厥。设防到河北内地。

此外，河西节度使（治凉州，今甘肃武威）也担负着断隔吐蕃、突厥的任务。

除了军事防御外，玄宗也很注意政治上的笼络和在物质上给以满足。开元十三年东封泰山时，玄宗遣袁振去突厥征其大臣从封泰山。开元十五年，吐蕃进攻瓜州（今甘肃安西东南），与毗伽书，要求配合行动，同时向唐进攻。毗伽遣使把吐蕃书信献给了玄宗。玄宗嘉其诚，亲自宴赏使臣，"听于西受降城（今内蒙古杭锦后旗乌加河北岸）为互市，每岁赍缣帛数十万匹就市戎马，以助军旅，且为牧监之种"。此事《旧唐书·突厥传》记为"每岁赍缣帛数十万匹就边以遗之"。按照唐人说法，这两种记载并不矛盾。开元九年玄宗给毗伽可汗信中回顾唐初彼此互市情况时就说："国家买突厥羊马，突厥受国家缯帛。"《旧唐书·突厥传》所说"以遗之"和此处"受国家缯帛"实为同一含义，只是未明言用来市马罢了。至于《新唐书·突厥传下》所说："诏朔方西受降城许互市，岁赐帛数十万"，则是打肿脸充胖子的一种说法，其内容还是指市马绢帛。尽管是互市，并且是买战马，而玄宗的着眼点还是以此满足突厥物质上的需要，以换取边境上的安宁。因此，才不惜一切代价，跋山涉水，穿越戈壁，把几十万匹缣帛运送到西受降城。

凡此种种，都说明了玄宗对突厥的担心和苦心。

开元二十二年，毗伽可汗为臣下毒死，子伊然可汗继位，不久死去，由其弟登利可汗继位。开元二十九年突厥内乱，登利被杀，力量衰落。至天宝四载（745）白眉可汗为回纥怀仁可汗所杀，东突厥最终退出了中国历史的政治舞台。

继起的回纥虽然斥地愈广，东际室韦，西抵金山，南跨大漠，尽有突厥之地，但对唐还不构成威胁。

东突厥的灭亡，从根本上改变了北边的形势，不仅消除了北顾之忧，而且使唐不必担心北方势力与吐蕃的联合，从而大大减轻了唐在河西走廊上的压力。这样，就使唐有可能加强在其他战线的力量。

四是吐蕃也加强了与唐的争夺。

争夺主要是在两个地方，一是小勃律，一是石堡城。

避开唐在河西陇右的强大兵力，从唐朝力量薄弱的西边突入安西四镇①，是吐蕃在高宗、武则天时期就采取的一种战略。

小勃律在今克什米尔东北部吉尔吉特雅辛河流域，是由西藏高原进入西域的唯一通道。因而勃律也就成为唐蕃争夺的一个焦点。开元前后，吐蕃即常来围困勃律，并对勃律说："我非谋于尔国，假尔道以攻四镇。"开元十年秋，吐蕃又围小勃律，小勃律王求救于安西都护张嵩②曰："勃律，唐之西门。勃律亡则西域皆为吐蕃矣。"张嵩派疏勒副使张思礼率领蕃汉马步兵四千日夜兼程，前往救援。唐军与勃律军大败吐蕃。"自是累岁，吐蕃不敢犯边。"西陲得以安定了一个时期。

石堡城位于今青海湟中、共和之间，是吐蕃从青海湖以南地区进入河湟地区的必经之道。开元前即为吐蕃所据。吐蕃在这里因山筑城，据险而立，储存粮械，是其侵扰河西、陇右的前进基地。开元十五年吐蕃陷瓜州，玄宗命萧嵩主持河西、陇右军事，进行反击。十七年，信安王李祎帅众攻拔石堡城。吐蕃被迫通和。二十一年二月，景云元年（710）嫁给吐蕃赞普尺带丹珠的金城公主上言，"请以今年九月一

---

① 安西四镇初设于贞观二十二年（647），为龟兹、焉耆、疏勒、于阗（今新疆库车、焉耆、喀什、和田），由安西都护府（治龟兹）统领。调露元年（679），以碎叶取代焉耆。开元初，设立北庭都护府，碎叶在其辖区，复以焉耆代碎叶。

② 据《旧唐书》卷一〇三《郭虔瓘传》，此时张嵩应为安西都护。

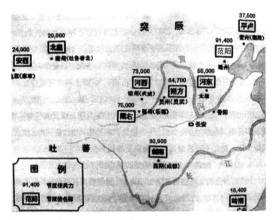

天宝十节度使分布图

日树碑于赤岭（今青海湟源西日月山），定蕃汉两界"。碑文开宗明义："维大唐开元二十一年，岁次壬申，舅甥修其旧好，同为一家。"并由唐和吐蕃的使臣共同通报双方边将："两国和好，无相侵掠。"①

开元二十四年前后，吐蕃又南击小勃律。玄宗要求吐蕃罢兵，吐蕃反而攻破勃律。唐朝一时还无力从吐蕃手中夺回勃律，便在青海西大破吐蕃，和好的局面也因之破坏。此后双方互有攻守，互有胜败。

开元二十九年十二月，吐蕃复陷石堡城。吐蕃对唐的军事行动又推进到河西走廊，恢复到开元十年时的局面。

以上就是开元、天宝之际边疆形势变化的几个主要方

① 《册府元龟》卷九七九《外臣部·和亲二》。

面。

边疆形势的这些变化，把玄宗的眼光完全吸引到西北方。东北的形势虽然也是紧张的，但不像西北那样直接关系到关中的安危。因此，玄宗把东北的军事交给了安禄山，而自己则把注意力集中到吐蕃身上，准备攻克小勃律，恢复石堡城，进而恢复黄河九曲。

玄宗首先在组织和人事上积极进行准备。

天宝四载（745）二月，玄宗任命朔方节度使王忠嗣兼任河东节度使。王兼任两道节度使后，自朔方至云中（今宁夏灵武至山西大同）沿边数千里地带上的要害之处，都修筑了城堡，把防御线向北推进了数百里。北方边防进一步巩固。

四载九月，陇右节度使皇甫惟明与吐蕃战于石堡城，为吐蕃所败，副将战死。为了增强皇甫惟明对付吐蕃的力量，五载正月，又任命他兼任河西节度使。尚未到任，即因与太子妃兄韦坚在景龙观道士之室秘密会见而被贬逐。紧接着便以王忠嗣为河西、陇右节度使，兼知朔方、河东节度事。王忠嗣一人而兼知四镇，总管北方和西北广大地区的军事，这在唐朝历史上还是第一次。

王忠嗣到任后，以部将哥舒翰为大斗军（在今甘肃永昌西南）使，李光弼为河西兵马使充赤水军（在今甘肃武威）使；与吐蕃战于青海积石（在今青海贵德）；讨吐谷浑于墨离军（在今甘肃安西东南）。这些都是符合玄宗要求的。但玄宗的最终目的是要他主持攻取石堡城，并进而收复河西九曲地区。因此，不久玄宗就下诏问他攻取石堡城的方略。王忠嗣上言："石堡险固，吐蕃举国而守之。若顿兵坚城之下，必死者数万，然后事可图也。臣恐所得不如所失，请休兵秣马，观衅而取之，计之上者。"玄宗接到王忠嗣的奏疏，很不高兴。事实上，在王忠嗣看来，"今争一城，得之未制于敌，不得之未害于国"。他不愿以数万士卒的生命去换取一城，以保住自己的乌纱。①

是否攻取石堡城，实际上反映了边疆政策上的两派不同看法。自开元二十四年吐蕃控制小勃律，二十九年夺取石堡城后，玄宗时刻都没有忘记反击。而自从东突厥灭亡后，玄宗认为反击的时机已到，准备变防守为进攻。重用王忠嗣，就体现了玄宗在边防战略上的这种转变。

而王忠嗣则仍然保持了开元、天宝之际持重安边的观点。《旧唐书·王忠嗣传》说他："少以勇敢自负，及居节将，以持重安边为务。尝谓人云：'国家升平之时，为将者在抚其众而已。吾不欲疲中国之力，以徼功名耳。'但训练士马，缺则补之。有漆弓百五十斤，尝贮之袋中，示无所用。"王忠嗣至河西、陇右后，仍然保持这种做法。"及至河陇，颇不习其物情，又以功名富贵自处，望减于往日矣。"王忠嗣开元未曾在陇右，并立有战功，因此所谓"不习其物情"，不是指河西、陇右的山川形势或风土人物，而是说他不能认识形势发展的要求。"以功名富贵自处"固然有躺在

---

① 《旧唐书》卷一〇三《王忠嗣传》。

功劳簿上享受荣华富贵的意思，但主要的还是说他满足于旧日的功名，而不求建立新功。"望减于往日矣"，则说明他的这种做法很使得一些主张进取的人物失望，也说明玄宗当时的边疆政策，还是受到相当广泛的支持的。

玄宗重用王忠嗣，企图使他成为新的边疆政策的主要执行人。王忠嗣的父亲王海宾，是开元二年对吐蕃作战时阵亡的。当时王忠嗣才9岁，被玄宗收养在宫中，曾与后来成为太子的忠王一起游玩活动。长大以后，有武略。玄宗和他谈论军事，"应对纵横，皆出意表"①，颇受玄宗赏识，认为他日后必为良将。正是基于这样的关系，玄宗才赋予他这样的重任。而王忠嗣则仍然坚持旧日持重安边的思想，这就使他不得不处在矛盾的焦点，并最终成为政治斗争的牺牲品。

必然发生的事情终于发生了。天宝六载（747），将军董延光自请率军攻取石堡城，玄宗命王忠嗣分兵协助。王忠嗣虽然不得不接受诏令，将数万士兵交给董延光指挥，但不立重赏，意思是不要士兵去卖命送死。董不能如期攻下石堡城，把责任推到王忠嗣身上，说王忠嗣阻挠军计。玄宗看到董的表之后，非常生气，早就因王忠嗣功名日盛而怕其入相的李林甫乘机倾陷。他指使济阳别驾魏林诬告王忠嗣，说王忠嗣担任河东节度使时曾经说过："早与忠王同养宫中，我欲尊奉太子。"②要遵奉太子做皇帝。玄宗大怒，立即征王忠

---

① 《旧唐书》卷一〇三《王忠嗣传》。

② 同上。

嗣人朝，交给由御史台、刑部和大理寺官员组成的三司推审。

玄宗很快意识到，所谓王忠嗣"欲拥兵以尊奉太子"之说毫无事实根据，纯属无稽之谈，同时，如果审讯王忠嗣与太子的关系，势必要牵连到太子。而当时玄宗只是要防备太子与外人交通，并不是要废除太子。因此对三司指示说："吾儿居深宫，安得与外人通谋，此必妄也。但劾忠嗣沮挠军功。"把问题又拉回到军事问题上来。三司必欲置他于死地，奏忠嗣罪当死。后经哥舒翰再三解释和恳求，玄宗才怒意稍解，把王忠嗣贬为汉阳太守。

王忠嗣的被征还朝和遭贬逐，与他坚持自己的观点，拒不执行玄宗的旨意有直接的关系，但促使玄宗下定决心抛弃王忠嗣的，却是他早年曾与太子游处的这段历史。

因与太子的关系而贬逐大将，对玄宗来说这已不是第一次。一年多以前，王忠嗣的前任皇甫惟明刚刚兼任河西、陇右两镇节度使，即因与太子妃兄韦坚相会，而被罢官贬逐。在唐朝前期，发生过不止一次的宫廷政变中，每次武将都起着重要的作用。玄宗即位前后诛杀韦后、讨太平公主，也是依靠了郭元振等武将。对武将在宫廷斗争中所起的作用，玄宗是深有体会的。皇甫惟明曾为忠王友，王忠嗣少养于宫中，也曾与忠王游处，与皇室的关系分外密切，因而玄宗信任他们，重用他们，把他们放在最重要的军事位置上。皇甫惟明为吐蕃所败，玄宗反而让他兼任河西节度使。王忠嗣未积极支持董延光，玄宗也不过"怒"而已。不幸的是，恰恰在这个时期，玄宗已经决定短期内不传位太子，因而对太子的疑忌与日俱增，而对太子与武将的关系，也就特别敏感。这样，就使得各种谗言得以流行，李林甫等也就有机可乘。虽然玄宗也并不相信他们真与太子有什么牵连，但是作为一种防患于未然的措施，他还是毫不留情地把这两个当时最重要的将领贬逐出去。

政治斗争高于边疆的军事局势。在政治斗争的敏感时期尤其如此。高宗刚刚去世，武则天临朝称制，徐敬业起兵扬州时，当时最杰出的将领程务挺即因疑似参与叛乱而在对突厥作战的前线被处死，给边防带来严重的影响。现在皇甫惟明、王忠嗣也成为政治斗争的牺牲品。虽然哥舒翰立刻被提拔上来顶替了他们，但是，这种内事影响边事，宫廷矛盾和统治阶级内部斗争影响将领命运的情况，还在继续发展。特别是玄宗由于神经过敏，轻信对将领的谗言；权臣为巩固自己的地位，诬陷大将，简直就形成一种传统。这在安史之乱爆发后，造成了不可挽回的局面。

天宝六载王忠嗣事件的后果之一，是边地节度使普遍由蕃将即少数民族将领担任。此前，胡人安禄山已担任平卢、范阳节度使，突厥人安思顺也接任朔方节度使。王忠嗣被征还后，十一月，以突骑施人哥舒翰任陇右节度使，安思顺为河西节度使。十二月，高丽人高仙芝也因破勃律之功，擢升为安西四镇节度使。

玄宗害怕汉族将领与太子勾结，危及自己的皇位。李林甫害怕大将功名日盛，入朝为相，影响自己的地位。这是天宝六载以后普遍重用胡人将领的重要原因。但这种主观上的原因还不是普遍任用蕃将的唯一原因，甚至还不是主要的原因。

开元以来，社会经济繁荣，内地久不闻金鼓之声，人们对于从军作战的兴趣普遍下降，汉族将领日渐减少，少了一茬将才，这是重用蕃将的客观原因之一。原因之二是，募兵制取代府兵制后，边疆士兵成分中，胡人的比重加大。用蕃将统胡人，也是顺理成章的事。

尽管节度使普遍使用胡人是在天宝六载王忠嗣被贬逐后，但就在王忠嗣任朔方或河西、陇右节度使时，其下级军官和军使即已多由胡人担任。这实际上也是一个自下而上的演变的过程。这个过程是由边地节度使自发完成的。前一个过程则是由朝廷，主要是由玄宗和李林甫完成的。这里既有对现实情况的承认，也有客观形势的推动，同时还夹带着他们稳定个人权力地位的考虑。

第二十二章 / 安禄山的崛起

安禄山的地位在天宝年间扶摇直上，到天宝九载、十载（750、751），玄宗赋予他的权力，已经超过边地任何一个将领。

安禄山，营州柳城（今辽宁朝阳）杂种胡人，母阿史德氏为突厥巫师，无子，祈于突厥战斗神轧荦山，生禄山后，便给他起名轧荦山。少孤，随母在突厥中。阿史德氏后嫁安延偃。安延偃部落破散，安禄山与延偃侄安思顺等逃出，便冒姓安氏名禄山。长大后，懂得六种少数民族语言，为诸蕃互市牙郎，同时还干一点盗羊之类的营生。

安禄山盗羊之事被发觉，新到任的幽州节度使张守珪欲棒杀他。禄山大呼道："大夫不欲灭两蕃（奚、契丹）耶？何为打杀禄山！"守珪见其肥白，壮其言，便留在军前驱使，令与乡人史思明同捉生，行必克获，拔为偏将。常嫌其肥，以守珪威风素高，畏惧不敢饱食。以骁勇闻，遂养为子。

张守珪曾从名将郭虔瓘于北庭（今新疆吉木萨尔北）数败突厥，后转幽州良社府果毅。开元十五年，在瓜州（今甘肃安西东南）又以空城计击败吐蕃。后调任陇右节度使（治鄯州，今青海乐都），是一位智勇双全、屡立战功的将军。开元十八年，契丹衙官可突干杀契丹王，叛降突厥，打破了开元四年契丹王李失活归附朝廷后东北地区的安宁。原幽州节度使赵含章、郭英杰先后为可突干所败。郭英杰战死，余众六千余人也力战而死。河北北部的形势突然紧张起来。于是玄宗匆忙把不久前在西线建立了奇功的张守珪从陇右调任幽州节度使，希望他能像在北庭、瓜州那样，迅速把幽州和东北的局势稳定下来。

张守珪果然不负玄宗厚望，到任后频频出击，每战皆捷。可突干困迫，遣使诈降。守珪识破了可突干的意图，派管记王悔前往相机行事。王悔利用契丹内部矛盾，说服与可突干争权的牙官李过折杀掉契丹王屈烈及可突干，归附朝廷。

玄宗对张守珪到幽州后所取得的成就，非常赞赏。觉得的确是难得的人才，便想任命他做宰相。此事虽然由于张九龄的反对没有实行，但在开元二十三年二月张守珪到东都献捷时，玄宗除了当场给他加官，廷拜辅国大将军、右羽林大将军兼御史大夫，重赏杂缭1000匹及金银器物等，与二子官，赋诗褒美，还下诏于幽州立碑以纪功赏，充分反映玄宗对契丹军事的重视。

在对契丹作战过程中，安禄山为捉生将。他熟悉当地山川井泉，曾以数骑擒契丹数十人而归，受到张守珪的赏识，收为养子。安禄山所向无不摧靡，不到三年时间，就由白衣而偏将，由偏将擢升为平卢讨击使、左骁卫将军，一跃而置身于高级武官的行列。开元二十九年（741）八月，安禄山由平卢兵马使升为营州都督，充平卢军使，两蕃、渤海、黑水四府经略使。次年，天宝元年（742）正月，玄宗下令分平卢别为节度，以安禄山为节度使。

天宝二年正月，安禄山入朝，奏对称旨，玄宗对他倍加赏识，宠待甚厚，可以随时谒见玄宗。第二年三月，玄宗就让他兼任范阳节度使。六载（747）正月，又以之兼御史大夫。九载五月，进封东平郡王，开节度使封王之始。八月，更以之兼河北道采访处置使，同时取得了河北地区的行政大权。十月入朝。

这次入朝，安禄山受到了非同寻常的接待。玄宗先命有司在华清宫附近建立了一座宅第，并让杨国忠兄弟姊妹和大臣们前往戏水（在华清宫以东）迎接，玄宗也亲自在望春宫等候。

玄宗还为安禄山在亲仁坊新造了一座宅第，敕令但穷壮丽，不限财力，并特别交代监工的宦官："胡眼大，勿令笑我。"新宅中的器皿，皆饰以金银，豪华的程度，超过了宫中。天宝十载正月二十日是禄山的生日，玄宗和杨贵妃又赐给他大量金银器、衣服和其他器物。后三日，召禄山入宫，杨贵妃按照民间婴儿生后三日替婴儿洗身的习俗，与禄山作三日洗儿，洗后用锦绣的襁褓把禄山包裹起来，由宫人用彩舆抬着。自后，禄山可以自由出入宫禁，有时并与杨贵妃对食。

关于杨贵妃与安禄山的关系，历史上传说很多，司马光在《资治通鉴》上也说是"颇有丑声闻于外，上亦不疑也"。总而言之，都认为二人关系暧昧。

其实，杨贵妃是颇为冤枉的。杨贵妃尽管比玄宗小三十几岁，并且生性活泼，但对玄宗的爱情却是很忠贞的。作为一个宠妃，贵妃对政事从来不过问，她把陪伴君王作为她唯一的职责和乐趣。只有对安禄山，玄宗叫她把安禄山收为养子，让她扮演了一个特殊的角色。内廷浴儿，这固然是一场闹剧，甚至颇为荒唐，但意义却在其外。

玄宗对安禄山，是按照安禄山的少数民族习俗来加以笼络的，即收为养子，厚加赏赐。贵妃在其中也以母妃身份出色地完成了玄宗交给她的任务。正因为如此，玄宗在听到内廷喧闹，知道是贵妃洗儿时，才哈哈大笑，亲自前往观看，并赐贵妃洗儿金银钱。

天宝十年二月，又以安禄山兼领河东节度使（今山西太原）。至此，玄宗对安禄山的宠信超过了有唐以来任何一个将领。安禄山所掌握的权力，事实上也超过了王忠嗣和安思顺曾经拥有过的。他不仅兼领平卢、幽州和河东三镇，而且兼任了河北道采访处置使，一人而兼领今东北、河北和山西广大地区的军事和行政大权。

安禄山为节度使，远远早于其他寒族胡人。天宝六载王忠嗣下台后，虽然形成了西北倚重哥舒翰、东北交付安禄山的格局，但在宠信的程度上，哥舒翰远远赶不上安禄山。玄宗为什么这么重视安禄山呢？

首先还是形势使然。东北的奚、契丹早在武则天末年就曾攻入河北中部赵州一带。武则天花了很大力量才把形势稳定下来，但双方的相持线已经退到了现朝阳一线，幽州成为边防重镇。先天元年（712），奚、契丹二万骑进攻渔阳（今河北蓟县），幽州都督宋璟固守不出，奚、契丹兵大掠而去。为加强防御，开元二年设立幽州节度、经略、镇守大使。开元四年后，东北边安宁，直到开元二十一二年，形势才又紧张起来。当时由于吐蕃的强盛和大食（阿拉伯）的兴起，迫使玄宗把战略重点放在西方，面对东北，只能采取防御为主的方针，以维持现状。平卢节度使的设立和安禄山权力的不断扩大，正是适应了这种形势的需要。

天宝六载（747）高仙芝打下小勃律，八载（749）哥舒翰攻占石堡城之后，西北形势有所缓和，而东北的形势依然是紧张的。奚和契丹力量进一步加强，就连安禄山也数为所败。因此，玄宗对东北给予了更多的注意。他把江、淮、河南赋税所得钱帛聚于清河（今属河北），以保证北军的供应。他不断扩大安禄山的权力，允许禄山在上谷（今河北易县）铸钱五炉，同意他从西北牧监挑选战马，都是从这一点出发的。这是安禄山地位得以不断上升的主要背景。

那么，为什么要重用安禄山而不是其他人呢？陈寅恪先生早为我们找出了答案："其主因实以其为杂种贱胡。"[1]任用胡人为将领，唐初即是如此。但唐太宗时所任用的多为部落酋长。他们率领部下为太宗效力，但功业成后，这些酋长

---

① 陈寅恪《论唐代之蕃将与府兵》，《金明馆丛稿初编》。

及其部落也成为一种特殊势力，有的甚至发动叛乱，成为唐的严重威胁。东突厥和西突厥都发生过这种情况。这种办法自然为玄宗所不取。因此，玄宗所重用的蕃将，多为寒族胡人。李林甫尝奏曰："文士为将，怯当矢石，不如用寒族蕃人，蕃人善战有勇，寒族即无党援。"玄宗颇以为然①。这大体上反映了当时君臣的看法。但这还不是玄宗重用安禄山的主要原因。主要原因是，高宗以后，即有许多不同的少数民族的小部落散居北边，或迁入内地。7世纪末，长期居住在营州（今辽宁朝阳）地区的突厥、奚、契丹、室韦人就迁到幽州的良乡、昌平、潞（今通县）和幽州城内外等地定居。开元二十九年奚的李诗部落五千帐迁入良乡广阳城。突厥衰落后，各个不同胡族之小部落纷杂散居于边疆的情况更为普遍。府兵制衰落后，这些胡族成为节度使兵员的主要来源。在"胡人小单位部落中，其酋长即父兄任将领。其部众即子弟，任兵卒。即本为血胤之结合，故情谊相通，利害与共"②。对于由胡人组成的部队，不论是以部落为单位，或是个别地参加进来的，他们的习俗和传统都继续起着作用。对不同部落来的士兵，或不同部落的酋长，将领和主帅往往将他们收为"养子"，厚其所给，用一种"亲属"关系将部队维系起来。张守珪在东、西两边都待过，熟悉少数民族情况。他接任幽州节度使后即曾收安禄山为"养子"，利用这

----

① 《旧唐书》卷一〇六《李林甫传》。

② 陈寅恪《论唐代之蕃将与府兵》，《金明馆丛稿初编》。

种办法提高了部队的战斗力。但作为一个汉人将领，是不可能普遍实行的。而安禄山其本身虽非酋长，无直接的部属，但由于他是杂种胡人，善于抚绥诸胡种，因此，"可统率其他诸不同胡族之部落"。质言之，即是诸不同胡族部落之最高统帅。①玄宗之重用安禄山，实乃边疆形势边地民族分布及部队成分变化所致，玄宗或李林甫个人利害之考虑，作用实在是有限的。

问题在于玄宗不断赋予安禄山更大的权力，而安禄山也有意识地扩大自己的权力。在府兵制破坏，全国军事布局由内重外轻转变为内轻外重的情况下，玄宗仍不断加强节度使的力量，其目的是为了有效地捍卫边防。安禄山一开始立边功以邀赏，和玄宗的目标是一致的。等到他开始有意识地扩大自己的力量时，他就开始和玄宗分道扬镳了。这里就隐藏了反抗朝廷的可能性。只要条件成熟，可能性就会变成实际的行动。

高力士看出了这种危险。他曾向玄宗指出："边将拥兵太盛，陛下将何以制之！臣恐一旦祸发，不可复救。"玄宗虽然动心，但事势已成，只好说："卿勿言，朕徐思之。"他想来想去，始终也没有想到哪里会出现问题，因而也没有采取任何防范的措施。特别是安禄山，玄宗认为自己推心待之，宠信有加，必不会反。直到天宝十四载夏秋之交，尽管杨国忠、韦见素一再极言禄山反已有迹，玄宗对他还是深信

---

① 陈寅恪《论唐代之蕃将与府兵》，《金明馆丛稿初编》。

不疑。针对杨国忠等说禄山要反的言论，玄宗对他们说："禄山朕推心待之，必无异志。东北二虏，藉其镇遏。朕自保之，卿等勿忧也！"

安禄山经过九载、十一载、十三载几次入朝，把朝廷中的腐朽和无能看得清清楚楚。特别是唐对南诏战争的失败，使他看到中央政府已经是不堪一击。这些都增强了他发动叛乱，夺取最高统治权的信心。

而李林甫死后，杨国忠为了巩固自己的地位，极力阻止安禄山入为宰相，二人之间矛盾迅速激化，也促使安禄山加快了叛乱准备的步伐。杨国忠经常说安禄山必反，并对玄宗说："陛下试召之，必不来。"玄宗于是派人召禄山入朝。禄山闻命即至，天宝十三载正月初三到长安，初四见玄宗于华清宫，哭着对玄宗说："臣本胡人，陛下宠擢至此，为国忠所疾，臣死无日矣！"玄宗听后，更加宠信禄山。虽然由于杨国忠的反对，玄宗欲加安禄山同平章事之议未行，但安禄山毕竟又一次获得了玄宗的信任，使他的计划得以继续进行。

物质上，安禄山已经准备多年，积累了大量的钱粮和军资。兵力上，天宝十二载突厥阿布思为回纥所破后，安禄山收降了其部落，"由是禄山精兵，天下莫及"，也超过了任何一个节度使。现在，安禄山所需要的，就是将领对他的忠诚，能听从他的调遣。安禄山恰当地利用了他在长安的时机，奏请玄宗对其所部将士有功者，不拘常格，超资加赏。并请求写好告身（委任状），交给他回到军中授予。玄宗同

杨国忠与安禄山

意了他的请求，委任为将军（从三品）者五百余人、中郎将
（正四品）者二千余人。安禄山因此而大收众心。天宝十四
载二月，安禄山又请以蕃将32人代汉将，玄宗又立即予以同
意，并发给了告身。蕃将与安禄山同一族类，自然更易受其
指使。这样，安禄山就完成了叛乱的最后准备工作，何时发
动，就只是时间问题了。

第二十三章 / 鼙鼓声中

天宝十四载（755）十一月初九，经过几个月的积极准备，安禄山以"有密旨，令禄山入朝讨杨国忠"为名，发所部兵及同罗、奚、契丹、室韦共15万人，号20万，在范阳起兵。十日，杨国忠安置在太原，专门负责牵制安禄山的北京副留守杨光翙，被安禄山的将领何千年、高邈劫持而去。太原的报告很快送到了华清宫。东受降城也奏报安禄山反。而河北州县为安禄山辖境，所过州县，望风瓦解，或开门出迎，或弃城窜匿，或为所擒戮，因而玄宗迟迟没有接到河北州县的报告。几年来，经常有人说安禄山要反，已经使玄宗习以为常了。因此，接到太原和东受降城的奏报后，他还是像往常那样，认为是那些反对安禄山的人编造出来的，没有予以理会。

直到十一月十五日，也就是安禄山范阳起兵后的第七天，玄宗才接到安禄山确是叛乱的情报。无可奈何的玄宗赶紧召集宰相商讨对策。在这样大的事变面前，一般大臣都是相当紧张的，而早就"欲其速反以取信于上"的杨国忠，却为自己的预言幸而言中洋洋得意，竟然说道："今反者独禄山耳，将士皆不欲也。不过旬日，必传首诣行在。"认为要不了十天，安禄山的首级就会送到华清宫。玄宗也同意他的看法，看到君、相如此估计局势，"大臣相顾失色"。

玄宗同意杨国忠的分析，固然有自我安慰的成分，但也不无道理。唐朝建国以来尽管战争的次数不少，但规模较大的地方性叛乱，只有高宗死后徐敬业在扬州起兵反对武后一次。由于中央政府按照内重外轻的原则设置兵府，能及时调集重兵，同时徐敬业得不到群众的支持，因而很快被镇压下去。但是，玄宗和杨国忠都忘记了，兵制早在20年前就已完成了由府兵制到募兵制的变革。尽管西北各节度使统辖有大量军队，也具有相当的战斗力，但是在京畿一带，已不能随时调集府兵。中央禁卫军虽号称七八万人，但其中且多为市井商贩之人，平日缺乏训练，是不可能利用这支毫无战斗力的军队去镇压叛军的。

玄宗和杨国忠还不了解，尽管都是招募来的，但各个节度使部队的组成情况却是各不相同的。河西多为当地居民，这从敦煌户籍簿可见一斑。陇右则多为山东戍卒。他们都有家园，有亲人老小等待着他们团聚。其将领虽有不少少数民族，但汉人将领还占有相当比例。而且这些地区的节度使任期也还不长。节度使要利用手下的将士来反叛朝廷是很困难的。而安禄山的部属就不大一样。由于范阳地处河北平原和冀北山区交接之处，是农业居民和游牧居民交流的枢纽。隋末以来，东北的少数民族就不断迁到这里。其中包括突厥、靺鞨、奚、契丹、高丽等。到天宝年间，仍以部落形式留

居范阳地区的，有7138户，约占范阳地区当时户口总数的
1/10①。至于零散进入的胡人尚不在内。安禄山部队中原来就
包含一些胡人，后来他又把投降的胡人编入部队，故其士兵
中胡人数量很多。特别是同罗、奚、契丹降者八千余人所组
成的一支队伍，成员都是骁勇善战的壮士，胡语称作"曳落
河"，一可当百，具有很强的战斗力。其将领亦多胡人。如
张忠孝、李宝臣为奚人，王武俊为契丹人，尚可孤为东部鲜
卑人。起兵前，安禄山公开请求玄宗以蕃将32人代汉将。安
禄山或以优厚的待遇，或以高官厚禄，或收为养子，和这些
胡人将士结成了亲密的关系。这是安禄山起兵的核心力量。
有了这个力量，加上他节度使兼采访处置使的身份，他就可
以在他统辖的河北地区发号施令，为所欲为，就可以挟持那
些"不欲反者"听从他的指挥。

　　因此，杨国忠所作将士皆不欲反，旬日之间安禄山就会
为部下所杀的估计，实在是大大低估了安禄山的力量。不幸
的是玄宗接受了这种对形势的错误估计，因而所采取的措施
仅仅是：遣特进毕思琛诣东京（即洛阳），金吾将军程千里
诣河东（今山西太原），各简募数万人，随便团结以拒之。
临时募人组成一支部队，对于抵御那些乌合之众，或者还可
奏效，而对于安禄山的这些有组织的军队，是无济于事的。

　　第二天，安西节度使封常清入朝，玄宗又问他以讨贼方

---

　　① 《旧唐书》卷三九《地理志》，《新唐书》卷四三下《地理
志》，《旧唐书》卷一八五下《宋庆礼传》。

略。封常清的口气也很大，他对玄宗说："今太平积久，故人望风惮贼。然事有逆顺，势有奇变，臣请走马诣东京，开府库，募骁勇，挑马箠渡河，计日取逆胡之首献阙下！"

封常清除了和杨国忠一样，犯了低估敌人力量的错误，还犯了一个致命的错误，那就是他认为，只要开府库，出重赏，就可以募到骁勇之士。这位在安西（今新疆库车）随着看守胡城南门的外祖父长大，颇读了一点书的节度使，长期生活在西域，对于安西地区人皆习战的情况是很熟悉的。但他不了解，内地长期安定，金鼓之声不闻，府兵番上、出征也早已停止，人们早就不习惯于当兵打仗了。重赏之下，虽然可以募得一支队伍，但却不是马上就能投入战斗的。但是，玄宗还是为其豪言壮语所感染，第二天就以封常清为范阳、平卢节度使。封常清当天就离开了长安，奔赴东京。

封常清打发走了，玄宗在华清宫又住了四天，直到二十一日才回到长安宫中。回宫后，玄宗立即斩杀了安禄山之子安庆宗，并在军事上作了进一步的布置：调安禄山继父之侄、朔方节度使安思顺入朝为户部尚书，实际上解除他的兵权，以防止他和安禄山勾结。同时任命朔方右厢兵马使郭子仪为朔方节度使，右羽林大将军王承业为太原尹；设立河南节度使，领陈留（即汴州，今河南开封）等13郡，以张介然为节度使；命程千里为潞州（今山西长治）长史。除朔方外，太原、陈留和潞州都是首当叛军之冲的。

二月十二日，又任命荣王李琬为元帅，右金吾大将军高仙芝为副元帅，统诸军东征。经过八天的准备，十二月初二，高仙芝率领皇帝的禁军飞骑、彍骑和新募兵共五万人，离开长安，开赴陕州（今河南陕县）驻屯。玄宗亲自到东郊望春亭送行，并特派宦官监门将军边令诚监军。

这样的布置不能说没有漏洞，但是如果能全部实现的话，至少是可以阻遏叛军前进的速度、延缓叛军逼近东京的时间。可是，这些布署毕竟是太晚了。十二月初，安禄山叛军已经进抵黄河北岸。安禄山用绳索把破船联结起来，又把草木投入河中，一夜之间，冰结成桥。十二月初三，叛军顺利渡过黄河，攻陷灵昌郡（即滑州，今河南滑县东），兵临陈留（开封）城下。这时，新任的河南节度使张介然到陈留才几天，还没来得及训练士卒。陈留虽有将士近万人，但惧于叛军的威势，无法应战。初六，太守郭纳举城投降安禄山，张介然也成为安禄山的刀下鬼。安禄山继续西进，很快攻陷荥阳（今河南郑州）。

玄宗感到了形势的严重，八日发布《亲征安禄山诏》，宣称要"亲总六师，率众百万"，前往洛阳。并征调河西、陇右、朔方兵马，令各镇兵除留守城堡之外，皆由节度使率领，于正月二十日前到达洛阳行营①。

这个诏令不仅是太晚了，简直是马后炮！七日安禄山就已经开始进攻洛阳了。封常清只好孤军奋战。封常清到洛阳后积极组织防御，在不到二十天的时间里，招募了六万军队，"皆佣保市井之流"。虽然"皆是乌合之徒，素未训

----

① 《唐大诏令集》卷一一九。

习"①，但毕竟还是组织起了一支队伍，并且着实抵挡了一阵，从十二月初七一直战斗到十三日，为朝廷进一步组织力量争取了时间。

但玄宗在此后的一系列安排和处置上，却不断出现严重的失误。

封常清在洛阳被安禄山打败后，曾三次派人奉表入朝，向玄宗报告敌人形势，而玄宗却拒不接见。封常清不得已，亲赴长安，走到渭南，也被打发回去。这样，玄宗就失去了一个亲自了解有关敌人形势和敌我双方作战情况的第一手材料的机会，从而使自己处于半昏半明的状态，不能统观全局，不能对时局作出正确的判断。此其一误。

封常清寡不敌众，丢失洛阳后，在陕州碰到了高仙芝，建议退守潼关。高仙芝接受了封常清的建议，率兵西趋潼关。封常清的建议和高仙芝的行动都是对的。虽然在撤退过程中没有布置力量阻击敌人，以致敌兵追上后，在部队中引起很大混乱，自相践踏，死伤很多，但毕竟还是在潼关建立了守备，挡住了敌军。对封、高指挥不当进行适当的处分是必要的，而玄宗只是听了监军的宦官边令诚的片面之词："常清以贼摇众，而仙芝弃陕地数百里，又盗减军士粮赐。"不加分析，也不进行核实，立即就下令将二人处死。任用宦官监军，本身就包含着皇帝对大将的不信任，是在皇帝和将领之间树立了一道无形的墙。妄杀封、高，不仅使玄宗在偏

---

① 《旧唐书》卷一〇四《封常清传》。

杨国忠被杀

信宦官近臣的道路上走得更远了，而且使宦官监军这种处处牵制元帅、妨碍指挥统一的体制巩固下来。此其二误。

安禄山未陷洛阳时，玄宗曾下诏亲征。洛阳失陷后，十二月十七日又下诏令太子监国，并令太子"亲总诸军进讨"[1]。玄宗御驾亲征也好，太子领兵东讨也好，在当时不论是鼓舞人心，还是组织讨伐，加强指挥，都不失为上策。

---

[1]《旧唐书》卷十。

但亲征因洛阳陷落而成泡影，太子东讨也因杨国忠离间而未成行。这说明玄宗不仅自己不能亲赴前线指挥，而且不愿把军事指挥权交给太子。这样，就使得最高统治集团内部的各种矛盾进一步发展，严重影响了平叛战争的进程。此其三误。

太子既不能总兵东征，又要杀掉高仙芝，只好把卧病在家的河西、陇右节度使哥舒翰找出来。十二月十九日，玄宗召见了哥舒翰，任命他为皇太子先锋兵马使、副元帅，领河陇各族奴剌、沙陀、吐谷浑等十三部落，并高仙芝旧部，号20万人，镇守潼关。

在此前后，形势发生了两个有利于朝廷的变化。一是朔方节度使郭子仪击退了安禄山大同军使高秀岩对振武军（今内蒙古托克托）的进攻，乘胜攻拔静边军（今山西左云），进围云中（今山西大同），收复马邑（今山西朔县东），从而解除了叛军从北边对关中和太原的威胁。二是河北境内平原（今山东陵县）太守颜真卿、常山（今河北正定）太守颜杲卿经过一段时间的联络、准备，分别于十二月十八日和二十二日杀掉安禄山的将领，举兵讨安禄山。河北诸郡响应，23郡中，17郡皆归附朝廷。这就极大地牵制了叛军的行动，安禄山在率军西攻潼关的途中，听说河北有变，立即返回洛阳，命蔡希德自河内（今河南沁阳）北击常山。

天宝十四载（756）初，河北郡县又多被叛军所有，但玄宗派到河北的李光弼、郭子仪在河北人民的支持下，也取得了越来越大的胜利。五月嘉山（正定东）之战，郭子仪、李光弼大破叛将史思明，斩首四万级，围史思明于博陵（今河北定县），军威大振。河北十余郡皆杀叛军守将而投降朝廷，洛阳通往范阳的道路再次断绝。叛军军心动摇，安禄山也考虑放弃洛阳，走归范阳。

就在这个时候，玄宗接到情报说，安禄山派驻在陕郡（今河南陕县）的军队不过几千，且多为赢弱。玄宗认为有机可乘，派使臣命哥舒翰进军收复陕、洛。哥舒翰认为，安禄山久习用兵，不可能没有防备，这是以赢弱士兵，引诱我方出战。同时敌军远来，利于速战，而官军拒险，利在坚守。况且叛军残暴，失去群众的支持，军事上不顺利，内部一定会发生变故。到时再乘机行事，可不战而擒安禄山。建议玄宗暂且不要进攻。郭子仪、李光弼也上言："请引兵北取范阳，覆其巢穴，质贼党妻子以招之，贼必内溃。潼关大军，唯应固守以弊之，不可轻出。"在杨国忠的鼓动下，玄宗置哥舒翰、郭子仪、李光弼这些前线将领的建议于不顾，一再派遣宦官前来催促哥舒翰进兵。哥舒翰不得已，大哭一场之后，引兵出关。结果是功败垂成，潼关失守，哥舒翰也成了安禄山的俘虏。正如《旧唐书·杨国忠传》所云：

　　是时，禄山虽据河洛，其兵锋东止于梁、宋（今河南开封、商丘），南不过许、邓（今河南许昌、邓县）。李光弼、郭子仪统河朔劲卒，连收恒、定（今河北正定、定县），若崤、函（此处指潼关）固守，兵不妄动，则凶逆之势，不讨自弊。及哥舒翰出师，凡不数日，乘舆

（指皇帝）迁幸，朝廷陷没，百僚系颈，妃主被戮，兵满天下，毒流四海，皆国忠之召祸也。

　　祸是否是杨国忠召至，姑且不论。哥舒翰的出师和丧师，使已经建立起来的防御和镇压叛军的体系完全破坏了，却是一个严酷的事实。看起来似乎具有相当的偶然性，但联系上述一连串失误，不难看出，玄宗有着不可推诿的责任。这是玄宗的第四个失误，也是最大的一个失误。如果说，其他的失误还可以通过适当的形式加以弥补的话，这一次错误却是铸成大错而无可挽回了。

　　为什么会出现这么多的失误呢？

　　造成这些失误的原因，首先是玄宗长期与大臣疏远。太宗以来，皇帝经常召见大臣，了解情况，商讨问题。玄宗初年也是这么做的。但到开元之末，天宝以来，玄宗就很少召见大臣听取意见了。一开始还包含着政见上的分歧，对部分大臣的意见听不进去，后来就习惯于只听身边几个人的话了。偏听偏信既已成为一种习惯，大臣和将帅的话他也就既不想听，也听不进去了。只有杨国忠和诸杨姊妹的话反倒可以影响他的行动，这不能说是小人包围，只能说是玄宗自己作茧自缚。玄宗既失去了对情况的全面了解，因此也就不能对局势作出正确的估计。加之他"久处太平，不练军事"，因而也就不能审时度势，权衡利害，正确指挥，完全丧失了控制局势的能力。

　　而影响玄宗行动的，还有一个更为深刻的因素，那就是和太子的矛盾。开元二十四年（736），因为怀疑太子瑛阴谋夺取皇位，玄宗轻信谗言，杀掉了太子瑛和另两个王子。直到二十六年才立李玙（天宝三载改名亨）为太子。起初他还尽量扶植李亨的威望，但到天宝四载（745）以后，对太子的疑忌也开始加深。如前所述，韦坚、皇甫惟明、王忠嗣几次大狱，都是针对太子的。每次都深深伤害了太子，使他紧张异常，急得鬓发都变得斑白了。为了生存，太子表面上更加谦恭，宫中庭院房屋不洒扫，乐器也搁置起来，上面积满了灰尘。但年过四十的太子，内心又会是怎样的呢？从他做皇帝后至德元载（756）与李泌谈到攻克长安后要挖掉李林甫的墓，焚骨扬灰时所说的："此贼昔日百方危朕，当是时，朕弗保朝夕，朕之全，特天幸耳！"是充满了愤怒和仇恨的。玄宗很清楚他的这个儿子并不是个傻瓜，还颇工心计。因此，玄宗一方面对后继有人感到宽慰，不愿把他废掉，在伤害了他以后，还到东宫进行抚慰。但同时又害怕唐朝宫廷中已经反复演出过的玄武门之变一类事件重新发生，因而又对他充满了疑忌，并时刻加以防范。他固然害怕安禄山打到长安，但他更害怕太子在监国和平叛过程中提高了威望，扩大了权势，会危及他坐了43年的皇帝宝座。杨国忠正是利用了玄宗的这种心理，发动杨氏姊妹，对玄宗施加影响。正因为如此，玄宗始则派荣王琬而不是以太子为元帅，继而又取消了太子监国和出征的决定。

在严重的形势面前，军队需要一面旗帜把各种力量团结起来。玄宗是懂得这个道理的，派荣王琬为元帅，下诏亲征，命太子出征，都是为了这个目的。而由于玄宗置身于宫廷内部矛盾的旋涡而不能自拔，因此，这一点又始终未能做到。这样，出征的军队就没有一个与朝廷息息相通，能够协调各种势力，有权审时度势、便宜从事的统帅，而必须处处受制于监军和朝廷。像出潼关这样具有战略意义的军事行动，竟然就凭一个虚假的情报，加上杨国忠的蛊惑，就草率地作出决定，从而造成了不可挽回的结局。这无论是对于平叛，还是对于玄宗个人的命运，影响都是深远的。唐朝的历史，也面临着真正的转折。

正当郭子仪、李光弼在河北大败安禄山大将史思明，河北大部分郡县重又归顺朝廷，洛阳至范阳的道路再次断绝，叛军军心不稳，安禄山自己也感到"北路已绝，诸军四合，吾所有者止汴、郑（今河南开封、郑州）数州而已"，准备放弃洛阳，走归范阳的时候，哥舒翰在灵宝（今河南灵宝东北）西原大败，潼关失守，形势发生了戏剧性的变化。

攻取潼关，原本是安禄山整个军事行动的中心环节。只要攻入潼关，长安就在掌握之中。攻下长安，他就可以取得号令全国的有利地位。因此，十二月十三日攻占洛阳后，没有几天，安禄山立即率兵西进，但刚刚走到新安（今属河南），就接到河北形势有变的消息，只好退回洛阳。20天以后，天宝十五载正月十一，安禄山又派其子安庆绪攻打潼关，也被哥舒翰击退。此后，哥舒翰固守潼关，叛军"数日不能进"，安禄山也莫可奈何。因此，灵宝西原之战一举消灭了哥舒翰统帅的近二十万大军，对安禄山来说，实在是太出乎意料了。对于玄宗还有什么布置，他也不摸底细，因此不敢贸然向长安进军，派人令叛军仍留驻潼关。

据《元和郡县图志》，潼关到长安的路程为300里，轻骑一日可达。即使按照安禄山以范阳起兵后每日60里的进军速度，顶多也只要5天时间。而从六月八日潼关陷落，玄宗在长安竟然耽到了十三日凌晨。在前三天还表现得相当镇静。这也是异乎寻常的。

问题在于玄宗又没有及时接到准确的情报。八日灵宝西原失利后，哥舒翰派来告急的部将九日到达长安，玄宗虽然立即召见，但对形势并没有看得那么严重，除了派剑南军将率监牧兵赴潼关外，没有采取其他什么部署。直到晚上，潼关方面烽堠报平安的烟炬平安火没有传来，玄宗才感到大事有些不妙；第二天找宰相商量，杨国忠不思退敌之计，只考虑赶快逃跑，正式向玄宗建议逃往四川。第三天，十一日，杨国忠召集百官在朝堂商讨对策，大臣们皆唯唯不对，杨国忠对百官说："人告禄山反状已十年，上不之信。今日之事，非宰相之过。"把责任全部推到玄宗身上。玄宗做了45年的皇帝，到了这样存亡危急之秋，竟然不能及时收到准确的情报，朝廷大臣中竟然没有人出来提出应变的方略，政府有关职能部门竟然没有作出必要的反应，更没有采取适当的措施，似乎都成了玄宗一个人的事。他除了和杨国忠商讨对策，竟然没有第二个参谋人物，成了一个真正的孤家寡人。敌人还没有打进来，朝廷就已经陷于瘫痪，国家机器就丧失了正常运转的能力。开元、天宝时期政治体制变化中的毛病，在官吏培养选拔上的失误和用人不当的恶果，集中地反映出来。

前线不利的消息不胫而走，十一日，长安"士民惊忧奔走，不知所之，市里萧条"。十二日的长安则更是乱成一团，大臣来上朝的十无二三，只有玄宗还强作镇静，登上了勤政楼，宣布准备亲征。同时，任命京兆尹魏方进为御史大夫兼置顿使；京兆少尹崔光远为京兆尹，充西京留守；并以剑南节度大使颍王李璬即将赴镇为名，令蜀郡（今四川成都）做好物质上的准备。玄宗在勤政楼下了亲征诏后，立即从城内的兴庆宫搬到城外的大明宫，准备随时开溜。在这以前，玄宗一直是慢而稳之的。形势危急到叛军随时都可能进入长安的情况下，玄宗竟然这样不慌不忙。这并不是因为他有指挥若定的气概，或者有临阵退敌的韬略，而是因为他耳目不通。哥舒翰不仅失败得太突然，而且是被自己的部将抓住送交安禄山的。因此来不及向玄宗作最后的报告。而玄宗一直到离开长安，都不知道哥舒翰已经被俘，更不知道哥舒翰已经全军覆没，总以为哥舒翰和增援的三千牧监兵可以抵挡一阵。

只是到了十二日晚上，玄宗才不得不相信情况确实不妙，匆忙命龙武大将军陈玄礼秘密整顿六军，厚赐钱帛，同时，选闲厩马九百余匹。第二天，天刚黎明，就顶着蒙蒙细雨，仓皇逃出大明宫。同行的只有贵妃姊妹、皇子、皇孙、王妃、公主、杨国忠、韦见素、魏方进、陈玄礼及亲近宦官，连妃、公主、皇孙住在宫外的，都没有来得及通知，

"皆委之而去"。后来都被叛军杀害，成为安禄山复仇的牺牲品。

玄宗抛弃群臣逃走，许多大臣也抛弃了玄宗，干脆留在长安，准备投降安禄山。其中包括前宰相陈希烈，颇得玄宗宠信的张说之子张均和张垍。当然，留在长安的并不都是有意投降叛军的，有的是没有来得及逃走，有的是迫不得已。但是，当他们被送往洛阳后，陈希烈等三百余人都接受了安禄山授给他们的官职。

这说明，天宝末年统治阶级内部的分裂，不仅在下层和边地，在大臣中也明显地有着一股离心的力量。这股力量虽然人数不多，也没有公开表露出来，但到了关键时刻，他们就会露出本来的面目。

由于唐朝社会处在一个不断变动的过程中，各种力量也处在一个不断消长的过程之中，因此，他们既成为政局变动的推波助澜者，又总是竭力通过政局的变动来达到提高和巩固自己地位的目的。这在唐朝前期已经成为一种传统。忠君的思想还没有成为大臣行为的最高准则，因此，尽管皇帝倍加防范，但到皇帝也控制不了局势时，他们就会充分地表现自己。

六月十三日凌晨，玄宗仓皇出走，打破了一切常规，既没有威严的仪仗，也没有大队的扈从，甚至连一个总管和指挥也没有。玄宗派了一个宦官王洛卿打前站，"告谕郡县置顿"，到了咸阳就和县令一起逃走了。待到玄宗一行到达咸阳望贤宫，宫中已经找不到一个人了。宦官征召吏民前来接待，竟"莫有应者"。直到中午，玄宗连饭也没有吃上。杨国忠亲自到市上去买来胡饼献给玄宗。有一些老百姓送来一些麦饭，皇孙们争着用手抓着吃，一会儿就吃得精光，还是没能吃饱。玄宗亲自付给报酬，表示慰劳。这些平时很难见到皇帝的老百姓对玄宗的这种态度还是很感动的，君民相对而哭。有老父郭从谨对玄宗进言道：

> 禄山包藏祸心，固非一日；亦有诣阙告其谋者，陛下往往诛之，使得逞其奸逆，致陛下播越。是以先王务延访忠良以广聪明，盖为此也。臣犹记宋璟为相，数进直言，天下赖以安平。自顷以来，在廷之臣以言为讳，惟阿谀取容，是以阙门之外，陛下皆不得而知。草野之臣，必知有今日久矣，但九重严邃，区区之心无路上达。事不至此，臣何由得睹陛下之面而诉之乎！

在饱尝被群臣抛弃和饥饿的滋味后，玄宗听到这样情深意切的语言，不由回答说："此朕之不明，悔无所及。"承认自己不明，对玄宗来说，也就不简单了，但老父所言，"自顷以来，在廷之臣以言为讳，惟阿谀取容，是以阙门之外，陛下皆不得而知"，含义实在是太丰富了，这又是玄宗无法听懂也不愿听懂的。这样，就不可避免地还会闹出别的乱子来。

在望贤宫吃完了饭，散到附近村庄求食的士兵也回来

了，下午两三点钟才又起程。到达金城（今陕西兴平），已
近午夜，县令和吏民早已跑走。玄宗的随从也逃走不少，总
管皇帝生活起居的宦官内侍监袁思艺也逃走了。驿站里的东
西在慌乱中早已被拿得一干二净，连灯也没有留下一盏。随
从的人们挤在一起，不论贵贱，纵横交错，相枕而眠。幸赖
月色甚好，玄宗和嫔妃、皇孙还能和其他人等分开居住，多
少保住了一点皇家威仪。

　　在金城，玄宗见到了刚从潼关来到的哥舒翰的马军都将
王思礼，这才知道哥舒翰已经被俘。王思礼在潼关曾劝哥舒
翰奏请玄宗诛杀杨国忠，又建议派30骑把杨国忠劫持到潼关
杀掉，对杨国忠的敌对态度是很鲜明的。他的到来，除了使
玄宗了解了潼关之役败没的始末外，对于其他随行人员，特
别是扈从将士的情绪，似乎也起了微妙的影响。

　　十四日，玄宗一行继续前进。约莫中午时分，至马嵬驿
（今陕西兴平马嵬坡）。经过一天半的奔波，随行将士又饿又
累，停下来还是得不到吃的。"军士不得食，流言不逊"，愤
怒异常。他们把愤恨都集中到杨国忠身上。正好杨国忠与吐
蕃使人在驿门谈话，军士乘机大呼："杨国忠与吐蕃谋反！"
骑士张小敬先射国忠落马，国忠走至驿站西门，被军士追
杀。其子杨暄及韩国夫人、秦国夫人、御史大夫魏方进同时
被杀。宰相韦见素亦为乱兵所伤，脑血流地，幸为所识军士
救免。禁军士兵把玄宗团团围在驿站之中。玄宗得知禁军将
士以谋反的罪名杀掉杨国忠后，无可奈何地接受了这个事
实。急忙拄着拐杖，自己走出驿门，向军士们表示慰问，并

命令他们各自归队。士兵还是站着不散。玄宗令高力士前去询问，龙武大将军陈玄礼回答说："国忠谋反，贵妃不宜供奉，愿陛下割恩正法。"玄宗说了声"朕当自处之"，表示由自己来处理这个问题，就赶紧转身入门，靠着拐杖，侧着头，呆呆地站在那里，正如宋人乐史在《杨太真外传》中所叙："圣情昏默，久而不进。"这样久久地不能作出决断，实在急坏了玄宗周围的人。韦见素之子、京兆录事参军韦谔看到情势危急，忍不住对玄宗进言道："今众怒难犯，安危在晷刻，愿陛下速决！"玄宗反问道："贵妃常居深宫，安知国忠反谋？"高力士马上答道："贵妃诚无罪，然将士已杀国忠，而贵妃在陛下左右，岂敢自安！愿陛下审思之，将士安则陛下安矣。"高力士的话说得太透彻了，玄宗不得不在杨贵妃与他本人的安危之间作出抉择。在与杨贵妃诀别后，玄宗命高力士在佛堂将贵妃缢杀。高力士入见杨贵妃后，详细说明了当时的事态和形势，杨贵妃说道："今日之事，实所甘心，容礼佛。"礼佛之后，就让高力士把自己勒死了。杨贵妃二十一二岁从寿王府邸入宫，已伴随玄宗十七八个春秋。她对政事从来没有什么过问，始终把陪伴玄宗作为她唯一的职责和乐趣。现在，她又以自己38岁的生命，换取了玄宗的平安。陈玄礼等看到贵妃的尸首后，围驿的禁军立即各自归队，准备继续前行。

马嵬之变的策动者到底是谁，有的学者认为是太子李亨，有人认为是陈玄礼，这都是可能的。李亨自有杀杨国忠之心，但在当时他还未必有这样的胆量，更没有这种力量。

陈玄礼在事变过程中确实起了重要的作用，但从其与玄宗的关系和当时地位，也是不会主动去策划这一事件的。但当军士的愤怒即将转变为兵变时，陈玄礼因势利导，把士兵的愤怒引向杨国忠，却是保护玄宗的上策。

但是，不论是士兵自发起来的追杀杨国忠，还是有人利用士兵的愤怒情绪鼓动他们采取行动，马嵬事变都不是一场单纯的兵变，它最后终于演变成为一场真正的政变。杀掉一个杨国忠只不过是杀掉了一个宰相，并不能破坏天宝末年集中而僵化的最高权力结构。天宝末年，中央的权力集中到这样的程度，一切都要由皇帝和宰相临时安排，设立了众多的使职来承担各种事务，而原来的机构都不能各司其职。许多问题，原来的职司无权处理，所设立的使职又没有处理这些问题的任务。因此，一碰到突然情况，最高权力机关就无法

杨贵妃墓

正常运转了。事实上，潼关之役失败后，由于机构臃肿，职责不清，整个政府机关就已经瘫痪了。但是皇帝、宰相、各级机构的架子毕竟还在那里。而从玄宗逃离皇宫的那一瞬起，原来权力结构的架子也被打破了。尽管如此，只要玄宗还坐在皇帝的宝座上，那么，待他找到一个合适的地方安顿下来后，他还是要修复这个权力结构的。而马嵬之变后，太子李亨借口百姓遮留，与玄宗分道扬镳，带众人北上，这就使这个权力结构有了调整和改造的可能。

十五日晨，即将从马嵬启程，将士们提出："国忠谋反，其将吏皆在蜀，不可往。"反对前往成都。有人认为太原城池坚固，请去太原；有人认为朔方（灵武）地近，被山带河，利于防守，建议去朔方；还有人建议去凉州。高力士则认为，太原虽然城池坚固，但地与贼邻，原来又是安禄山的辖区，人心难测。朔方地处边塞，半是蕃戎，难以教驭。凉州不仅路途遥远，而且沙漠萧条，很难保证从驾大队人员的供应。而剑南虽然地区不大，但是土富人繁，表里江山，内外险固，还是去成都为宜。去成都本来是玄宗的既定方针，但在军心不稳、议论纷纷的情况下，玄宗也不敢贸然表态。还是刚被任命为御史中丞、充置顿使的韦谔出来打了圆场，他说："还京，当有御贼之备，今兵少，未易东向，不如且至扶风（今陕西凤翔），徐图去就。"玄宗征求大家意见，大家也只好同意。

刚刚上路，就有许多父老遮住道路，请求玄宗留下来。父老们说："宫阙，陛下家居，陵寝，陛下坟墓，今舍此，欲何之?"自从潼关之役失败后，玄宗已经完全放弃了组织平叛的责任，完全听凭命运的安排。离开长安后，他更是逃命第一，讨平叛军，兴复旧业的大计，早就抛到了一边。父老的遮留，并没能重新振奋他的精神。他拉着缰绳，沉默良久，最后还是叫太子留在后面宣慰父老，自己骑着马走了。

玄宗一走，失望的民众立即把太子李亨围了起来，并对他说："至尊既不肯留，某等愿帅子弟从殿下东破贼，取长安。若殿下与至尊皆入蜀，使中原百姓谁为之主?"李亨假意推托了一番，最后决定留下。玄宗久等太子不至，派人侦知了情况，也只好启程。

玄宗怀着依恋、沉重、无可奈何的心情离开了马嵬驿，路上又听说叛军前锋且至，一路上也不敢停留，好不容易十七日赶到了扶风郡。到了扶风，"军士各怀去就，咸出丑言。陈玄礼不能制"①。士兵又闹了起来。幸好蜀郡所送春彩十余万匹运到，玄宗命令陈放在庭院中，同时把将士召集起来，玄宗对他们说：

> 朕比来衰耄，托任失人，致逆胡乱常，须远避其锋。知卿等皆苍猝从朕，不得别父母妻子，茇涉至此，劳苦至矣，朕甚愧之。蜀路阻长，郡县褊小，人马众多，或不能供。今听卿等各还家；朕独与子、孙、中官前行入蜀，亦足自达。今日与卿等诀别，可共分此彩以备资粮。

---

① 《旧唐书》卷九《玄宗纪下》。

若归，见父母及长安父老，为朕致意，各好自爱也。

玄宗在谈话中说自己老朽，托任失人，导致胡人安禄山
叛乱，这是自责；说须远避其锋，是为自己逃跑辩解；下面
说将士仓促之间，不能和父母妻子告别，一路上劳苦之至，
是对将士表示歉疚之意。这些话多少还是真诚的。最后所说
听任将士还家，将春彩分给将士，并要他们代为向父母及长
安父老致意，那就完全是一种将欲取之、必先与之的激将之
法了。想到堂堂天子，竟然落到这步田地，"因泣下沾襟"，
泪水把衣襟都淋湿了，也是感情的自然流露。玄宗的眼泪没
有白流，将士们也都跟着哭了起来，表示无论生死，都要跟
随玄宗。这样，总算是又渡过了一个难关。

十八日在扶风郡停留了一天。十九日离开扶风，开始走
上了蜀道的路程。二十日至散关（今陕西宝鸡市西南大散岭
上），分随行将士为六军，让寿王瑁等分领，并命颍王李璬
先去剑南（成都）进行安置。二十四日至河池郡（今陕西凤
县附近凤州），接到了原剑南节度留后、几天前才被任命为
剑南节度副大使崔圆迎车驾的表文。崔圆原来是杨国忠安排
在成都，为他主持剑南节度使事务的。在全国失控、杨国忠
被杀的情况下，到底是什么态度呢？对玄宗去蜀有什么准备
吗？玄宗心中全然是无数的。到达扶风郡前，主要是怕安禄
山的追兵会赶上，离开扶风后，对于前途的考虑就多了起
来。等到崔圆的表文送到，知道"剑南岁稔民安，储供无
阙"，崔圆已经做好了迎接的准备，玄宗感到莫大的安慰，

非常高兴，立即任命崔圆为中书侍郎，同中书门下平章事。

　　离开凤州以后，进入阁道地段。阁道即栈道，从凤州至剑门关的垂直距离不过四百五十华里，而由于山回路转，驿路就接近一千一百华里，其中百分之二三十为栈道，这样行行复行行，经过半个月的跋山涉水，七月初十在益昌县（今四川广元昭化镇城）境渡过古柏江（嘉陵江），再盘山而上，就进入了两崖石壁高耸，相对如门，"峥嵘而崔嵬，一夫当关，万夫莫开"的剑门关，真正踏进了蜀地的大门。十二日到达剑州普安郡（今四川剑阁）。虽然河南、河北抗击安禄山叛军的情况和太子的行踪一时间都还没有消息，但是终于踏上了新的根据地，心情还是有了很大的变化。刚从长安赶来的宪部侍郎房琯虽然给他带来了不少坏消息，但整个谈话还是使玄宗感到很高兴。即日拜房琯为文部尚书、同中书门下平章事，并开始计议下一步的行动，经过与房琯等的密谋，玄宗在七月十五日发表诏令，以太子李亨为天下兵马元帅，领朔方、河东、河北、平卢节度都使，南取长安、洛阳。同时又任命永王李璘为江陵府都督、充山南东道、岭南、黔中、江南西道节度都使；盛王李琦为广陵大都督、领江南东路及淮南、河南等路节度都使。所需兵马、甲仗、钱粮等，各自在本辖区内筹集。在玄宗看来，将来只要有一个儿子得手，大唐的江山就不会落入外姓之手。至于他们的力量强大以后，相互之间又会怎样，仓促之间就顾不得那么多了。

　　七月十八日，至巴西郡（今四川绵阳），巴西太守崔涣奉迎，和玄宗谈得很投机，房琯也推荐他，玄宗即日任命崔涣为宰相。又走了十天，二十八日终于到达了成都，扈从官吏军士到者1300人，宫女24人。

自从六月十五日离开长安以后，玄宗就和全国各地失去了联系。四方"莫知上所之"，都不知玄宗的去向。太子李亨虽然北上，但由于尚未找到合适的落脚之地，还没有一个比太子更有号召力的名号，也没有立即号令全国。在近一个月的时间里，唐朝中央政府不复存在。各地军民全凭着对叛军的仇恨和对朝廷的忠诚进行战斗。玄宗在剑州的诏令发出之后，大家才知道，玄宗已经到了剑南。

而在此前三日，七月十二日，即玄宗到达剑州之日，太子也在灵武（今宁夏灵武西北）即皇帝位。重新组建了中央政府，改天宝十五载为至德元年，以裴冕为宰相。这样，一下子又出现了两个皇帝，两个中央政府。在此后一个月的时间里，两个皇帝同时发号施令，父子之间好像相互开了一次大玩笑。

所幸剑州至成都还有七百里左右的路程，这时玄宗还要赶赴成都，因此，直到八月初一在成都下诏"大赦天下"，玄宗没有向全国发过什么诏令。而十天以后，八月十二日，灵武的使者就来到成都，报告了肃宗即位的消息。因此，一个月中两个中央政府的并存，除了永王璘成为牺牲品，没有引起更多的问题。

听到肃宗即位的消息，玄宗的心情是很矛盾的。肃宗把一个烂摊子全接了过去，把抗敌的任务全部担当起来，无疑是给玄宗去掉了一个沉重的包袱，因此，《资治通鉴》所云：

"灵武使者至蜀，上皇喜曰：'吾儿应天顺人，吾复何忧！'"多少还是感情的真诚流露。但是，突然失去了事实上他已经放弃了一个多月的最高统治权，他又是很不情愿的，因此，四天后又下制："自今改制、敕为诰，表疏称太上皇。四海军国事，皆先取皇帝进止，仍奏朕知，俟克服上京，朕不复预事"，保留了政事的最高决定权。

在中央政府不存在的一个月中，河北抗击安禄山的斗争仍继续着。河南阻击安禄山的战斗也继续进行。长安附近陈仓令薛景仙杀掉叛军守将，收复了扶风郡。

朝臣中虽然没有出现挺身而出支撑危局的大臣，而在河北郡县和河南各地以及朔方军将中却出现了一批兴复唐朝的中坚。颜真卿在平原（今山东陵县）起兵后，成为河北郡县的一面旗帜，就在潼关失守，李光弼退出河北以后，他仍然主动负担起"区处河北军事"的重任。河北郡县军民抗击意志也都是很坚决的，"常山太守王俌欲降贼，诸将怒，因击球，纵马践杀之"。在河南，张巡据守雍丘（今杞县）达四十余日，终于击退叛军。正是他们，在人民的支持下，才支撑住唐朝没有崩溃。

但是，这种各自为战的办法，可以拖住敌人，限制敌人的进一步发展，使得玄宗可以安然逃往四川，太子北行没有追迫之患。但是，要最后扑灭叛乱，还是要一个能够把各种势力加以集中、协调和统帅的力量。因此，肃宗在灵武即位，接管了最高统治权，对平叛进行统一指挥后，形势立即发生了巨大的变化，只用了一年的时间，就收复了长安。

第二十四章 / 重返长安

收复长安的消息传来，打破了玄宗内心的平静。

在成都的这段时间里，至德二载（757）正月，蜀郡健儿贾秀等五千人谋反，玄宗跑到蜀郡南楼躲避，将军席元庆等讨平之。七月，又有蜀郡军人郭千仞反，玄宗登玄英楼，六军兵马使陈玄礼、剑南节度使李峘率军讨平。看来蜀地军人也没有把玄宗看在眼里。除了这两次惊吓，日子还是安宁的。现在，该考虑回不回长安的问题。玄宗很清楚，他的力量就剩下四川这一小块地盘了，其余都是儿子的天下；他更清楚，他和儿子矛盾的分量。他也明白，自己在造成这场空前的国家灾难中的责任。这中间还发生了永王璘自江陵擅自引兵东下，企图占领江淮，割据一方的事件。回到长安，儿子会怎样对待他呢？群臣又会怎么对待他呢？一开始，他想赖在四川，可总得有一个适当的理由。正好肃宗表请他回长安，并表示要退位。肃宗这样做，不过是故作姿态，表示灵武即位，乃事势所然，并非是逼玄宗让位，表示自己"切于晨昏之恋"，一刻也没有忘记老人。而玄宗却正好找到了一个借口，与肃宗诰曰："当与我剑南一道自奉，不复来矣。"

唐明皇幸蜀闻铃处

　　李泌不愧为一个深谙世事的政治家。他深知保持玄宗、肃宗父子之间堂而皇之的关系对于稳定肃宗地位和垂训子孙的重要。当他听肃宗说："朕已表请上皇东归，朕当还东宫复修臣子之职"时，就预见到"上皇不来矣"。并进言道："今请更为群臣贺表，言自马嵬请留，灵武劝进，及今成功，圣上思恋晨昏，请速还京以就孝养之意，则可矣。"果然，群臣表至，玄宗无话可说，只好下令返回。肃宗派太子太师韦见素前往成都迎接。

　　十月二十三日，玄宗从成都出发。

　　经过剑门关，看到剑门左右岩壁峭绝，玄宗对侍臣道："剑门天险若此，自古及今，败亡相继，岂非在德不在险耶！"并题诗曰：

剑阁横空峻，銮舆出狩回。

翠屏千仞合，丹障五丁开。

灌木萦旗转，仙云拂马来。

乘时方在德，嗟尔勒铭才。[1]

入蜀时，玄宗是满腹心事，行色匆匆，没能领略巴山蜀水的风采。现在再过剑门，他不由为剑阁的雄伟险峻所吸引，极目远望，长达七十多公里的悬崖峭壁，如同翠绿的屏风会合到剑门，近看关门两旁，陡峭的石壁不正是力士们在翠屏上打开的一条通道吗！看着灌木丛中的旗帜，望着偶尔飘来的朵朵白云，真如同置身仙境，想起许多古今兴亡的故事，玄宗感叹不已，写出了"乘时方在德"的诗句。诗是写得相当有气魄的，联系历史，认识到"在德不在险"，也是有一定深度的。可惜的是，他没有能联系自己，特别是没有从剑门之险联系到潼关之险和潼关之败。因此，诗中缺乏一种沉重的感觉，相反地还透露出一种自我解嘲的庸俗。"剑阁横空峻，銮舆出狩回。"明明是仓皇出走的落难天子，却变成了巡游打猎归来的皇帝，说得未免太轻松了。

过了剑门关，又进入了栈道地段。十一月二十二日，到达凤翔，扈从士兵600人。从成都出发算起，只用了一个月的时间，比去成都时少用了十天。玄宗命随从士兵把甲胄、

---

[1] 《开天传信记》，参《全唐诗》明皇帝。

兵器全部送交郡库，从而把自己的命运交给了儿子去掌握。

　　肃宗派精兵三千前来奉迎。十二月初三，玄宗一行到达咸阳，肃宗在望贤宫迎接。玄宗登上望贤宫南楼，肃宗则脱掉黄袍，穿着紫袍，下马趋进。玄宗下楼，抚肃宗而泣，又亲自为肃宗穿上黄袍，肃宗伏地顿首固辞。玄宗道："天数、人心皆归于汝，使朕得保养余齿，汝之孝也！"晚上又不肯居正殿，说"此天子之位也"。再三表示自己没有重登皇位，凌驾于天子之上的意思。肃宗则再三请求，亲自扶玄宗登殿。第二天离开行宫，肃宗又亲自为玄宗牵马，然后乘马在前面引路，玄宗对左右说："吾为天子五十年，未为贵，今为天子父，乃贵耳！"左右高呼万岁。进入长安西北边的开

唐长安城兴庆宫图
刻石拓片

远门后，一直到大明宫的正门丹凤门，一路上旗帜烛天，彩棚夹道，文武百官和京城士庶欢呼舞蹈，有的还流出了激动的泪花。皆曰："不图今日再见二圣。"玄宗既是在收复两京后回到长安，因此，对玄宗的欢迎就变成了一次对胜利的欢庆。而在欢庆胜利的时候，人们对这位曾把他们全都抛弃的君王在安史之乱爆发前后一系列的过错，也全都给宽容了。

当天，玄宗在大明宫的含元殿接见百官，表示亲切的慰问。接着到太极宫的长乐殿谒九庙神主，向祖宗请罪，并感谢祖宗的保佑。面对九位祖宗的牌位，玄宗忍不住又痛哭了好半天。然后就来到玄宗年轻时和兄弟一起居住过，开元时又加以扩建的兴庆宫，就在那里住了下来。其后肃宗又几次表请避位还东宫，直到十二月二十二日玄宗在大明宫的宣政殿把传国宝授给肃宗，才结束了父子之间权力交接的最后一幕。

由于肃宗以退为进，时时表示要退回东宫去当太子，而玄宗看到天数、人心都在儿子一边，决心退出政治舞台，像他的父亲睿宗那样，安心地去做太上皇。因此，父子配合得非常默契，从亲迎到授传国宝，整个过程大面上充满了欢乐、礼让的气氛，父子之间似乎从来就没有过什么芥蒂。结果，肃宗的威望进一步提高，地位更加巩固。玄宗也因此获得了两年半宁静的生活。

居住在兴庆宫的两年半里，肃宗还不时前往看望，玄宗有时也到大明宫走走。除了侍卫玄宗的左龙武大将军陈玄礼和内侍监高力士，肃宗还命玄宗的妹妹女道士玉真公主、如仙媛、内侍王承恩、魏悦及梨园弟子常娱侍左右，日子过得

兴庆宫的勤政务本楼

还是不太寂寞的。但是，每当夜阑人静，乘月登楼，凭栏南望的时候，也总会勾起他对往日的回忆。

也许是为了换换环境，乾元元年（758）十月十五日，玄宗来到骊山脚下的华清宫。这时，玄宗已经75岁，常乘步辇。当地的父老碰到他，问他为什么不像过去那样在这里打猎？玄宗回答："吾老矣，岂复堪此！"大家听后也都很伤感。

玄宗又把过去经常入宫，与杨贵妃关系很好的新丰舞女谢阿蛮找来。谢跳完她最擅长的舞蹈《凌波曲》后，向玄宗出示了金粟装臂环，并告诉玄宗，这是当年贵妃送给她的。睹物思人，玄宗哭出泪来。

登上望京楼，随从的嫔妃多非旧人，不由又引起对杨贵妃的思念，乃命曾随入蜀的梨园子弟，善吹觱篥者张野狐吹奏《雨霖铃》。《雨霖铃》是玄宗逃奔四川时，于栈道途中雨中闻铃声，隔山相应，便采其声为《雨霖铃》曲，以寄托对杨贵妃的哀思。乐曲演奏还不到一半，玄宗就又哭了，此情此景，左右也为之感动。

杨玉环至少对唐玄宗本人来说，是大有恩德的。她不仅给玄宗带来了晚年的欢乐，重新唤起了他对生活的热爱；而且以自己的死，使玄宗得以脱身逃往成都。甚至在她死后，她还默默地替玄宗承担了在引起安史之乱中应负的责任，使李隆基终究没有威信扫地，能够体面地回到长安做他的太上皇。

不必否认唐明皇是一个多情种子，但他对杨贵妃的"此恨绵绵无绝期"，绝不是一种单纯的爱情悲剧，而是一个时代的悲剧。玄宗对杨贵妃的怀恋，以及许多睹物思情的记载，更多地是对一个时代、对过去一切的体会，而不单纯是基于纯洁的爱情。不是说杨贵妃就代表了一个时代，也不是说杨贵妃就代表了他失去的那一切。但在那个一去不复返的辉煌时代里和玄宗共享这一切的，确实是只有杨贵妃。而使他最后失去这一切的马嵬兵变，也确是和杨贵妃之死联系在一起的。因此，当玄宗想起这一切的时候，很自然地便会想起杨贵妃，把一腔哀怨都寄托到杨贵妃身上。

华清宫能引起玄宗回忆的东西太多了。这里有他年轻时矫健的身影，老之将至时缠绵的爱情和晚年的欢乐。也正是在这里，"渔阳鼙鼓动地来，惊破霓裳羽衣曲"。玄宗本来是想在这里寻求失去的过去，填补心灵的空虚，得到的却是更多伤感和惆怅。因此，只住了24天，十一月初八，就回到了兴庆宫。

兴庆宫石栏板

　　玄宗毕竟是不甘寂寞的，经常登上南临大道的长庆楼，徘徊观览。来往的百姓看到他，往往瞻拜，呼万岁。玄宗也常在楼下赐给他们酒食。有剑南入京奏事的官员经过楼下，对玄宗拜舞，玄宗命玉真公主和如仙媛出面招待。

　　这些事也传到肃宗耳中，肃宗还不以为意。但对玄宗召将军郭英乂等上楼赐宴，情况就不一样了。郭英乂是玄宗当政时陇右节度使郭知运之子，肃宗即位后曾任陇右节度使，长安和洛阳两京收复后，调到长安任羽林大将军，掌领禁军。唐朝所有的政变，都与禁军将领有密切的关系。李世民发动玄武门之变是这样，武则天末年张柬之等杀张易之兄弟，逼武则天退位也是这样，玄宗为临淄王时杀韦后还是这样。谁掌握了禁军，谁就有可能在宫廷斗争中获得胜利。因此，玄宗召郭英乂等禁军将领上楼饮宴，就不能不引起肃宗的疑虑。特别是乾元二年（759）九节度使兵溃相州（今河南安阳），史思明重占汴、郑、洛阳，唐军尚未取得重大进展的情况下，玄宗此举，就变得更加敏感。

宦官李辅国乘机对肃宗说："上皇居兴庆宫，日与外人交通，陈玄礼、高力士谋不利于陛下。今六军将士尽灵武勋臣，皆反仄不安，臣晓谕不能解。不敢不以闻。"一面以玄宗与外人交通来打动肃宗，同时以军心不稳来逼肃宗采取行动。肃宗果为所动，哭着说："圣皇慈仁，岂容有此！"李辅国进一步向肃宗点明了利害和具体的方案，说道："上皇固无此意，其如群小何！陛下为天下主，当为社稷大计，消乱于未萌，岂得徇匹夫之孝！且兴庆宫与阎闾相参，垣墉浅露，非至尊所宜居。大内深严，奉迎居之，与彼何殊，又得杜绝小人荧惑圣听。如此，上皇享万岁之安，陛下有三朝之乐，庸何伤乎。"肃宗"不听"。李辅国又令六军将士号哭叩头，请迎玄宗居西内（太极宫，即大内）。肃宗哭而不应。沉默虽然表现了肃宗在此事上矛盾与犹豫的心情，但是没有表示反对，态度还是很明确的。因此，李辅国就开始行动了。

第一步，李辅国矫诏取走兴庆宫的马。原有300匹；只给玄宗留下10匹。玄宗心里明白，表面上是李辅国在捣鬼，但是，如果没有肃宗的认可，李辅国还不至胆大如此。玄宗对高力士说："吾儿为辅国所惑，不得终孝矣。"

接着，在七月初九，以迎玄宗游西内为名，把玄宗骗出了兴庆宫，然后，李辅国带领射生五百骑，把玄宗挟持到西内甘露殿住下。陈玄礼、高力士及旧宫人都不得留在左右侍奉。西内为隋时所建宫城，正殿曰太极殿，故又称太极宫。自高宗扩建大明宫后，皇帝很少在这里活动。宫城南为皇

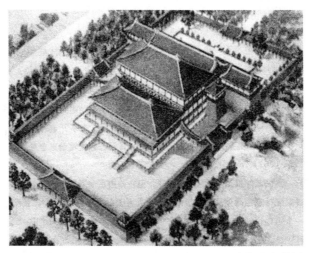

太极宫复原图

城，东为太子居住的东宫，西为宫人居住的掖庭宫，北为禁苑，与外界完全隔绝。把玄宗安置在这里，实在是太保险了。肃宗在李辅国和六军大将为此事素服向他请罪时所说："南宫、西内，亦复何殊！卿等恐小人荧惑，防微杜渐，以安社稷，何所惧也！"固然是迫于诸将而不得不说，但也确实说出了自己的真实思想。当年玄宗为了要切断还是太子的肃宗与外界的联系，对韦坚、皇甫惟明和王忠嗣采取了断然措施。而这一次肃宗为了切断玄宗与外界的联系，则假手李辅国，把玄宗软禁起来。在巩固自己权力的斗争中，肃宗一点也不比他的父亲手软。

原来侍奉玄宗的宦官高力士、王承恩和魏悦都被流放出去，陈玄礼也被勒令退休。陪伴玄宗的玉真公主出居玉真观，如仙媛则送到归州（今湖北秭归）安置。玄宗身边的人被全部更换。肃宗开始时还前往问安，后来借口有病，就不再去见玄宗了。直到玄宗去世前五个月，上元二年（761）十一月十八日，才朝玄宗于西内。

玄宗虽然保留着太上皇的称号，但在西内行动不能自由，身边除了肃宗安排来照顾他穿衣吃饭的两个女儿万安公主和咸宜公主外，就没有一个可以说话的亲近的人了。玄宗陷入了深深的孤独和郁闷之中，郁闷可以使人昏沉，而孤独则会令人难以忍受和平静。人间的荣华富贵已经成为过去，因此，他不再炼丹服药，祈求长生，而是"不茹荤，辟谷"。不吃荤，也不进粮食，想修炼成仙，在羽化飞升中得到解脱。或许是方法不太对头，主要还是内心不得安宁，仙气非但没有增加，身体却一天比一天衰弱，终于一病不起。宝应元年（762）四月初五在寂寞与无奈之中，走完了他曾经辉煌的一生，给后人留下了说不尽的话题。

唐玄宗泰陵